ЮЖНОРУССКОЕ

О В Ч А Р О В О

Лора Белоиван

ЮЖНОРУССКОЕ
ОВЧАРОВО

LIVE BOOK
МОСКВА
2017

УДК 82-344
ББК 84(2)6
Б 43

Иллюстрации Оксаны Викторовой

Оформление обложки Марии Югановой

Белоиван, Лора

Б 43 Южнорусское Овчарово. – Москва: Лайвбук, 2017. – 368 с., ил.

ISBN 978-5-9909493-3-1

Лора Белоиван – художник, журналист и писатель, финалист литературной премии НОС и Довлатовской премии.

Южнорусское Овчарово – место странное и расположено черт знает где. Если поехать на север от Владивостока и не обращать внимание на дорожные знаки и разметку, попадешь в деревню, где деревья ревнуют, мертвые работают, избы освещают тьмой и филина не на кого оставить. Так все и будет, в самом деле? Конечно. Это только кажется, что не каждый может проснуться среди чудес. На самом деле каждый именно это и делает, день за днем.

УДК 82-344
ББК 84(2)6

ISBN 978-5-9909493-3-1

СГУЩЁНКА

Наша деревня носит странное для здешних мест имя —«Южнорусское Овчарово». Да и само место странное. Деревня расположена всего лишь в семидесяти километрах от Владивостока, а большинство горожан уверено, что она черт знает где. Между тем прямая и широкая федеральная трасса домчит вашу машину до поворота на Южнорусское Овчарово всего за тридцать пять минут. После знака следует свернуть налево, пересечь встречную полосу и, скатившись на двухполоску, проехать еще одиннадцать километров через лес, стараясь больше не обращать внимания на дорожные знаки и разметку.

Каменная стела, на которой высечено имя нашей деревни, установлена за пять километров от центрального в нее въезда, однако ровно напротив стелы имеется хитрое ответвление от основной дороги. Оно ведет вглубь леса. Если незнакомый с местными реалиями водитель рискнет и съедет на эту ухабистую грунтовку, через два с половиной километра он упрется в заборы, объехать которые не сумеет по незнанию топографии. Штук шесть или семь широких ухоженных дорог, обещая объезд, приведут его во дворы селян. Лишь одна из них является настоящей дорогой. Летом она прячется в кустах дикого шиповника и разнотравья, зимой – в сугробах, и надо быть очень прозорливым человеком, чтобы с первого раза догадаться о ее существовании. Эта объездная дорога способна вывести путника в центр Южнорусского Овчарова, но, говорят, еще ни одному новичку не удавалось достичь цели таким способом: все, кто пробовал, сгинули в пути. Возможно, это объясняется наличием близких болот, чей гибельный воздух дышит в затылок и морочит голову. Честно говоря, мы не в курсе насчет болот. В той стороне мы присматривали себе дом, но ничего подходящего не нашли – в том числе и потому, что не смогли проехать дальше самых первых заборов. Хитрая дорога в тот раз спряталась и от нас; но мы не сгинули, а просто развернулись и выехали обратно к стеле.

Дом мы купили в другом месте. Из окна гостевой комнаты на втором этаже виднелся ветряк Константина Сергеевича, которого в деревне звали «дед Костик». Ветряк не крутился, и вся деревня считала, что дед Костик еблан. Говорят, ветряк он строил несколько лет, и какое-то время механизм действительно работал, питая Костиковы лампочки, а потом встал: что-то то ли заржавело из-за ненормальной нашей влажности, то ли сломалось в тайфун от дикого ветра — никто не знает. Факт тот, что лопасти ветряка было видно из гостевой комнаты, и лопасти эти никогда не вращались. Правда, нельзя сказать, что они не меняли положения: еще на первом году жизни здесь мы как-то заметили, что крестовина лопастей, еще вчера торчавшая в небо верхушкой буквы «Х», наутро переехала в диагональ. Но мало ли что ей взбрело.

Дед Костик, как и большинство местных, находился в давней оппозиции к компании «Дальэнерго». Враждебность жителей по отношению к энергетикам выразилась в том, что никто и никогда не оплачивал здесь счетов за электричество, полагая, что платить за некачественное и, к тому же, невидимое глазу фуфло не обязательно и даже глупо. Но однажды в канун зимы энергетики прислали всем счета с красной полосой, а затем, выждав короткое время, проехали по деревне на машине с подъемником и сняли со столбов провода.

Конец ноября в наших краях — очень печальное время: в последних его числах делается ясно, что внезапное похолодание до минус пятнадцати не является кратковременным, и что ждать потепления «на днях» уже не приходится — дальше будет только хуже. Потом, спустя пару или тройку недель, многие смиряются с фактом наступления зимы, а некоторые даже начинают находить в ней прелесть — например, возможность подледной рыбалки, или празднование Нового года и Рождества, или рождение теленка, или хотя бы отсутствие необходимости поливать огурцы и капусту. Но в самом начале морозов большинство народу находится в состоянии крайней растерянности и подавленности. Оно и понятно: чего стоит хотя бы тот факт, что именно с наступлением холодов абстрактное электричество, которого и так-то никто никогда не видел, вдруг начинает шутить шутки и выкидывать фортели. Измерители тока, установленные в зажиточных домах, в ту зиму показывали цифру, невозможную для практического применения. 130 вольт на входе – этого хватало для тусклого свечения ламп, но было катастрофически мало, чтобы оживить бытовые приборы. Именно тогда овчаровцам пришли бестактные счета с красной полосой. После чего мстительные энергетики и проехались по деревне, останавливаясь, подобно блудливым кобелям, у каждого столба.

И Южнорусское Овчарово накрылось тьмой. Все, кроме подворья деда Костика. По вечерам у него были ярко освещены не только окна, но и амбразуры крольчатника и даже щели уборной. Деревня недоумевала, но не показывала виду.

Конечно, нашлись и штрейкбрехеры, платившие за свет. В их числе были мы. Но штрейкбрехеров набралось слишком мало, чтобы энергетики пошли на мировую. Две недели деревня палила свечи и проклинала «Дальэнерго» и его детей, пока в скандал не вмешалось губернское правительство: энергетиков убедили повесить провода на место, а Южнорусское Овчарово – подписать бумагу с клятвой об уплате долгов в рассрочку, до конца будущего июня. Провода повесили на все столбы, кроме того, который стоял напротив Костикова дома. Дед Костик сказал, что ничего подписывать не будет, потому что у него ветряк.

Вечером того дня, когда энергетики вернули Южнорусскому Овчарову ток, случилось ЧП. Соскучившиеся по электричеству селяне разом включили в розетки все, что смогли. Деревенская подстанция, много лет дышавшая на ладан, полыхнула, как бумажная, и даже пожарным было ясно, что тушить ее нет никакого смысла. Наутро глаз местного населения мог бы порадоваться грудам покореженного обугленного металла: это был самый настоящий труп врага. Но даже полудикие деревенские кошки понимали, что на сей раз Овчарово осталось без электричества всерьез и надолго. Мы и еще несколько семей купили дорогие корейские генераторы.

А остальные жители Овчарова потянулись к деду Костику.

Конечно, не сразу и не все, а по одному, по двое, по трое люди приходили к нашему соседу, мялись у калитки, и дед Костик выходил в валенках на босу ногу (если точнее, то был он одет в ромашковые трусы и телогрейку нараспашку — так, что был виден худой седовласый торс). Полуголый старик, извиняясь за ромашки, жаловался односельчанам на жару, и те вопросительно глядели на старика, на распахнутые форточки его дома, на замерший буквой «Х» ветряк и на трубу, над которой уже давным-давно никто не замечал дыма.

Затем ходоки, переговорив с дедом, кивали и убирались восвояси, чтобы вскоре появиться вновь. Теперь они несли пустую кастрюлю или ведро — кому сколько было нужно. Говорят, дед Костик не жадничал. Он брал тару, заходил с нею в сарай и выносил обратно, явно потяжелевшую и уже обвязанную сверху тряпицей. Когда паломничество к деду сделалось массовым, он попросил приходить с ведрами из-под корейской штукатурной мастики: во-первых, они большие и, значит, не надо приходить дважды; во-вторых, корейские ведра плотно закрываются пластиковыми крышками, и в этом случае деду Костику не нужно морочиться с полотенцами и скотчем.

Наши соседи тетя Галя и дядя Вася наведались к деду в числе первых, и в их доме появился свет. Тетя Галя пересказала нам дедову бредятину, которую он нес, выдавая односельчанам потяжелевшие ведра. По его словам, он раздавал людям сгущенную темноту — или, как он ее называл, «ночную сгущенку». Самое примечательное, что жители Южнорусского Овчарова, даже перейдя на этот альтернативный источник освещения и обогрева, пользуясь им направо и налево и вообще зажив припеваючи, так и не поняли, каким образом все это дело работало. Просто убедились в эффективности дедовой продукции, не пытаясь вникнуть в природу трансформации ночной сгущенки в электричество.

Да и сам изобретатель, честно говоря, с ходу не смог объяснить сути открытого им явления. Вдобавок альтернативный овчаровский энергетик разнервничался и нажрался накануне приезда телевизионщиков.

– Ну, смотри, блядь, – шатаясь, говорил дед Костик в интервью Первому каналу, – по ночам у нас как? Темно, аж пиздец, да? Это значит что? Это значит, что все, блядь, не так просто. Точней, все, блядь, не просто так. Это значит...– Тут дед Костик поднял корявый палец и значительно пошевелил им в направлении неба. – ...что темнотой можно пользоваться. Если темноты по ночам так дохуя, то это значит, она бесплатная, как вроде, блядь, говно. Неужто ее применить нельзя, так сказать, в мирных целях, если ее так дохуя и она, блядь, бесплатная? Говно можно, значит, применить, а темноту, блядь, нет? – объяснил дед Костик и резюмировал: – Так я думал и оказался прав.

Из-за того, что дед Костик был выпивши, сюжет про переход Южнорусского Овчарова на самодельное электричество не показали. И это было очень кстати, потому что овчаровцы уже начинали опасаться, что при массовом подключении человечества к темноте от нее ничего не останется. Дед Костик был тоже рад:

– У меня жена на Урале, – говорил он, – я для ней утонул. А увидала бы? Хорошо было бы? Всплыл утопленничек. Тут как тут бы уже приехала, а на черта она мне сдалась. Поди, старая уже стала. И молодая-то была – змея. Правда, красивая. И то! А старая змея мне и подавно ни к чему.

Нельзя сказать, что мы совершенно не верили в чудесное открытие деда Костика. В него одинаково невозможно было и поверить, и не верить. С одной стороны, ведра сгущенки тете Гале и дяде Васе хватило на всю зиму. Они подсоединили к добыче не только домашнюю электропроводку, но и никогда не бывший в эксплуатации электробойлер, который вдруг взял и заработал: прежде ему сроду не удавалось нагреть котел, потому что по техусловиям для этого требовалось пять киловатт, выжать которые из дрянных внешних проводов было невозможно даже с помощью мощного повышающего стабилизатора.

С другой стороны, неплохое образование, в комплект которого входила и физика, не позволяло нам поверить в ведро. А с третьей – у всех, кто возвращался от деда Костика не с пустыми руками, тем же вечером зажигались окна в домах, а на занавесках мельтешил отсвет телевизоров.

Нельзя сказать и того, что мы не попытались обзавестись этим – до полной дурацкости фантастическим – электричеством. Пытались. Мы приходили к деду Костику трижды, но один раз дед сказал нам, что у нас неподходящее ведро, а еще дважды – что сгущенку всю разобрали, нету ничего, ни капли; после чего мы видели из окна, как он выносил кому-нибудь из односельчан полное ведро.

Было досадно ощущать себя чужаками там, где все остальные друг другу свои. От глубокой обиды на деда Костика нас спасало то, что не нам одним он отказал в сгущенке. Примерно половина деревни сверкала по вечерам ярко освещенными окошками, в то время как вторая половина томилась при свечах. Отследить, кому и по каким критериям дед Костик соглашался выдать свой продукт, было невозможно. Среди отказников были самые разные люди. Настолько разные, что при попытке хоть как-то их систематизировать возникал полный сумбур.

Мы бы непременно попытались выяснить для себя принцип работы Костикова изобретения, но у нас самих ведро так и не побывало, а в пересказе удачливых ведровладельцев все выглядело настолько дико, что мы лишь молча переглядывались, никак не комментируя и не переспрашивая рассказчиков. По словам наших односельчан выходило, что ночью — но только не в полнолуние и не накануне — густая тьма облепливается вокруг всех предметов, стекая по ним в землю (именно там, где ночи особенно темны, водится самый качественный чернозем — приводил доказательство дедовой правоты один из его клиентов), так что дело оставалось за малым — собрав тьму в подходящую емкость, тут же закрыть ее крышкой, чтоб не расплескать по дороге. Для сбора тьмы деду Костику и служил ветряк: ночь стекала по его лопастям, под которые дед Костик знай подставлял тазы. Работал он в полной темноте, отключая на это время все домашнее освещение. Наполненную тьмой-сырцом тару старик отволакивал в сарай, где у него находился большой самогонный аппарат с центрифугой в комплекте. Центрифуга, служившая раньше для ускорения процесса брагообразования, стала теперь работать сгустителем тьмы. Дед Костик аккуратно сливал в нее сырец, на ощупь тыкал пальцем в кнопку «пуск» и на выходе получал легкую, но тягучую, как расплавленный гудрон, готовую к хранению и употреблению ночную сгущенку. Наши собеседники утверждали, что в сгущенном виде тьма уже не боялась света, разве что под прямыми лучами солнца черная поверхность подергивалась корочкой, а содержимое ведра немного уменьшалось в объеме.

Слушать эти рассказы было невыносимо. Нам постоянно казалось, что либо над нами в открытую издеваются, либо мы сходим с ума. И было очень непонятно, что хуже.

Готовую сгущенку дед хранил в желтой полуцистерне с надписью «КВАС». Какими судьбами квасная бочка попала к деду Костику, нам было неинтересно. В нескольких хозяйствах нашей деревни имелись подводные лодки, и на этом фоне глупо было бы интересоваться такими вещами, как емкость из-под кваса. Гораздо интересней было ее содержимое. Однажды по дороге в магазин нам встретился ближайший сосед, ландшафтный дизайнер Вова, несший от деда Костика пластмассовое ведро. Оно было явно не пустым, хоть и не выглядело тяжелым. Но Вова нес ведро на отлете руки и шел так быстро, что едва кивнул нам на ходу и тут же скрылся за калиткой своего двора.

Что касается квасной бочки, то, как мы слышали, рядом с ней мог находиться только сам дед Костик — никто, кроме него, не умел вытерпеть ни секунды подле емкости с полукубом ночного концентрата, чем бы ни являлся этот концентрат на самом деле. Выстоять возле бочки, от которой отталкивало и к которой в то же время притягивало, не смог ни один доброволец, так что деловитое спокойствие деда Костика заставляло подозревать его в общении с сатаной. Иногда эта гоголевщина раздражала нас. Иногда казалась смешной.

Дед Костик снабдил всех до единого потребителей ночной сгущенки специальными, изготовленными им самим, переходниками. Потом Вова показал нам один такой переходник. Это была папиросная гильза. В нее надо было засунуть концы проводов, чтобы затем погрузить их в ведро с темнотой. Почему нельзя было обойтись без бумажных гильз, никто не понимал, но дед Костик сказал: «Так надо». Спорить с ним было бы глупо — в конце концов, дед Костик дал людям возможность спокойно перезимовать, так трудно ль им было молча засовывать провода в бумажные гильзы?

Рвануло ближе к апрелю. Точней, это случилось ранней ночью с 21 на 22 марта. Наш дом, расположенный к подворью деда Костика ближе остальных, качнулся, как перед стартом, и едва не оторвался от земли. Сам взрыв был абсолютно беззвучным; к тому же он не сопроводился обязательной для взрывов вспышкой света. Наоборот: то была вспышка тьмы, которая разошлась кругами и пожрала деревню. На некоторое время исчезло все — контуры домов и дальних крыш, абрис леса, силуэты столбов и деревьев. Когда тьма стала помаленьку рассеиваться и привычный рисунок в окне гостевой комнаты вернулся на свое место, в нем недоставало одной характерной детали — ветряка.

Это было первое, чего мы не увидели. Затем мы не увидели крыши дедова дома и угла сарая, где стояли бочка и центрифуга. Крольчатник и уборная, впрочем, оставались на месте.

Дед Костик исчез бесследно. Наутро после взрыва был обыскан каждый миллиметр дедова двора, но никаких останков — пусть даже самых микроскопических — не обнаружили. Дед Костик как будто сгинул во тьме, концентрированием которой занимался в ту ночь точно так же, как и во все предыдущие ночи. Когда схлынул первый шок и начались разговоры, все пришли к единому мнению: дед Костик просто уснул возле центрифуги, проворонил процесс, и тьма сгустилась до точки самопоглощения.

Но есть в нашей деревне люди, уверенные, что дело совсем в другом. Они полагают, будто дед Костик в ту ночь сделал некое новое открытие. Дед Костик, думают они, догадался, как делать тьму из света. И еще он догадался, что не он один догадался о том, о чем догадался. Например, сосед Вова выразился так:

— И тьма милосердно прибрала к рукам великого овчаровского изобретателя до наступления рассвета.

С Вовой это иногда бывает: говорит, говорит, вроде нормально — и вдруг как скажет чего, будто Библию цитирует.

— Ведь это открытие, в сущности, лежало на поверхности, — продолжил Вова. — Берешь отвертку и плоскогубцы и через полчаса запускаешь центрифугу в противоположном направлении — с противоположным содержимым.

Полстакана концентрированного света и, как сказал бы сам дед Костик, пиздец Южнорусскому Овчарову и другим населенным пунктам.

Никто так и не успел спросить деда, сколько времени и на какой скорости должна вращаться центрифуга, чтоб, с одной стороны, тьма сгустилась до нужной концентрации, а с другой — чтоб она не успела — выражаясь словами деда Костика — ебануть. Никаких записей старик не оставил.

Кроме, разве что, одной. У Вовы сохранилась развернутая бумажная гильза-переходник. Дед Костик дал ее нашему соседу, когда одна из выданной ему пары упала в коровье дерьмо возле дедова забора и, как показалось Вове, была тут же раздавлена. А позже он нашел гильзу в кармане куртки. В карман попал снег, гильза расклеилась и развалилась. На ее внутренней стороне было написано слово «ГИНИРА».

Как хочешь, так и понимай.

P. S. ОАО «Дальэнерго» больше никогда не приезжало в нашу деревню снимать провода. Даже после того как здесь – после исчезновения деда Костика – наскоро построили новую подстанцию и по проводам побежало нормальное привычное электричество. Дело в том, что за него по-прежнему мало кто платил. Однако санкций больше не следовало. Объясняется это просто: на центральном въезде в деревню кто-то внес исправление в дорожный знак, оповещающий путников о том, что они прибыли в населенный пункт «Южнорусское Овчарово». Поправка – в виде красной полосы из угла в угол знака – гласит, что деревня Южнорусское Овчарово осталась позади.

К нам сюда действительно не всякий может добраться.

ПОКА ШЁЛ СУД

– Встать! Суд идет!

Набитый битком зал деревенского Дома культуры разом вздыхал, колыхался и приготавливался к долгому, часа на три-четыре, стоянию. Такое было правило.

Нельзя сказать, что некоторые традиции и развлечения Южнорусского Овчарова не смущали нас. Более того: после переезда стало наконец понятно, почему, когда мы делились нашими миграционными планами с друзьями и родственниками, многие смотрели на нас с опаской и недоверием. Непонятно другое: почему никто не поведал, с чем именно нам придется столкнуться в деревне, выбранной нами на жительство. Мы полагаем, что конкретными сведениями не обладал ни один из наших собеседников, а те из них, кто, может, и был в курсе, сомневались в правдоподобности имеющихся в их распоряжении фактов. Сами мы наверняка знали только то, что Южнорусское Овчарово пользуется очень неоднозначной репутацией. Мы были склонны объяснять это наличием заброшенных шахт, во множестве окружающих населенный пункт. Но ореол таинственности Южнорусского Овчарова не смог бы остановить нас; мы переехали, ни разу, впрочем, не пожалев о сделанном: уж больно прекрасное месторасположение у нашей деревни, что вольготно раскинулась на полуострове, с трех сторон омываемая Японским морем.

Очень быстро сроднились мы с деревней, приняв ее такой, какая она есть, – во всяком случае, какое-то время мы были в этом уверены. Нам казалось, что ни одна из особенностей Южнорусского Овчарова не является такой уж невероятной. Даже непонятная любовь овчаровцев к судилищам не сумела поколебать нашу симпатию к деревне, так как и эта странноватая традиция вполне нормально вписывалась в местный антураж.

– Встать! Суд идет! – Ни разу не было, чтобы суд дошел до деревни быстрей, чем за 2 часа 40 минут. Однажды, говорят, такое действительно случилось, когда в райцентр прислали молодого и очень резвого прокурора: по слухам, он буквально скакал вприпрыжку, так что остальным заседателям пришлось поспевать за ним, переходя с галопа на рысь. Резвого прокурора затем куда-то перевели, и с тех пор четырнадцать километров от райцентра до Южнорусского Овчарова суд преодолевал за три, три с половиной, а то и четыре с половиной часа. А однажды был случай, когда в дороге скончался судебный секретарь: его могилу, если соберетесь навестить Овчарово, вы увидите слева от лесной дороги, приблизительно на половине пути от федеральной трассы до знака с перечеркнутым именем деревни.

В Южнорусском Овчарове практически не бывает настоящих преступлений, и к тринадцатому числу каждого августа деревенские жители озабочены тем, чтобы найти и предоставить суду хотя бы одного правонарушителя. Например, в 2006 году – это было уже при нас – под суд согласилась пойти бабка Онищенко, немощная сирота, которой за участие в судебном заседании пообещали перекопать огород и выпрямить забор. За это Онищенко созналась, что три года назад продала соседу Сергею Яковлевичу щипаных кур, издохших от неясной болезни. Услыхав про такое дело, Сергей Яковлевич тоже сделал признание. Он сказал, что прямо сейчас, в данный момент, испытывает огромное желание стукнуть бабку по голове или спине. Таким образом, в том августе у нас судили сразу двоих, старуху Онищенко и Сергея Яковлевича, но заседание получилось так себе: поскольку бороться непосредственно с Онищенкой – из-за возраста подсудимой – прокурор не имел права по закону, вместо бабки ему пришлось соперничать с бабкиным адвокатом, а тот, как назло, оказался здоровенным бугаем, утомившим прокурора так, что вопросов к Сергею Яковлевичу у него просто не осталось. Судебное заседание закончилось полным поражением обвинителя за отсутствием состава преступления обвиняемых.

Несмотря на многочасовое стояние, южнорусские овчаровцы действительно очень любили судебные разбирательства, хотя найти очередного преступника становилось год от году тяжелее. Но когда июль следующего, 2007 года, уже подходил к концу, преступника искать не пришлось: он нашелся сам. То, что сделал Валерий Тимофеевич, повергло в шок всю деревню. Дело в том, что Валерий Тимофеевич проклял грибы.

Шум подняла наша соседка тетя Галя, известная мастерица мариновать белые и подберезовики. Она делает это так изумительно, что грибы давно стали для нее главной статьей дохода. Нам тетя Галя говорит так:

– Попробовать дам, а рецепт не скажу.

Мы не обижаемся. И даже, по мере возможности, немножко увеличиваем сеть теть-Галиной клиентуры: трехлитровки с ее грибами стали покупать некоторые наши знакомые, да и мы сами охотно брали – и берем – ее товар. Тетя Галя прекрасно, едва ли не лучше всех в деревне, разбирается в грибах. Покупая у нее грибы, мы получаем стопроцентную гарантию, что в банку не затесалась отрава. К тому же отпала необходимость самим возиться с чисткой добычи. Иногда, если есть охота и мы идем в лес с корзиной, весь наш грибной улов отправляется прямиком к тете Гале. За сезон она закатывает по 300–400 трехлитровок, и это не удивительно: те самые одиннадцать километров от федеральной трассы до Южнорусского Овчарова проходят не просто через лес, а через очень грибной лес. Стоит лишь сойти с обочины, как буквально через несколько метров непременно замаячит сыроежка, а за ней – плохо спрятавшийся красавец белый. Ведро обабков за полчаса – обычное дело для здешних мест; плохим считается тот год, когда на укомплектование ведра или корзины уходит три часа. Именно таким плохим, бедным на грибы годом стал 2007-й. Тетя Галя не вылезала из леса, и все равно к окончанию грибных сроков ей удалось закатать всего лишь 200 банок. Слишком долго не было дождей.

Тетя Галя, как и другие грибники и грибницы Южнорусского Овчарова, подсчитали упущенную выгоду и почти совсем было упали духом, но тут кому-то из них пришло в голову наколдовать дождя. Но – то ли навыки оказались подутрачены, то ли доверили дело любителю-недоучке – в результате стараниями грибников был вызван не благотворный смирный дождик, а самый настоящий тайфун с ветром и трехдневным ливнем. Грибы после таких водопадов растут не сразу, а недели через полторы. Однако беда была в другом: именно накануне нежданного тайфуна Валерий Тимофеевич затеял менять кровлю. Но едва успел он снять шиферные листы с южного ската, как ливень обрушился на безоружный его дом. Любой бы на месте Валерия Тимофеевича вышел из себя. Но не настолько, чтобы проклясть грибы. А Валерий Тимофеевич сделал именно это. Человек одиннадцать слышали, как он, потрясая кулаками в направлении леса, трижды крикнул страшное и непоправимое:

– Ебаные грибы! Ебаные грибы! Ебаные грибы!

Но даже это могло сойти Валерию Тимофеевичу с рук, если бы его заклятье не сбылось с точностью до последней буквы. Через девять дней грибы из земли полезли в изобилии, да только радости от них никому не было, хотя снаружи они выглядели как обычно. Тетя Галя, притащив домой рюкзак и два полных ведра, через час понесла выбрасывать все на компостную кучу. На вопрос дяди Васи, что не так с грибами, тетя Галя гаркнула на весь наш тихий закуток:

– Что не так? Да с ними все не так! – и сплюнула в сторону собачьей будки.

О том, какие именно грибы повырастали после дождя в нашем лесу, мгновенно узнали не только в Овчарове, но и в самом Владивостоке.

— Все, — расстраивалась тетя Галя, — весь бизнес теперь корове в трещину. Такой ущерб деловой репутации.

Расстраивались вообще все.

Но недолго. Потому что был конец июля, и всем стало понятно, что заседание суда состоится. Это здорово утешило всех, включая тетю Галю.

Тринадцатого августа была хорошая погода. Это позволяло надеяться, что суд придет не слишком уставшим, но достаточно злым. В Дом культуры набилось очень много народу — практически под завязку. Пришли даже ловцы креветок, у которых август — самая горячая пора. И вот поступил приказ от наблюдателей:

— Встать! Суд идет!

Это означало, что судейские в полном составе вышли из районного центра. До первой крови Валерия Тимофеевича оставалось часа три — ну, может быть, чуть больше.

Валерий Тимофеевич стоял на сцене один-одинешенек, лицом к лицу со зрительным залом.

— Сейчас тебе, Тимофеич, вышака дадут, — пошутил кто-то из овчаровцев. Нестройное хихиканье пробежало по залу и смолкло.

В открытые окна Дома культуры влетали звуки лета: шум далекого лодочного мотора, мычание теленка, сорочья перебранка. Все это гудело и галдело так мирно и монотонно, что казалось тишиной. Тишина, однако, была несколько напряженной. Собравшимся было понятно, что на этот раз все будет серьезно: с грибами не шутят. Смеяться больше никому не хотелось. Чтобы как-то скрыть нетерпеливое возбуждение, многие переминались с ноги на ногу. Со стороны это выглядело, как гарцевание коней перед забегом.

— Спой чего-нибудь, Тимофеич, — донесся голос какого-то отчаявшегося остряка.

– Или стишок расскажи, – натужно поддержал его другой.

– Пусть лучше станцует, – буркнула магазинщица Антония.

Все представили, как толстый Валерий Тимофеевич сперва танцует, а затем рассказывает стихи, и зал отвлекся на осторожный смех. Но виновник вдруг шагнул к краю сцены и сказал:

– Спою. Сейчас.

И он запел.

Зал замер.

Этого нельзя было сравнить даже с громом среди ясного неба. Это было настолько неожиданно и страшно, что мы сбежали б из Дома культуры, едва придя в себя от первого потрясения – то есть примерно через минуту. Сбежали бы, если б смогли. Но дело в том, что нам отказали ноги. Нет худа без добра: мы досмотрели спектакль и знаем, чем все закончилось – не по слухам или рассказам очевидцев, а благодаря личному присутствию и даже, можно сказать, участию.

Пел Валерий Тимофеевич ужасающе. Но «ужасающе» – неподходящее слово. Собственно, слов в песне и не было: песнь его состояла из криков выпи и волчьего воя, из вздохов преисподней и многократно усиленного скрипа ржавых дверных петель, из скрежета экстренного торможения грузового состава и эха обвала в горах, из рева ураганного ветра и визга кабана, которого волокут на кастрацию. По лицу артиста текли слезы; в зале – к величайшему нашему изумлению – тоже многие плакали. Через короткое время зал горестно рыдал уже целиком, за исключением глубоко потрясенных нас.

Валерий Тимофеевич пел три с четвертью часа без перерыва. За это время, по оперативной информации от наблюдателей, суд успел дойти до знака с перечеркнутым названием нашей деревни и ступил на ее главную улицу. Оставались считанные минуты.

Первым спохватился дед Наиль. Взобравшись по расшатанным деревянным ступенькам на сцену, он встал рядом с Валерием Тимофеевичем и сказал ему растроганно:

– Ступай вниз, сынок. Пусть лучше меня осудят.

И тут как будто прорвало дамбу. На сцену устремились первые ряды зрителей, затем стала редеть середина зала, после чего потекли реки и с галерки. Через пять минут в зале бы остались только мы, но в таких ситуациях лучше не отрываться от масс, даже если мотивация их душевных порывов и не ясна окончательно. Так что мы тоже забрались на сцену, где каким-то чудесным образом умудрилась утрамбоваться почти вся деревня. Неподсудного Валерия Тимофеевича выпихнули в зрительный зал, но он залез обратно.

Когда суд наконец пришел, его глазам предстала такая удивительная картина, что единодушная реакция заседателей смогла оформиться лишь в реплику судьи. Хлопнув себя по мантии, судья воскликнул:

– А где же подсудимый?!

– Мы все подсудимые, – печально ответил со сцены дед Наиль.

– Ну, – судья почесал переносицу, – на нет и суда нет.

После чего суд в полном составе развернулся и отправился восвояси.

– Встать! Суд идет! – Дежурный приказ прозвучал нелепо, ведь никто и не садился.

Было ясно, что судейские обиделись и больше никогда не придут в Овчарово. Несмотря на это, все мы честно простояли на сцене, пока наблюдатели не известили нас о прибытии суда назад в райцентр. И только потом разошлись по домам.

Что касается грибов, то проклятье с них снялось как будто само по себе. Следующие и окончательные в то лето грибы вылезли уже совершенно нормальными, и только тете Гале пришлось долго убеждать свою клиентуру, что с продукцией все в порядке. Убедить ей удалось не всех; да и городские как-то перестали приезжать в наш лес, что, кстати, очень замечательно — нам больше достанется.

В августе 2008 года суд действительно не пришел в Южнорусское Овчарово, как его ни зазывали. Зазывали, правда, больше для проформы. Согласия никто и не ждал. Вместо суда состоялся концерт Валерия Тимофеевича, чей талант покорил деревню день в день годом раньше, пока суд шел к нам в последний раз. В августе 2009-го сделалось очевидно, что концерты теперь будут даваться ежегодно, пока смерть Валерия Тимофеевича не разлучит его с благодарной публикой. В деревне очень любят и берегут традиции.

Мы на выступления Валерия Тимофеевича не ходим, но все говорят, что он настоящий мастер своего дела.

КАРБИД

У деда Наиля уши мягкие и удивительно длинные. Их все время при встрече с дедом хочется потрогать. Правда ли мягкие? Настолько ли мягкие, какими кажутся? Длина их поразительна: еще чуть-чуть, и мочки лягут на дедовы плечи. Это оттого, что у деда Наиля короткая, почти совсем ушедшая в плечи шея. Но и уши сами по себе действительно нестандартные. И это мягко говоря. Потому что, если называть вещи своими именами, про уши деда Наиля можно сказать только одно: они не должны принадлежать человеку, однако почему-то принадлежат.

В остальном он нормальный, обычный дед. Таких в Южнорусском Овчарове на каждой улице по семь пачек. Сутулый, среднего роста старик с желтоватыми космами вокруг коричневой лысины. С чистыми, очень ясными глазами почти бирюзового цвета — немного неожиданными на смятом лице. Собственно, рассуждать о внешности деда Наиля — пустое. О самом же старике в Южнорусском Овчарове очень хорошего мнения. Про деда Наиля говорят так: «Ууу. Наиль — о!»

Мебельный магазин «Антония», в котором дед Наиль покупал себе карбид, расположен в одном ряду с деревенской церковью и магазином «Продукты на Горняка». И церковь, и продуктовый магазин — новые, открыты уже при нас. Магазин «Антония», по словам старожилов, был здесь всегда; но их послушать, так и Антония была названа родителями в честь магазина, а не магазин получил свое имя в честь Антонии.

В мебельном магазине «Антония» всегда все есть. Это утверждает сама Антония, да и мы много раз убеждались в ее правоте. Лишь еда появилась тут не сразу, потому что, с одной стороны, ну какая еда может быть в мебельном магазине, а с другой — а почему бы ей тут и не быть. Например, одежда была в продаже уже давно (если, конечно, пойти на небольшой компромисс со здравым смыслом и посчитать одеждой гидрокостюм, шлем сварщика, брезентовый фартук и пупырчатые резиновые перчатки; однако, если электрические когти и не являются обувью, то и мебелью они тоже никогда не были).

Несмотря на широкий ассортимент, в «Антонии» нет ничего лишнего. В этом магазине продается только то, в чем вы можете претерпеть нужду. И когда, поселившись в нашем Южнорусском Овчарове, вы безрезультатно объездите все окрестности в поисках копеечных металлических уголков для террариума — и даже побываете в райцентре, откуда вернетесь с пустыми руками, — не забудьте заскочить к Антонии: у нее вы непременно купите уголки, причем именно того размера, который вам нужен.

Только в мебельном магазине «Антония» всегда в продаже дверные навесы любого сорта, оконные шпингалеты, крючки на дверь сарая или уборной, наружные почтовые ящики и деревянные лопаты для уборки снега (лопаты всегда появляются в ассортименте «Антонии» накануне больших снегопадов: если вы зашли в мебельный и увидели там деревянные лопаты — быть снегам). Только у Антонии вы сможете купить съемную насадку-переходник на резиновый шланг, и только Антония скажет вам, какого диаметра насадка вам необходима. Ассортимент у Антонии настолько широк, что далеко не все товары помещаются на витринах и стеллажах. Время от времени на дверях магазина появляются писаные от руки объявления, где сообщается, что в продаже, например, есть гудрон. Или, например, известь-пушонка. Или полное собрание сочинений Агаты Кристи. Или граненые стаканы. Или шифер. Или опилки. Или резиновые диэлектрические коврики.

— Антония, — спросили однажды мы, отчасти желая польстить, отчасти вполне искренне, — Антония дорогая, чего же у вас нету?

— Чего у меня нет, того вам и даром не нужно, — сказала Антония, — поверьте мне.

Ну вот откуда, спрашивается, она знала, что нам даром не нужна пластмассовая лейка на десять литров? А железные на двенадцать у нее были. Одна штука.

— Мне нужен гель для душа, — экспериментально сказала как-то раз Казимирова.

— У вас есть душ? — насторожилась Антония. — Что-то я сомневаюсь. В стариковском доме водопровода нет, а ваш дом, я вчера мимо ехала, не достроен еще.

– Но мне же надо мыться, – сказала Казимирова.

– Так вы ж покупали у меня оцинкованное корыто недавно.

– Ну да.

– Тогда так и говорите: «Мне нужен гель для оцинкованных корыт», – сказала Антония, оставшись совершенно серьезной. И на долгие полминуты сгинула под прилавком.

– Вот. – Она появилась с бутылочкой в руке. – Двадцать семь рублей.

На бутылочке было написано: «Для мытья волос и тела».

– Берите, – сказала Антония, – даже не сомневайтесь. Это то, что вам нужно.

Она всегда знает, что вам нужно.

Антония помещается за стандартной стеклянной витриной, где до недавнего времени обитала электрическая мелочевка. Антония сидит к покупателям в профиль. Перед нею небольшой письменный стол-конторка, на котором стоят ноутбук, принтер, стакан чаю и калькулятор, спорящий размерами и востребованностью с ноутбуком. По левую руку Антонии, но чуть позади нее, работает телевизор. По телевизору всегда идут «Генералы песчаных карьеров». В магазине, середина которого честно заставлена комодами и кухонными гарнитурами, буквально негде развернуться. Чтобы ненароком не своротить и не обрушить на журнальный столик сушилку для посуды, вам следует мысленно проложить маршрут к – ну, за чем вы там пришли? за вон теми голубенькими обоями в ромашку? – к обоям лучше всего двигаться сразу от входной двери, оставив справа по борту ручной умывальник. Сразу за мойдодыром сверните влево, нырнув между высоченным «комплектом мебели для прихожей» и рулонами рубероида – и, собственно, все: вы на месте.

Мы стали частыми посетителями у Антонии. Даже не зная, как называются те или иные материалы, мы рисовали их руками в воздухе, и Антония всегда понимала, о чем речь. И почти каждый раз, заезжая в мебельный за очередной нужной мелочью, мы встречались в магазине с дедом Наилем. И каждый раз видели, что дед Наиль покупает карбид.

– Зачем ему столько карбида? – спрашивали мы у Антонии.

В ответ она пожимала плечами – мол, кто ж его знает, – и говорила:

– Нужен.

Даже если бы старик питался карбидом, в таких количествах он ему и то вряд ли требовался бы. Дед Наиль увозил покупку на санках, если дело было зимой, или в старой детской коляске, если покупка случалась летом. Он грузил карбид мешками. Однажды – всего через месяц или два постоянных встреч в магазине «Антония» – мы спросили про карбид лично деда Наиля.

– Так ведь, – ответил дед Наиль, – оно самое то. Вот.

И увез груженые карбидом салазки в морозную даль.

А потом – это было уже в мае – он пропал. Его искали всей деревней: прочесывали лес, тыкали стволами соснового подроста в болотное дно, бродили по оврагам с фонарями и телефонами, сообщаясь между собой, что, дескать, пусто – ни тела, ни одежды, ничего. Дед Наиль исчез. На кухонном его столе осталась лежать камбала – в сковородку на плите было уже налито масло: Наиль собирался пожарить себе рыбы, отлучился ненадолго и – с концами. Последний раз его видели возле магазина «Антония», но во сколько именно это было, заходил ли он в магазин, куда пошел после, кого встретил по дороге — все эти подробности были приговорены остаться тайной, потому что дьяк, видавший в тот день Наиля, не мог вспомнить, перед утренней или вечерней службой поздоровался он с дедом, чесавшим мимо церкви, а единственным человеком, которого можно было б спросить: «Заходил ли к тебе Наиль?» — была Антония, а она тогда как раз уехала на курорт в Далянь, закрыв железную дверь своего магазина на замок весом килограммов в двенадцать, не меньше.

Вернулась она через две недели, открыла магазин и обнаружила пустую витрину, на которой самолично прямо накануне отъезда в Китай разложила электрическую мелочевку: розетки врезные и накладные, патроны для лампочек, бытовые индикаторы трех сортов, изоляционные ленты, перчатки диэлектрические — и прочая, и прочая, и прочая, числом тьма. Ничего этого теперь на витрине не было: все пожрал дед Наиль, запертый в магазине подобно Фирсу, оставшийся незамеченным среди комодов и кухонных гарнитуров, рулонов ковролина и рубероида.

— Я, — набросился он на Антонию, — кричал тебе, да ты как поскакала, хвост задравши, только и видали тебя.

Что касается электротоваров, то дед Наиль — а старик он очень здравомыслящий, ни в каком маразме никогда не замечался — утверждал, что разграбленная им витрина не содержала ничего несъедобного.

— Я все записывал, Антония, — строго сказал он, — в жизни ничего не взял без платы, а в старости мне такой грех и подавно ни к чему, — и предъявил Антонии список съеденного: молоко сгущенное — 26 банок, сайра натуральная — 26 банок, майонез «Моя семья» — 10 тюбиков, кетчуп «Балтимор» — 6 бутылок, шоколад «Нестле» — 28 плиток... и так далее, числом тьма. —

А никакого электричества тут не было, – тряс ушами дед Наиль. – У меня дома своего электричества навалом, сдалось мне твое.

С этим утверждением Наиля нельзя было не согласиться: зачем ему патроны от лампочек, когда сайра есть? В том, что сайры на витрине не лежало, Антония – был момент – даже начала сомневаться: последние предотъездные дни были преисполнены такой суматохой, что лишь за голову держись, только б не оторвалась от беготни; может, и сделала накануне отъезда то, что давно намеревалась сделать – поменять назначение передней витрины под штучную бакалею. Сама же всю дорогу утверждала, что в магазине «Антония» есть все, но ведь это неправда, потому что иногда людям бывают нужны кой-какие продукты, а дойти до соседнего продуктового магазина они по каким-то причинам не могут.

О том, что свое намерение поменять электропатроны на сгущенку она осуществить не могла хотя бы из-за того, что еще не успела даже наметить себе оптовую базу, Антонии думать не хотелось.

– Расплачиваться-то как долго будешь, а? – только и спросила она деда Наиля.

– А сразу, – сказал дед Наиль, – если не возражаешь.

– Да уж не возражу, – вздохнула Антония.

– Ну смотри, – выставил палец Наиль, – ты сказала.

И начал свозить к мебельному магазину карбид.

– Забирай, – кивнул он Антонии на первые семь мешков. – Сейчас еще семь привезу – и в расчете.

Антония лишь головой покачала. Впрочем, от карбида не отказалась: карбид все-таки лучше, чем ничего. Заодно вырисовывалась возможность узнать у Наиля, для чего тот так методично скупал сырье для ацетилена.

– Наиль, а Наиль, – спросила она, – а карбид-то ты зачем покупал вообще?

Дед Наиль пристально посмотрел на Антонию, как будто хотел убедиться в серьезности ее вопроса. И, видимо, убедившись, не без укоризны произнес:

– Хорошенькие были б дела, да? Приезжаешь, открываешь лавку свою, а тут у тебя труп. Прям, можно сказать, на вот этом вот диване.

И ткнул пальцем в раскладной диванчик, обитый под зебру:

– Вот тут бы у тебя труп был. Вот тут вот.

– Ясно, – сказала Антония.

– Ну, я пошел, – сказал Наиль.

– Ну, иди, – кивнула Антония.

Уже уходя и открыв дверь, дед Наиль вдруг вспомнил что-то, остановился, обернулся к хозяйке и крикнул через весь магазин:

– Ой, слушай, я ж чего к тебе забегал-то. У тебя спички есть?

– Нету, – сказала Антония. – Зачем тебе спички?

– А и незачем уже, – согласился Наиль, – твоя правда. Камбала-то протухла, пока тебя по китаям носило.

Антония махнула рукой и впервые за многие годы развернулась лицом к телевизору, где как раз начался фильм «Генералы песчаных карьеров».

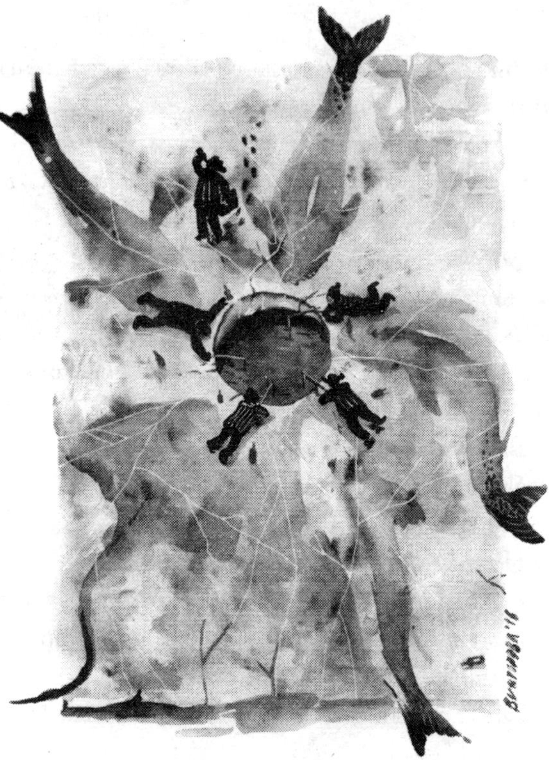

ДУРАКИ

В пасмурную погоду лед не блестит, а притворяется тихой водой. Поэтому кажется, что мотоциклы у нас ездят по морю, как Христы. «Уралы» – мятые-битые, серо-буро-малиновые, по сто раз перекрашенные, с обязательным ящиком-гробиком вместо люльки – любимое транспортное средство местных рыбаков. «Уралы» разгоняются над водой и исчезают вдали. В Южнорусском Овчарове ни у кого нету люлек, только гробики. В гробиках лежат снасти для зимней рыбалки.

Залив в нашем месте широкий, не защищенный от ветра, так что поверхность льда, постоянно обдуваемая с севера, обнажается сразу после снегопада. Лед остается голым почти до конца зимы, пока озверевший февраль не натащит из Охотоморья таких снежных тайфунов, что уже не справиться никаким ветрам. А в январе можно выйти на середину залива, найти вчерашнюю лунку, лечь животом над твердой водой и разглядывать медленных сонных рыб. Рыбаки у нас удят тоже с живота — разлягутся морской звездой вокруг большой проруби и лежат: головы к центру, ноги врозь. Верные «Уралы» пасутся поодаль. Термосы, коньяки, водки, стаканчики — морские звезды привозят свое жизнеобеспечение в гробиках и ставят на лед рядом с собой, на расстоянии вытянутого луча.

Хорошо лежать над рыбами.

Хорошо гулять над рыбами. Найдешь вчерашнее разводье и гуляешь вдоль. То ли плывешь в воздухе, то ли летишь в воде. А параллельным курсом — под едва заметным глазу льдом — то ли летит, то ли плывет, обгоняя тебя и разглядывая небо, здоровенная камбала. Можно схватиться с камбалой наперегонки, разогнаться и скользить, и какое-то время плыть-лететь синхронно с ней, но гонка продлится недолго: вскоре вдруг обнаруживаешь, что пытаешься обогнать собственную тень на дне, а камбалы нет, камбала как в воду канула.

Залив — сплошное мелководье. Летом здесь хорошо ловить креветок, а зимой пасти мотоциклы. Море совершенно безопасное, особенно если знать, где проходят донные течения. Но даже если и не знаешь, все равно ничего страшного: перед тем, как течение взломает морской панцирь и растащит ледовые поля в разные стороны, примерно десять минут лед будет предупредительно стрелять холостыми. Дураком надо быть, чтоб не успеть отбежать на безопасное расстояние.

В тот день мы разгонялись и скользили до тех пор, пока не наткнулись на место чьей-то вчерашней рыбалки.

Собственно, это и было целью нашего пробега по заливу: найти застывшее разводье или лунку, которая затянулась нетолстым – сантиметра три – прозрачным стеклом. Оптика от фирмы «Дед Мороз и компания» – лучшая в мире, да и сам Дед Мороз прекрасный стекольщик. Мы ложимся животами на море и, соорудив из ладоней антибликовое приспособление, приветствуем первый «улов»: здоровенную водоросль-ламинарию. Ламинария пронеслась под нами с такой скоростью, будто опаздывала на работу. Вслед за ламинарией появилась какая-то рыбина, но рассмотреть ее мы не успели. Можно было бы сказать, что рыба проскочила в наших экранах со свистом, но в абсолютное беззвучие визуального ряда свист не вписывается даже сравнением. И тем более неожиданным стал чей-то голос (глас с небес в нашем случае), когда, увлеченные разглядыванием подледного трафика, мы совсем не заметили, как сами сделались объектами наблюдения.

– Вы так ничего не поймаете. У вас там лед внутри.

Над нами стоял человек в тулупе и цветастой женской шали. Он доброжелательно улыбался. На плече у него подобием байдарки лежала крупная кета, которую он поддерживал левой рукой за недобрую пасть. В правой руке у человека был детский калейдоскоп.

– Вот, – сказал он, показывая нам калейдоскоп, – трубочку нашел. В нее можно смотреть куда хочешь.

– Зачем? – спросили мы тактично.

– А тогда все как звезды, – ответил он и протянул нам игрушку. – Хотите попробовать?

Отказываться было неудобно. Мы по очереди посмотрели на звезды и вежливо вернули калейдоскоп собеседнику. Улыбаясь и не покладая кеты, тот принялся рассматривать небо.

— Очень красиво. Очень красиво.

Зима — не сезон для кеты. Зимой ловят навагу, корюшку, камбалу и селедку.

— А как вам удалось кету поймать? — спросили мы.

— Повезло, — ответил человек и пошевелил бревно на плече. — А вы кто?

— Живем здесь.

— Городские, что ль? Давно в Овчарове?

— Три года.

— У, — сказал он, — новенькие. Хотите, отдам?

— А вы как же?

— А я рыбы не ем. Кальмаров еще туда-сюда, креветок, а рыбу — не. Я ее только разделывать люблю.

— Так продать же можно? Давайте мы у вас купим.

Человек с калейдоскопом посмотрел на кетину.

— Не хочу, — ответил он. — Или так берите, или я пошел.

— Хорошо, — сказали мы, — давайте.

— Что давайте? — удивился он.

— Рыбу, — ответно удивились мы.

— Рыбу?! — воскликнул он. — Почему?!

— Так вы же сами предложили. Только что.

— А, ну да, — закивал головой собеседник, — предложил. А теперь передумал. — И засмеялся так, что не удержал кету. Она соскользнула с его плеча и упала на лед. — Давайте так, — сказал он вдруг с совершенно нормальным, недурашливым выражением лица. — Пойдем ко мне, я рыбу разделаю, вы ее пустую заберете.

— Как это?

— Вам тушку, мне кишки. — Человек в шали говорил с нами терпеливо, будто мы были идиотами.

— Зачем вам кишки?!

— Выкину.

– Тогда почему?..

– А может, там кольцо внутри, – сказал он, – может, там внутри кольцо с изумрудом.

Марина Владимировна говорит: да они тут все дураки.

«Как?» – «Да очень просто: все по очереди. Прямо в буквальном смысле».

Марина Владимировна всегда все знает. Работа такая: три человека придут в магазин за гипсокартоном, кафелем или фанерой на двенадцать, а остальные девяносто семь – поговорить. Мы тоже в тот раз зашли поговорить. Больше, конечно, поздороваться – все равно рядом были, – но и поговорить тоже.

– Тут дед перед вами был, – говорит Марина Владимировна. – Думала, сдохну. Сорок пять минут как с куста, трындел и трындел. Всякую фигню. Дурак, блин.

– Ну мы тогда пошли, – смеемся мы. – Отдохни.

– Э, – говорит Марина Владимировна, – вы-то как раз пусть.

Ну, пусть так пусть. Нам все равно было ждать, когда почта откроется с обеда.

– Зимняя забава такая, – говорит Марина Владимировна, – ага. Рыбалка и дурак. Нас с Петечкой зовут поиграть. Прокофьевы, соседи, не слева которые, а с железной крышей дом. У них тоже собираются.

– Ходили?

– Да один раз. – Марина Владимировна берет зазвонивший телефон: – Ламинат по каталогу, с предварительным заказом. Да. Пожалуйста!.. ...ну, это нечто! Невозможно же каждый вечер ерундой страдать.

Мы тоже кое-что слышали. Еще бы. Дурак в Южнорусском Овчарове иной, совсем не такой, как везде. Овчаровцы играют в дурака серьезно, шестью колодами, одна партия иногда затягивается на несколько дней, а на проигравшем ездят верхом по деревне.

– Необязательно, – говорит Марина Владимировна. – У Прокофьевых не ездят, у них кто проиграет – идет к церкви побираться. Не хватало, чтоб я или Петечка там оказались, ага.

– В смысле? Как побираться?

– В прямом. Заставят в говно нарядиться, а сами у «Антонии» стоят, ржут и фотографируют.

– Ого.

– А у Петренок...– Марина Владимировна опять берет телефон: – Если больше чем на пять тысяч, скидка десять процентов, да, есть, приезжайте... ...у Петренок проигравший на лопате катается. А у ваших соседей, с грибами которые...

– У них тоже играют?! – Мы были в полном изумлении. – Так что, туда не за самогоном ходят?!

– Может, за самогоном тоже, – говорит Марина Владимировна, – но вообще-то играют.

Вот это да. Понятно теперь, почему у тети Гали с дядей Васей свет в доме всю ночь горит, а за молоком если к ним идти, то или рано утром, или не раньше трех.

– Так чем у них проигравший расплачивается?

– Жизнью, – говорит Марина Владимировна. И поспешно добавляет, глядя на наши вытянутые лица: – Ну, нет, на самом деле не так все страшно.

– Йопт, – говорим мы.

– Ну да, – кивает Марина Владимировна, – оно самое. Но тут дело в том, что дуракам везет.

– Всем? – зачем-то спрашиваем мы.

– Без исключения. – Марина Владимировна явно гордится произведенным на нас впечатлением. – Вы сейчас куда?

– На почту, потом домой.

– Давайте созвонимся вечером, – говорит Марина Владимировна, – идея есть.

У нее всю дорогу идеи.

Кстати, никакого кольца в дураковой рыбе не оказалось. Дурак – по нашему наущению и с помощью нашего же ножика – разделал кету прямо на льду. Обследовав рыбий кишечник, он обтер нож и руки об лед и зашагал к берегу, насвистывая государственный гимн. Мы подобрали кету и, ругаясь на рыбью пачкотню, отправились домой, намереваясь заехать по пути на почту и в строительный магазин. Когда мы еще шли к берегу, за нашими спинами уже вовсю горланили чайки, налетевшие на требуху.

– Идея, – сказала Марина Владимировна тем же вечером, – идея такая: что нам мешает попробовать?

Да ничего нам не мешало. Они с Петром Геннадьевичем уже и карты купили. Шесть колод.

Шесть колод и никаких пар. Каждый играет сам за себя. Это лишь кажется сложным, но на самом деле, вовсе нетрудно догадаться по лицам, что пять козырных тузов лежат перевернутыми у кого угодно, только не у Петра Геннадьевича, к которому заходить – понятное дело – с козырных десяток, потому что все шесть козырных валетов и все шесть козырных дам собрались у вас. А если у вас же были и козырные короли, но не все, а лишь четверо, шанс все же велик, четыре против двух. Вдобавок, шестой туз тоже у вас. Петр Геннадьевич сграбастывал все, но когда дело дошло до королей, мне стало ясно, какая чудовищная ошибка мною была допущена. У меня совершенно вылетело из головы, что пачка карт, лежавшая слева от меня, тоже принадлежит мне. А содержимое той пачки было таким ничтожным, что впору кингстоны открывать.

– Оп-па.

– Оп-па! – радостно засмеялись остальные игроки. – А кто тут у нас дурак? Поздравляем. Поздравляем.

Окна уже были синие. Никто не заметил, как наступило утро.

– Быстро сыграли, – сказала Марина Владимировна, – но все равно долго. В следующий раз надо часа в два прерваться, максимум.

Странным вспоминается то утро. Тяжелая после бессонной ночи голова одновременно ощущалась пустой и гулкой, хотя множество мыслей крутилось в ней хаотично, по-броуновски сталкиваясь лбами и отскакивая друг от друга. Мысли были не слишком мудреными. Они являлись скорее констатацией фактов, выхваченных из действительности, и в то же время имели собственные, независимые от содержания форму, цвет и звук. Например, мысль «окно» была зеленоватой с коричневыми прожилками, но звучала глухо и казалась вытянутой в длину. И наоборот: длинная сложная мысль «садимся в машину» выглядела как плоский квадрат, перечеркнутый по диагонали сиреневой змеей с сапфировыми глазами. «Дорога» оказалась шипящей, золотистой и сверкающей спиралью; собственный дом (мысль: «дом») каким-то образом уютно совместился с представлением о некой белой полусфере, поросшей беззвучным мхом. Необычная игра увлекала: хотелось бесконечно смотреть по сторонам и разглядывать предметы, людей и природу, хотя сама мысль «игра» звучала в голове тремя короткими звонками (капитан покинул борт судна) и казалась кучей гниющих водорослей. «Надо поспать», – прошуршало в голове осенними листьями, над которыми тут же поднялись и зависли в воздухе семь алюминиевых рыб.

До трех часов наш сон никто не потревожил. В четыре мы посадили в машину собаку и поехали на море. Было тепло и очень солнечно. Голова тоже была уже вполне ясной и солнечной. На льду залива по случаю воскресенья раскинулось множество морских звезд, поодаль от которых мирно паслись мотоциклы. Зимнюю удочку нам дал Петр Геннадьевич, а коньяк у нас имелся свой. Мы не стали искать вчерашнюю лунку, хотя оптика Деда Мороза легко поддалась бы ударам захваченного с собой молотка.

Мы приумножили лучи ближайшей к берегу морской звезды, потому что мотоцикла с гробиком у нас не было, и будущий улов предстояло тащить до машины на берегу вручную. На расстоянии вытянутого луча моей ноги встали термос, бутылка хеннесси и пара коньячных рюмок. Мы решили обойтись без пластиковых стаканчиков. Надо было опустить леску в воду, полежать недвижно примерно с четверть часа, затем встать на корточки, дотянуться до коньяка и рюмок лучом руки, налить и выпить. А затем снова лечь на лед лицом к рыбам. Хорошо лежать над рыбами.

В ясную и солнечную голову пришло решение ловить рыбу на вату из телогрейки. Поверх лыжных комбинезонов мы надели ватники. Это было необходимо, чтобы максимально точно походить на других морских звезд. Задача сформулировалась окончательно: нужно вытаскивать вату из продырявленного рукава телогрейки и бросать ее в прорубь. Ни одна рыба не сможет устоять перед ватой, казалось мне. Владельцы остальных лучей уважительно слушали и не перечили, хоть и переглядывались между собой, когда им казалось, что мы на них не смотрим. Но мы видели все. Тщательно скрываемый скепсис товарищей по проруби тем не менее улетучился в одно мгновение, когда в воде показалась спина гигантской рыбины. Рыба была настоящим великаном. Привлеченный запахом ваты, неведомый житель морей ходил кругами, опасаясь многолюдья, и не решался схватить лакомство.

– Отойдем, – сказал кто-то из рыбаков, после чего до меня донеслось завистливое: – Вот же везет дуракам. – На автора этих слов зашикали.

Потом рассказывали, как все выглядело со стороны. По словам очевидцев, я опустила руку в прорубь и держала ее там минут пять, после чего опустила в прорубь другую руку, а затем приподняла над водой лосося, ухватив его за жабры. Он не был таким уж гигантским, каким казался под водой, но все же его размеры очень впечатляли. Достать рыбину в одиночку не было никакой возможности, однако бросившихся мне на помощь рыбаков я отогнала прочь, после чего, поглядев в глаза добычи, разжала пальцы и сказала «спасибо» кругам на воде. Ничего этого я не помню.

Помню только почти нестерпимый, но ужасно приятный жар в руках, запах ледяного «Хеннесси» на губах и ощущение глубочайшего покоя. Еще, иногда – не часто – привкусом дежавю возникают передо мной образы рыб, исчезающие так быстро, что я никогда не успеваю поздороваться с той, что однажды действительно встретилась мне – при обстоятельствах, подробности которых я знаю скорей из снов, чем по рассказам очевидцев. Я не могу целиком восстановить в памяти события того зимнего дня, но однажды мне стало понятно, что в деталях нет никакой необходимости. Главное – мне действительно повезло, и в этом нет ни малейшего сомнения. Мне повезло очень по-крупному – в тот раз и навсегда, – хоть я и не помню, чтобы кто-то отгонял рыбаков.

В карты мы больше не играли. Вскоре случилось так, что в Южнорусском Овчарове пришла пора выборов, и новый глава сельского поселения издал Указ, запрещающий жителям деревни после 21 часа распивать спиртные напитки, спорить, играть в азартные игры и обзываться. Тому, конечно, были причины – особенно после случая с Никитой Валентиновичем, продувшимся у наших соседей, – но все же категоричность Указа многих огорчила. Разумеется, некоторые нарушают закон и продолжают втихомолку тасовать шесть колод, но играют, как они говорят, без всякого азарта, нехотя. Утверждают также, что игра стала называться «дурашкой», и проигравшего весь следующий день целуют и треплют по щеке или плечу. Нам об этом ничего неизвестно.

Но иногда, гуляя с собакой на зимнем море, мы видим сидящего на обрыве человека. Это бывший заместитель главы Южнорусского Овчарова. Он может сидеть на краю скалы долго-долго, буквально часами, и свесив ноги в пропасть, разглядывать рыбаков и их мотоциклы в пластмассовый детский калейдоскоп.

ОХОТА НА КАЛЬМАРА

День питается звуками и солнечным светом, а ночь — водой и чужими секретами. Приезжайте на берег ночного моря и поставьте машину фарами к воде: если вам повезет, увидите много интересного.

Хотя по ночам уже было очень холодно, море в ту зиму долго не замерзало, и рыбаки ругались на глобальное потепление. Однажды мы приехали на пляж поздним декабрьским вечером, выпустили собаку, включили дальний свет фар и увидели, как по пояс в ледяной воде, на расстоянии полусотни метров от берега бродит бородатый мужчина с чемоданом. Шел мелкий снег. Мужчина с чемоданом брел параллельно береговой черте, но, поравнявшись с лучом, резко свернул и направился к суше, хватаясь за свет фар, как за перила. Луч привел его к нашей машине, на которую мужчина не обратил никакого внимания: он просто переложил чемодан из одной руки в другую, обогнул нашего пса и, зашагав по дороге, почти сразу исчез из виду. Мы посидели еще чуть-чуть, а затем уехали в полном молчании, если не считать обмена фразами вроде «вот это дааа», которые не значат ровно ничего, но иногда значат так много, что заменяют собой рассказ на восемь страниц. А на следующую ночь приехали к тому же месту и увидели светлячков над морем — а какие могут быть светлячки в декабре? Разворошив тьму светом фар, мы увидели, что море просто кишит мужчинами, и у каждого чемодан, и на каждом чемодане — фонарик светом вниз. Часть мужчин бродила с чемоданами по воде, и было ясно, что они ищут что-то, отвечающее каким-то неведомым нам критериям, а часть уже нашла и встала как вкопанная в донный грунт, а перед ними, прямо на воде, лежали огоньки. А еще через день мы заехали по какой-то надобности в овчаровский мебельный магазин «Антония» и увидели в его ассортименте те самые светодиодные чемоданы — они оказались сделанными из плотного пенопласта, а внутри представляли собой ящики с несколькими отделениями, чтобы не перепутались крючки и насадки, — и все это дело называлось «набор снастей для ловли кальмара». Словом, скукотища. Такая же, как и собственно ловля кальмара.

Но несколько обстоятельств, весьма характерных для Южнорусского Овчарова, сумели бы смутить любого скептика. Например, тот факт, что никто из местных жителей не знает нашей улицы, а меж тем улица наша стара, как и сама деревня, основанная в 1868 году переселенцами из южнорусских степей; или, например,

у нас есть дома, которые исчезают и внезапно вновь оказываются на привычном своем месте; или, например, блуждающий милиционер по имени Евгений, который так насобачился создавать себе алиби, что умеет возникнуть поочередно в пяти деревенских магазинах, а жена его Татьяна ищет повсюду своего мужа, и находит пять раз подряд, и в каждом из пяти магазинов милиционер Евгений получает от Татьяны по морде, и делает вид, что ничего не произошло, в то время как настоящий милиционер Евгений выходит из шестого магазина с бутылкой водки, никем не побитый; или, например, умершая старуха Фазановна – Фазановну похоронили за месяц до события, о котором речь впереди, а спустя две недели ее видели в продуктовом магазине «Березка»: наши соседи заехали туда за зеленым горошком на винегрет, а Фазановна стояла у прилавка и покупала белый виноград россыпью, и была при этом абсолютно как живая, только мертвая, и недовольная очередь за ней бледнела и крестилась, и никто не смог бы упрекнуть покупателей в бестактности, потому что умерла так умерла, а если уж приспичило тебе винограду, то приснись родственникам и попроси принести на могилу, а не шляйся среди живых, карга.

Может, и странный населенный пункт наше Овчарово. Но очень уютный и симпатичный. Да и расположение привлекательное: с трех сторон деревня омывается морем, занимая собой лесистый полуостров такой протяженности, что из одного конца в другой надо идти через тайгу и болота, и то не факт, что дойдешь. А ровно посреди нашей деревни находится другая деревня: называется она Пятый Бал, и мы относимся к ней как к своей, потому что до Пятого Бала от казимировского дома, если идти по Косому переулку и затем миновать небольшой лес, то двадцать минут ходьбы; а до Лагуны, которая является северо-западной оконечностью Южнорусского Овчарова, – девять километров бездорожья. Правда, в Пятый Бал ведет и еще одна дорога, но по ней от Лёхиного магазина ехать два с половиной километра, да еще и мимо кладбища.

Погост беден и беспечен. У него нет даже забора, и могилы свободно разбрелись вдоль дороги. Некоторые пасутся так близко к проезжей части, что памятники в темноте можно принять за автостопщиков. Сразу за кладбищем, все так же впритык к дороге, громоздится кладбищенская помойка с профильным мусором. Ржавые венки, куски расколотых надгробий, покореженные фрагменты пирамидок – каждый раз ожидаешь увидеть среди них полуистлевший гроб с покойником внутри: а что, разбогатела какая-нибудь семья, купила себе новый комплект, а старый выкопала и выбросила.

Чаще всего кладбищем пользуются жители улицы Суханова. Это потому, что они живут к нему ближе остальных. Могилы залезли бы и в суханские огороды, если б не дорога, отсекающая дерзкий некрополь от крайнего домика с зеленой крышей. Однако случается и так, что умирает кто-нибудь с дальних окраин деревни, хотя это почти нонсенс. Действительно: умереть на Восьмом Квартале считается так же нелепо, как, например, ходить за хлебом в Лёхин магазин «Лагуна», живя где-нибудь на Третьем Мысе. Если в Овчарове разносится слух о чьей-либо смерти, первым делом люди спрашивают, откуда покойник. Если с Суханки, никто не удивится (так и скажут: «А, с Суханки. Ну, тогда ясно»), а если с Третьего Мыса или с Восьмого Квартала, то незамедлительно переспросят: «Николай с Третьего Мыса умер?! Чего ради?!»

И правда, какой смысл умирать, живя в таком прекрасном и далеком от кладбища месте, как Третий Мыс. Но против фактов не пойдешь: только за первые три года нашего пребывания в деревне умерло человек восемь народу, жившего в совершенно разных, весьма отдаленных от кладбища точках Южнорусского Овчарова. Самую крупную неприятность, связанную с похоронами, пришлось пережить, конечно, друзьям и родственникам Никиты Валентиновича, потому что нестарый еще пасечник жил в районе холодильников и скончался, никого не предупредив. Причем сделал он это в такой снегопад, что даже самые широкие дороги сделались непроезжими, а самые исхоженные тропы – непролазными. Однако смерть все же нашла путь к дому Никиты Валентиновича, поставив его близких перед необходимостью организовывать похороны. И впрямь, не положишь ведь покойника в сугроб во дворе. А запасные ямы – там, где положено, – в Южнорусском Овчарове заготавливают еще осенью, тогда же, когда и капусту. Никто не знает, пригодятся или нет, а если пригодятся, то кому именно, но заготовку ям в пределах овчаровского кладбища делают исправно.

Известие о неизбежности больших хлопот по доставке тела до погоста родня Никиты Валентиновича приняла мужественно. В назначенный день свояки, зятья, девери и внучатые племянники явились в полном составе на лыжах, а один двоюродный брат пришел аж с самой радиолокационной станции, которая, впрочем, находится не слишком далеко от нашей деревни, особенно если идти через Восьмой Квартал. Ни о какой машине не могло быть и речи: за несколько часов до похорон на обочине подъездной дороги по самую крышу увяз в сугробе трактор. Сперва лыжи Никиты Валентиновича по ошибке прикрутили к крышке его гроба, но недоразумение быстро заметили и переделали все как надо (лыжные палки положили прямо в гроб — потому что, во-первых, никто в точности не знает, что может пригодиться человеку на том свете, а во-вторых, на этом свете палки без лыж все равно никому не нужны).

Таким образом, гроб Никиты Валентиновича сделался транспортным средством — не то чтоб самоходным, но вполне мобильным и управляемым. А поскольку все, кто шел впереди и позади гроба, лыж и вовсе не снимали, то похоронная процессия вскоре скрылась из поля зрения двух ворон, наблюдавших за стартом с верхушки кедра.

Смерть в Южнорусском Овчарове событие и редкое, и всегда немного печальное. К тому же, стоило лишь глянуть на старуху Антоновну, чей стиль ходьбы делал ее поразительно похожей на пастора Шлага, как слезы сами наворачивались на глаза участников скорбного марафона. Никто не смеялся. К гробу, уверенно стоявшему на лыжах благодаря его собственной конструктивной устойчивости, привязали веревку-шлейку, в которую запрягли квадратного кочегара Вована. Вован шел на лыжах не быстро, но ровно, и лишь иногда оборачивался: время от времени кочегару казалось, что гроб слишком близко подобрался к нему и вот-вот наедет передом на зады его лыж. Но все шло как по расписанию — ровно до того момента, пока кто-то (кажется, это был сосед покойного, Виталий Свиридович) не обратил внимания, что Никита Валентинович едет не как положено, вперед ногами, а как совершенно категорически запрещено — вперед головой.

— Вернется, — испуганно сказал кто-то из родни и, не дождавшись ответа, продолжительно охнул: — Охохохохохохой.

Похоронная процессия находилась уже примерно на половине дороги к кладбищу и ровно посредине леса: лесной тропой решили воспользоваться для сокращения пути, о чем позже всем пришлось пожалеть, так как случилось странное и уж совершенно непредвиденное. После остановки и короткого совещания по поводу ошибочно прикрепленной веревки вдруг стало выясняться, что никто из присутствующих не уверен в правильности выбранного пути.

– Вон тот дуб я помню, – сказала Антоновна, – он совсем не тут растет.

Но не только дуб, а и все вокруг оказалось не таким и не там. Даже солнце, которое должно было светить в лицо, съехало набекрень и свисало с другой стороны неба. Почему это произошло, каким образом Никита Валентинович и его провожающие оказались здорово юго-западнее предполагаемой тропы, никто не заметил и не понял. Спросить бы Никиту Валентиновича, да какой с него спрос. А ведь он хорошо знал этот лес, лучше остальных, потому что исходил его вдоль, поперек и по диагонали, разыскивая отделившиеся и удравшие на вольный выпас пчелиные семьи. Безусловно, Никита Валентинович показал бы кратчайшую дорогу, кабы не лежал бессмысленной колодой внутри деревянного ящика. Вокруг которого, в спонтанном зрительском амфитеатре, прямо на снегу сидела растерянная публика.

Тем временем начинало подмораживать.

– Вставайте, – сказал Афанасьев Петр, приходившийся покойному какой-то неблизкой родней. – Вставайте, хватит тут уже. Скоро темнеть будет.

И все встали. Включая Никиту Валентиновича, который подскочил так резко, что сбил головой крышку гроба.

В тот раз нас не было на той поляне: мы пришли туда случайно и, слава богу, здорово позже, застав лишь гроб; крышка валялась рядом, и природа, не терпящая пустоты, к тому времени уже заполнила ящик снегом и сосновыми иголками так, что он выглядел почти естественным атрибутом поляны, не пугающим и ничуть не мрачным. Разве что крупноватым: Никита Валентинович относилсяк к тому типу высоких русоволосых мужчин, которые говорят про себя, что якобы ведут свой род от викингов.

Мы не присутствовали на поляне в момент воскрешения пасечника, потому что, в отличие от того же Афанасьева, еще не были знакомы с покойником, а шляться на похороны ко всем подряд – просто из интереса к похоронам – мы не большие любители. Говорят, Никита Валентинович действительно быстро вывел своих провожатых из лесу и доставил их к собственному своему дому, где вся публика целых три дня праздновала отмену похорон, пока кто-то первым не опомнился и не спросил:

– А где ж Валентиныч-то?

Хозяина нигде не было. Более того: никто из его гостей не смог вспомнить, когда видел его в последний раз. По рассказам участников застолья выходило, что видели пасечника чуть ли не на подходе к дому, а больше – нет; но вроде бы кто-то замечал его во дворе, или – вроде бы – в сенях, или даже – вроде бы – за столом; никто, однако, не смог поклясться, что действительно видел Никиту Валентиновича именно в этот раз, а не на праздновании его дня рождения в прошлом году. И наконец все все поняли. Мертвецовы гости, протрезвевшие от ужаса, кублом выкатились на крыльцо – тут-то им навстречу и шагнул Никита Валентинович, и никому уже не было дела, что на покойнике ватник, ушанка и высокие рыбачьи сапоги; что в руках у него ведро кальмаров; что борода его заиндевела так, как никогда не индевеют бороды мертвецов. Словом, никому не было дела до того, что Никита Валентинович живой. С криками и воплями разбежались от бедного пасечника его друзья, родственники и соседи, и лишь спустя четыре месяца, специальным постановлением поселкового совета, было решено считать Валентиныча живым – да и то лишь потому, что мед у покойника был лучшим, а после его смерти полезла на рынок всякая шушера, безбожно льющая в продукт сахарную патоку.

– А как же гроб? – спросили мы Никиту Валентиновича.

– А что гроб? – удивился пасечник. – Стоит где стоял, кому он нужен с лыжами.

– Лыжи ведь открепить можно, – неуверенно сказали мы.

– Можно, – согласился Никита Валентинович. – А кому нужны лыжи, на которых гроб стоял?

И добавил:

– Нет, дорогие. Гроб, хоть однажды постоявший на лыжах, обречен стоять на лыжах всю свою жизнь.

Если будете в Южнорусском Овчарове, любой деревенский житель покажет вам поляну, на которой стоит деревянный ящик с откинутой крышкой. Лыж почти не видно: летом они зарастают травой, зимой тонут в снегу; но они есть. Сам же гроб Никиты Валентиновича стал одной из лесных примет.

– Пойдете через лес, увидите гроб на поляне, сразу направо сворачивайте, – скажут вам, объясняя дорогу к пляжу. – Там спуск к морю удобный.

– А вы правда живой? – все-таки не выдержали мы и задали Никите Валентиновичу этот вопрос.

Пасечник, впрочем, не обиделся.

— Живее некуда, — захохотал он прямо в улей, и несколько десятков рабочих пчел сели на его шляпу. — Хотя многие и не верят. Но вы-то хоть поверьте, — добавил он, разгибаясь и оборачиваясь. Улыбка на его лице не показалась нам слишком уж веселой; впрочем, чересчур печальной она тоже не была.

— А как все произошло на самом деле? — спросили мы.

— Да кто ж теперь упомнит, — ответил Никита Валентинович. — Я и сам все забыл, сколько времени прошло.

«Сколько времени прошло»! Да полгода прошло, не более: Никита Валентинович умер в декабре, а за медом мы к нему заехали в июне.

— Помню, в карты играли, — сказал Никита Валентинович, — у ваших соседей. Проиграл я, когда дело к обеду уже было. Устал, спать хотел, глаза прямо сами закрывались. Говорят, домой пошел в чем сидел — а зима ведь, холодно. Говорят, Василий меня догнал, тулуп силой надел. Не помню я. Потом вроде домой пришел и спать лег. А проснулся — стою у крыльца, в руках кальмары, а все на меня смотрят и вопят, будто я умер.

— Повезло вам все-таки проснуться тогда, на поляне, — сказали мы, — а то похоронили б, и поминай как звали.

— А я тогда и не проснулся, — сказал Никита Валентинович.

— Как?

— Да так, не проснулся и все. Снилось, что холодно мне, что зима, что лес кругом, и будто все одеты нормально, а я один как дурак. Но правильно вы говорите: повезло мпс.

— То есть, значит, когда из гроба встали в лесу, то все еще спали?

— Спал, конечно. Если б не спал, прям там на месте и помер бы поди. Хорошенькое дело, в гробу проснуться.

Вот это да.

— Но гости, они ж три дня у вас гуляли, они-то почему решили потом, что вы мертвый? Вы ж их из леса вывели. Они ж за вами шли своими ногами. И своими глазами вас видели. И своими ртами разговаривали. Почему потом они так?

— А кто их знает, почему. Я вот что думаю: кто рядом со спящим долго пробудет, тот потом сам как спящий. Разве нет? Не замечали? А потом, значит, спящий просыпается, ну и они как бы тоже, с ним вместе.

«А кто долго рядом с мертвым, тот сам как мертвый? А если мертвый — рядом с живыми, то он сам как живой?» — хотелось спросить нам, но мы не спросили: зачем задавать вопросы, ответы на которые так очевидны, что способны запутать все дело.

— А собачка у вас какая приметная, — сказал Никита Валентинович. — И умная!

— Это да, — ответили мы, — очень умная.

И приметная. С этим тоже не поспоришь. Ни у кого в округе таких нету.

– Она мне в тот раз тоже снилась. Не укусила меня, когда я по берегу рядом с вашей машиной проходил. С ведром кальмаров. Темнотища, хорошо вы подсветили тогда, а то я упасть боялся, о ведро пораниться – там у него ободок залупился, я однажды об него руку сильно порвал. А зафальцевать все забывал да забывал.

– Вот ведро совсем не помним, чтоб вы несли, – сказали мы. – Чемодан вроде бы помним, а ведра у вас не было. Вроде бы.

– Да говорю ж, сон такой, – сказал Никита Валентинович, – сон. Мало ли что приснится.

Это точно: мало ли что приснится. Иногда вот тоже, думаешь-думаешь – может, приснилось все? В том числе и крест с табличкой «Фомиченко Никита Валентинович», выскакивающий на дорогу поперед прочих крестов и пирамидок, – может, снится он нам каждую поездку на пляж Пятого Бала? Может быть, повторное везенье Никиты Валентиновича ровно год спустя, только уже в январе, – приснилось нам? Никита Валентинович тогда опять здорово уснул, а проснувшись, объявил себя колоссальным кальмаром, которому удалось уйти от охотников; чтобы обмануть их окончательно, пасечник поставил себе крест и живет в буквальном смысле припеваючи, никого не узнавая и ни с кем не разговаривая, а лишь напевая все время какие-то смутно знакомые мелодии. Но в Южнорусском Овчарове это никого не волнует – кальмар так кальмар; мед с кальмаровской пасеки – лучший в районе.

Может, и мед снится нам в трехлитровой банке в шкафчике нашей кухни, и все остальное, включая Южнорусское Овчарово, нам тоже снится? Очень уж бывает похоже на сон. Однако сядешь в машину, заведешь, тронешься с места, а через полтора километра от дома — дорожный знак: «Южнорусское Овчарово». Его можно потрогать. Можно даже пнуть ногой. Он есть всегда — и днем, и ночью.

Даром что перечеркнутый с обеих сторон.

ENGLISH TEACHER

В наше море только в кроссовках заходить — такое дело. На берегу тоже не очень разуешься: узкая полоса пляжа хрустит под ногами битым ракушечником, и не каждая босая пятка вытерпит, когда в нее вонзаются колючие наросты устричных раковин.

Белые раковины устилают пляж полуметровым слоем. Слой очень плотный, улежавшийся, хорошо связанный армированной сеткой из длинных бурых водорослей и ламинарии. Гниющие водоросли пахнут ветеринарной аптекой, а раковины — задворками рыбного базара. Эти два запаха, слитые в один флакон, образуют самый восхитительный аромат, какой только создавала парфюмерная фабрика «Всякое дыхание да хвалит Господа». Дыхание моря хвалит Господа куда лучше всяких прочих дыханий. Понятно: научилось за столько-то лет. Если подойти к морю поближе, встать лицом к лицу, закрыть глаза – и – вдох, и – выдох, – можно почувствовать на своем затылке небесную длань. Заметили. Погладили по голове. Можно жить дальше.

А без моря совсем никак. Просто дышать нечем.

Южнорусское Овчарово отстоит от моря ровно на ноль сантиметров. Несколько его улиц, заигравшись в прятки среди дубов и даурских берез, выпрыгивают из леса прямо на край скалистого обрыва, под которым захлебывается в волнах узкая полоса спрессованного ракушечника. Если поймать время отлива и идти по ракушкам, задрав голову, прямо над собой увидишь в небе накренившиеся заборы. Ни один враг не заберется в огород, повисший над пропастью, но заборы с мористой стороны совершенно глухие, а некоторые даже сделаны из железа. Это не от врага. Это от ветра. Ветер здесь дует постоянно; если его нет, это означает, что через несколько часов будет тайфун, шторм и конец света.

Внезапно, как будто пугаясь высоты, деревня отбегает в лес, уступая место легкомысленному березняку, дубам и соснам. Березы и сосны служат отвлекающим фактором, а все тяготы общения с тайфунами берут на себя дубы. Это специальные, прирученные дубы. Штатный персонал дворовой охраны. В мирное время, когда ветер с моря можно назвать бризом, охранники держат бельевые веревки, на которых обязательно сушится чья-нибудь красная майка.

Стоит пройти еще шагов двести, и о деревне, только что висевшей над головой, не напоминает уже ничего. Одуряющее дыхание моря, небесная ладонь на затылке, хруст ракушек под ногами – так можно идти всю жизнь, но узкий пляж вскоре упирается в огромную скальную глыбу: черный камень ростом с двухэтажку, не пройти и не проехать, разве что по воде. А в наше море только в кроссовках заходить. Такое дело. Но Самосвалыч дышит вместе с морем, его тоже гладит небо – он умный: у него с собой сланцы. С морской стороны на камне есть уступ и удобная площадка. Надо шагнуть в воду, а потом залезть на камень. Переобувшись в сланцы, Самосвалыч шагает в воду и, уцепившись за каменное брюхо, повисает на пальцах. Прямо в том месте, куда должна была ступить его вторая нога, плавал труп. После секундной оторопи Самосвалыча труп оказался брусом-топляком, но Самосвалыч позже рассказывал, что той секунды ему почти хватило, чтобы «нассать себе в тапки».

Если б не камень, прибой вынес бы дровину на пляж и уложил ее поверх бывших устриц, но вышло так, как вышло. Это был почти двухметровый обрезок бруса 20 × 20: из такого делают межэтажные перекрытия. Обрезок долго пробыл в воде, возможно – несколько лет: он был белый от соли и солнца, и волны облизывали его уже нехотя. Не стал бы Самосвалыч обращать внимание на топляк, найденный на берегу. Просто прошел бы мимо, и всех дел. Ну, может, наступил бы.

Он вытащил брус на берег. Зачем – сложно сказать. Может, чтоб к завтрашнему дню топляк не превратился в утопленника, за которого Самосвалыч и принял его в первую секунду. Но, вытащив находку на сушу и зачем-то перевернув мокрой стороной кверху, он увидел надпись. Судя по почерку, она была сделана топором. Когда-то глубокими буквами на топляке был вырублен недлинный текст: «ЕБНАЯ П».

– Так и вырублено: «ебная», – рассказывал Самосвалыч, – а «изда» отпилена, только «п» осталась. Не лень же кому-то было, топором-то.

Он привязал к дровине брезентовый собачий поводок и приволок ее к дому. Даже если бы кто-нибудь встретился ему по дороге, вряд ли б Самосвалыч вызвал удивление: в Южнорусском Овчарове чего только не волокут с моря. Старые кирпичи с печатями дореволюционного завода – зачем-нибудь (эти кирпичи водятся у побережья со стороны Третьего Мыса); ракушечник для отсыпки садовых дорожек; булыжники для выкладывания клумб или строительства заборных ростверков; водоросли для свиней или для огородной подкормки; Самосвалыч волок топляк. В конце концов, топляк был по-своему красив и вполне годился для какого-нибудь ландшафтного дизайна. Только весил много: Самосвалыч его еле допер и бросил лежать у забора – до лучших времен, пока придумается применение в хозяйстве. Остаток дня и весь вечер топляк лежал в траве. Самосвалыч выходил в магазин за сахаром и видел дровину своими глазами. Исчезла она ночью, скорей всего – под утро: Самосвалыч говорил, что слышал сквозь сон собачий лай; факт тот, что утром, когда Самосвалыч свистнул своих ньюфов на морскую прогулку и вышел за калитку, топляка уже не было.

В тот же день в Овчарове случилось очень странное происшествие, связать которое с исчезновением бруса сперва никому не пришло в голову, да и мало кто знал о существовании топляка, притащенного Самосвалычем с пляжа. Мы знали: с Самосвалычем мы соседи по диагонали, это раз; во вторых, мы тоже любим море. С Самосвалычем мы регулярно встречаемся на берегу, выгуливая собак. Он рассказал нам про находку и ее исчезновение, но и мы сперва не провели никаких параллелей между топляком и тем фактом, что петухи Южнорусского Овчарова вдруг стали орать не «кукареку», а — почему-то — «cock-a-doodle-doo».

— Нам кажется, или петухи по-английски орут? — спросили мы Казимировых, и те ответили, что и им с самого утра кажется то же самое, но объяснить это невозможно, и мы согласились: да, объяснить невозможно, потому что когда кажется одному, достаточно перекреститься и все пройдет, а когда кажется двоим, то это уже не «кажется», а черт знает что, нас же было четверо, и все четверо слышали тем утром «cock-a-doodle-doo».

— Странно.

— Очень странно.

— Да и фиг с ним.

— Да и то правда.

Но вечерние петухи (а между утренними и вечерними — дурные дневные) тоже горланили нерусскими голосами, и к полудню следующего дня в деревне только и было разговоров, что о видоизменении петушиного крика. На фоне этой сенсации некоторое время оставался незамеченным тот факт, что овчаровские собаки — все как одна — стали гавкать словами «bow-wow».

Еще через день топляк обнаружился на Восьмом Квартале — черт знает как далеко от того места, где листья дикого винограда гасят солнечные блики на белом заборе Самосвалыча. Даже если бы топляк не был подписан, мы б его узнали: длина около двух метров, размер 20 × 20, цвет, фактура — все сходилось и без неприличного слова, вырубленного чьим-то безграмотным топором. Но нашел его на Восьмом Квартале электрик Виктор, который в свое время менял подводку от столба к нашему дому. Достав из гробика «Урала» две пары когтей, он сказал тогда:

– Эти – любимые, – и нежно погладил любимые когти, – а эти запасные.

Пара запасных так и не пригодилась. Все то время, пока Виктор сидел на столбе с фаворитами на ногах, нелюбимые когти лежали на сиденье мотоцикла. Почему-то их было очень жалко: казалось, они поскуливают, как поскуливал бы не взятый на охоту фокстерьер.

– Несусь такой, – рассказывал Виктор в очереди продуктового магазина, – а темно, хорошо медленно несся, лежит хуйня посреди дороги, ладно белая хоть. А была б черная, все, пиздец, не было б уже Витька. Плюс переднюю вилку менять.

– Белая, говорите? Длинная такая, около двух метров? Написано на ней что?

– Не читал. А что, ваша?

– Нет, но знаем, у кого пропала.

– Ну так она там валяется в кустах. Я ее в кусты оттащил, напротив водонапорной башни кусты которые. Тяжелая, падла. Метров пять протащил, чуть не усрался.

Хилому на толщину электрику, должно быть, действительно пришлось здорово потрудиться. Топляки – они крепкие, как камень, и такие же, как камень, тяжелые. Однажды мы уже имели дело с топляком: это была красивая коряга, выброшенная на берег в сильный шторм. До машины, стоявшей в двадцати метрах от берега, мы двигали ее не меньше часа, применяя рычаг в виде железного черенка сварной лопаты. И когда кое-как перекатили корягу на брезент, а брезент прицепили к тросу и поехали, казалось нам, будто собственными руками вытолкали мы из ямы «КамАЗ», который и тащим теперь домой на буксире. На этой коряге мы развешиваем летом горшки с брамелиевыми; вспоминать, однако, каких усилий нам стоила доставка коряги в сад, мы не любим.

О том, что брус нашелся, мы сообщили Самосвалычу буквально сразу. Нам почему-то думалось, что Самосвалыч скорбит об утрате — все-таки вон откуда пер, пусть и на поводке, — но сосед махнул рукой и, поблагодарив все же за информацию, сказал:

— Да ладно. Не знаю, на хрена он мне нужен был.

А еще через день по деревне прошел слух, что двух семнадцатилетних сыновей директора водокачки увезли в город на операцию, потому что на лбу обоих парней внезапно появились странные продолговатые наросты, здорово напоминающие...

— Неловко сказать аж, — говорила почтальонша тете Гале, ожидая от нее подписи на заказное с уведомлением, — но буквально как половой член на лбу. Головка, извините, все дела, сперва думали инфекция, а теперь не знаю, что они там думают, ясное дело резать, и то теперь непонятно, как они тут жить станут дальше, хоть отрежут, хоть так оставят, все равно все...

— Bow! Bow! — залаял дворовый барбос тети Гали, и окончание почтальоншиной реплики осталось за кадром, хотя додумать было нетрудно: «будут смеяться». Все равно все будут смеяться, ни одна душа не посочувствует. Это понятно. Близнецы Трофимовы успели насолить даже нам: сгоревшая ель в дальнем углу нашего сада — дело их рук. В то знойное лето кто-то поджег сухую траву на пустыре, и, как назло, ни в одной ближайшей колонке не оказалось воды. Соседи, кинувшиеся отсекать огонь от заборов, не успевали принимать у нас ведра с водой, которую мы черпали из своего колодца — единственного на всю нашу маленькую улицу; а мы его и не ценили до той поры, пока не пригодился таким вот экстренным случаем. Елка вспыхнула сразу вся, снизу доверху — огонь подкрался к ней, пока его заливали совсем с другой стороны, – и сгорела факелом, разбрызгивая вокруг себя кипящую смолу; никак ее было не спасти, лишь бы другие деревья уберечь.

– Это трофимовские, – сказал фермер из углового дома, – крутились тут, видел. И, главное, как время выбрали – знали же, что водопровод будет отключен по всей деревне.

И вот теперь у трофимовских хулиганов выросло по хую во лбу: «Все равно все будут смеяться». Не жить им в Овчарове. Надо же, как бывает.

Трудно сказать, почему отсчет всех тех событий почти сразу – если не учитывать пропущенных петухов – пошел у нас именно с обретения и скорой утраты Самосвалычем топляка с непристойной надписью. Мы ведь даже не видели этот брус, только слухи о нем до нас доносились – из разных источников и всякий раз совершенно случайно – до тех пор, пока топляк не очутился наконец в нашем колодце. Но прежде чем мы все-таки собрались съездить на Восьмой Квартал, в деревне произошло еще несколько странных и бессмысленных в большинстве своем событий – таких же бессмысленных, как переход овчаровских петухов и собак на английский язык, но куда менее безобидных. Вскоре после случая с трофимовскими сыновьями внезапно рухнул высоченный глухой забор Ильяса Курганова, овчаровского магната, владеющего заводом по изготовлению шлакоблоков. Забор – из Ильясовой же продукции – упал прямо на его «паджеро», в то время как сам Ильяс принял на себя по меньшей мере кубометр отскочивших от капота блоков: один попал Курганову в надглазье и только тогда раскололся.

– Машина в говно, но хоть живы все, – говорила потом Алла Курганова.

А еще через день люди видели, как зловредный и важный глава муниципального образования «Южнорусское Овчарово» Сергей Иванович Мун (по прозвищу «Ким Ир Сен») средь бела дня открыл люк канализации в центральной, благоустроенной части деревни и прямо в голубой рубахе и в галстуке залез туда — с подушкой, одеялом и тарелкой котлет, сообщив подданным, что у него дела. До самого вечера никто не осмеливался извлечь Ким Ир Сена из люка, а вечером он вылез оттуда сам, недоумевающий, смущенный и помятый. Мы не видели, как он лез в люк, но стали свидетелями его вылезания, и это зрелище нас поразило; мы как раз проезжали через центр деревни, а быстро там не разгонишься, потому что в Южнорусском Овчарове все ходят прямо посреди дороги — и собаки, и кошки, и люди, — и на скорости два с половиной километра в час мы увидели растерянную толпу овчаровцев, и подумали даже, что кто-то умер, и, конечно, остановились узнать подробности; к счастью, все оказались живы, несмотря на то, что зрелище было умереть не встать; действительно, очень странно видеть, как начальник деревни выползает на тротуар из дырки в земле, а затем, даже не отряхнув с себя прах и тлен, садится в микроавтобус и уезжает прочь.

Мысль о топляке к тому времени уже прочно завладела нашими головами. Более других фактов нас интриговало то обстоятельство, что за очень короткое время тяжеленный брус оказался так далеко от места своей первой ночевки. Нам внезапно захотелось удостовериться, лежит ли он до сих пор в кустах возле водонапорки, куда оттащил его электрик. Проводив глазами микроавтобус с Ким Ир Сеном, мы изменили наши предыдущие планы и поехали на Восьмой Квартал. Обследовав кусты, мы не нашли там бруса, однако прямо от кустов, через поляну с лохматыми одуванчиками и сиротской мать-и-мачехой, шла ровная и узкая полоса мятой травы: если этот след оставлен не топляком, то чем же еще? Ведомые полосой, мы вышли к зарослям шиповника подле чьего-то недостроенного дома с обвалившейся стеной второго этажа и сразу же увидели то, что искали. Беспризорный, он валялся на куче строительного мусора, попирая собой битые шлакоблоки. Стянуть его вниз стоило некоторого труда, поскольку топляк потащил за собой и шлакоблочный лом, и пыль, и прах. Тем не менее он сдался практически без боя и улегся у наших ног, явив топорную надпись.

Никакой «ЕБНОЙ П» там не оказалось. На топляке было вырублено слово «АЛОЧКА». Молчаливые и задумчивые, мы перенесли брус в машину, транспортировали к себе во двор и осторожно, изо всех сил стараясь не ругаться – ни на мешавших нам собак, ни на капризную садовую калитку, – доставили его в сад, к колодцу. А потом, взяв поводки и пригласив псов на прогулку, пошли искать обрезок с текстом про ебную пэ.

Он валялся возле заброшенного дома, где когда-то, по рассказам соседей, жил чокнутый учитель английского, увезенный в психбольницу еще в середине девяностых годов. С тех пор его дом пустовал, а ближайший сосед – Самосвалыч – гонял прочь суханскую нищету, время от времени пытавшуюся разобрать учительскую развалюху на дрова. Из суханских ли кто-то, возвращаясь с моря, заприметил крепкий топляк и вскоре бросил его, вспугнутый лаем собак Самосвалыча, или все было как-то иначе – мы были уверены, что никогда не узнаем, что произошло тем ранним утром, когда кто-то украл у Самосвалыча первую половину бруса. Но разгадка петухов и собак лежала гораздо ближе, чем мы думали.

В наше море только в кроссовках заходить. Такое дело: колючие наросты устричных раковин больно впиваются в пятки, и нет никакой возможности терпеть эту рефлексотерапию, разве что просто не обращать на нее внимания, как это делает овчаровская детвора, или — тоже вариант — разрешить ей быть, как это делал один наш знакомый. Собственно, познакомились мы с ним именно в то утро, когда пришли к двухэтажному куску скалы на берегу моря и зачем-то обследовали и сам камень, и его окрестности. Но ничего там больше не валялось и не плавало. То, что мы искали, следовало искать где-то в другом месте.

— How do you do.

Мы обернулись. Хватаясь за кусты шиповника, по отвесной почти скале спускался к пляжу человек странного вида. На человеке был надет пиджак, на человеке была надета бабочка-галстук, человек был бос, человек улыбался лучезарно.

— My name is Mister, — сказал он, свалившись на нас с неба. — I'm from Great Britain. Where are you from?

— Bow-wow, — осторожно barked наш пес.

— From here, — we said.

Конечно, это был он: сложно себе представить, чтобы в истории одной и той же деревни — пусть это даже Южнорусское Овчарово — было двое сумасшедших, считающих себя подданными британской короны. Наш новый знакомый был абсолютно убежден, что родился на берегах — не Темзы, нет, но Эйвона.

— Тут очень колючее дно, — сказали мы, глядя, как босой Мистер снимает пиджак, брюки и бабочку. — The bottom here is very prickly.

— Let it be, — легко засмеялся Мистер и так же легко зашел в воду. — Let it be.

До обеда мы купались с Мистером в нашем мелком море, не спрашивая его больше ни о чем; было очевидно – да он ведь и сам сказал, – что он только что прибыл из Великобритании. Данный факт доказывался тем простым обстоятельством, что Мистер совершенно не понимал русского языка; английский же его был безукоризненным. Уже по дороге в деревню, возвращаясь после купания, мы услышали от Мистера о Уэстминстерском аббатстве, Тауэре и Trafalgar Square, и за приятной беседой незаметно подошли к околице, и увидели дом Самосвалыча, а за ним – an old house, возле которого стояла серая ambulance с распахнутыми дверцами. Блики полноводного Эйвона в глазах Мистера сделались похожими на блики, играющие на дне колодца. Прятаться было поздно: the hospital attendants noticed us; оставалось бежать. И мы побежали, подхватив Мистера под локти. The grey ambulance moved too.

Все дальнейшее можно было бы назвать исключительным чудом, если бы не знали мы точно, что настоящие чудеса остаются без внимания их прямых очевидцев, а все, что кроме, – обычная повседневная реальность и быстрота реакции. Мы подтащили запыхавшегося Мистера к нашему колодцу, возле которого лежали две двухметровые дровины 20 × 20, после чего все произошло само собой. Мистер, увидев знакомый брус, присел на корточки и взялся за торцы топляков, а мы просто помогли ему приподнять их:

– Who are you? Where do you live?

Возле ворот хлопали дверцы скорой помощи.

– I am an English teacher, – Mister answered confidently. – I live in Stratford-upon-Avon.

– Сбежал? – Санитары мяли в руках длинную ткань и какие-то другие приспособления, не вызывающие ни доверия, ни – тем более – симпатии.

– Простите, – сказали мы, – кто сбежал?

– Да этот же, псих, с вами был, – сказали санитары. – Англичанин ебанутый.

– Кто-кто? – засмеялись мы. – Какой еще англичанин? Нашли, где англичан ловить – в Южнорусском Овчарове. Это вам в Англию надо.

Смущенные санитары отказались от нашей помощи, когда мы предложили им показать дорогу в Великобританию. Единственное, о чем они попросили, – «в случае чего» позвонить по вот этому телефону, который они сейчас напишут нам на клочке газеты, если, конечно, найдут ручку или хотя бы карандаш. Но ни ручки, ни карандаша не нашлось у санитаров, и мы протянули им топор:

– Напишите этим.

И показали брус, который остался у нас после строительства сарая. Санитары вырубили номер телефона и уехали, а мы перевернули брус телефоном вниз.

Другой брус, познавший долгие воды и побелевший от соли и солнца, к тому моменту уже покоился в нашем колодце обеими своими половинами. Мы сбросили его туда наспех, когда воздух за Мистером сдвинулся и перестал дрожать, и только потом сообразили, что поступили должным образом. Все остальное было бы чудовищной ошибкой. Единственный человек, который мог прикасаться к топляку без всякого риска для других, был нашим приятелем, да и тот преподает английский в Стратфорде; наверное, можно было бы съездить к нему в гости, но не потащишь же дровину в четыре с лишним метра с собой в Англию – хватит и того, что наши местные петухи и собаки заговорили на языках (правда, ненадолго: после отбытия санитаров все вновь стали кукарекать и лаять как ни в чем не бывало).

В деревне после исчезновения Мистера изменилось единственное – мы сами. Мы научились заходить в наше море босиком, как это делают дети и некоторые англичане. Еще – мы нашли тот небольшой отпил бруса, на котором были вырублены буквы «ВОЛШ». Как нетрудно догадаться, искать недостающую часть топляка следовало в заброшенной лачуге бывшего учителя. Мы нашли обрезок в изголовье его кровати. В отличие от двух других частей, «волш» придерживался сухопутного образа жизни, ни разу не повидав ни моря, ни какой другой воды. Мы принесли его к себе и сбросили, вдогон к «алочке» и «ебной п», в колодец. И что-то случилось с его водой: с тех пор в колодце никогда не понижался уровень. Какое бы засушливое ни было лето, вода в нем всегда держится у верхней отметки, а на вкус она такая, что никакого лимонаду не надо. Мы возили колодезную воду на анализ: в ней нашли много серебра и всю группу витамина В.

И никогда – ни при каких обстоятельствах – не пытались мы больше прибегнуть к помощи топляка. Лишь в глубоко пасмурные дни, когда нас абсолютно точно не видно с неба, мы подходим к колодцу и тихо шепчем его полной воде:

– Let him be happy. Let him be happy.

«ТАУН-ЭЙС»

– Мы там застряли напрочь, – Марина Владимировна отрывает кусок вяленой камбалы и сует в рот длинное спинное мясо, – сели по самые уши. Поехали, блин, короткой дорогой.

У них с Петром Геннадьевичем на тот момент была «делика», а это практически джип. Но сесть по самые уши в Южнорусском Овчарове можно хоть на луноходе, просто места надо знать.

Мы тоже знали такие места. Например, если ехать к Овчарову с федеральной трассы и свернуть направо после указателя «РВС», увязнуть можно примерно через три километра, хотя сперва ничто не предвещает.

Лесная грунтовка в своем начале такая широкая, что запросто могут разъехаться два междугородных автобуса, если, конечно, обоим приспичит поехать в лес и там встретиться. Затем грунтовка начинает петлять и сжиматься — она делается все уже и уже, пока в один прекрасный момент ветки деревьев не начнут хлестать борта вашей машины с обеих сторон. Тем не менее дорога еще вполне сносная; вы едете по ней, подгоняемые любопытством и тягой к краеведению — куда же, куда же она вас приведет? — на заброшенную военную базу? — на водохранилище? — куда? — пока совершенно внезапно, загадочно и необъяснимо впереди машины не встанет сплошной стеной лес: дорога с разбегу тычется мордой в столетние дубы и кедры, ни пройти, ни проехать, никакого просвета в глухой и темной чащобе. И вы отползаете — два километра задним ходом, в любой момент рискуя съехать задницей в экологически чистый кювет, — и молча радуетесь, что баба-яга не съела вас вместе с машиной, или что леший не выпрыгнул из кустов орешника и не хлобыстнул дубиной — просто так, от лесной скуки — по лобовому стеклу.

Или, например, еще одна дорога, прекрасная и ровная, только что не асфальтовая: вы мчитесь по ней сквозь тайгу и пугаете фазанов, как вдруг под колеса вашей машины бросается болото. Болото не слишком большое, метров десять в поперечнике. Возможно, оно мелкое; возможно, это не болото, а большая лужа. Возможно, лужа легко преодолима вброд, но — на противоположном ее берегу нет продолжения дороги: только трава-мурава да зонтики тысячелистника, над которыми летают бабочки.

Дорога, по которой ехали наши приятели, тоже имеет свою особенность. В одном месте она делает петлю вокруг камышового островка. Ничего сверхъестественного. Но, обогнув островок, вы очень скоро обнаруживаете, что едете в противоположном направлении. Знающие люди петлю игнорируют: они в курсе, что следует ехать прямо и только прямо, невзирая на то, что под колесами машины какое-то время немного чавкает и проседает грунт. Эти несколько десятков метров чавкающей пустоты нужно проезжать таким образом, как будто дорога никуда не исчезала. Сбоку от невидимого тракта идет не очень глубокий, но довольно зловредный овражек, скатившись в который, вы не выберетесь наружу без помощи трактора. Зловредность овражка заключается в том, что в нем растет высокая трава: ее верхушки приходятся точно вровень с травой, по которой едете вы. Очень пакостный овражек. Очень похоже делающий вид, что его нету.

– Мы топор купили перед этим. В автобусе лежал. Наверное, тонну лапчатника под колеса нарубили, и все без толку.

Марина Владимировна и Петр Геннадьевич поселились в деревне годом позже нас. Они тоже городские, только приехали в Южнорусское Овчарово не из Владивостока, а из Южно-Сахалинска. В тот зимний день они возвращались домой, припозднившись у знакомых в райцентре, – и в кои веки официальный прогноз погоды себя оправдал: синоптики обещали большой снегопад, и большой снегопад сбылся, скрутив небо и землю в бараний рог – ни черта не видать, разве что ощупью пробираться сквозь пургу.

– Ну и пошли пешком. – Марина Владимировна вытирает руки, мнет салфетку и делает глоток пива. – Хорошее пиво, вы где берете?

Мы берем пиво у деда Наиля. Темное, почти портер.

– У Наиля?! – Марина Владимировна округляет глаза. – Серьезно, что ль?

Вполне серьезно. Почему нет? Все знают, что дед Наиль варит хорошее пиво.

– Хороший дед, – говорим мы. – Вы его знаете?

– Как бы это сказать... – Марина Владимировна на несколько мгновений как будто зависла. – Знаю немного. Он нас в работники к себе не взял.

– Вас? В работники?

У Марины Владимировны с Петром Геннадьевичем свой строительный магазин с гигантским, по местным меркам, оборотом.

– Дедушка нам с Петечкой странноватым показался, – говорит Марина Владимировна, – хотя грех говорить, конечно. Он ведь нас спас практически.

«Странноватым показался». Да тут половина деревни странноватых. Одна Суханка чего стоит: странноватый на странноватом сидит и странноватым погоняет. Всей улицей лакают средство для омывки автомобильных стекол и закусывают конфетами с кладбища. Благо оно у них под боком.

– Мы, когда застряли, пошли искать кто вытащит, а пурга, не видно ни черта, и темнеть начинало – мы уже поняли, что дело дрянь, лишь бы самим до жилья дойти. Идем, а следов за нами не остается, все тут же заметает. И дороги не видать. Непонятно вообще было, по дороге идем или уже в болота свернули.

Дом деда Наиля – крайний в ряду тех самых домов, которые в двух километрах от каменной стелы. Сперва вы увидите именно дом Наиля – он стоит сильно особняком: так, как будто это единственное жилье в лесу. Лишь подойдя поближе, можно рассмотреть за деревьями крыши соседних домов. Дом Наиля отделен от других большим пустырем с осколками одичавших фруктовых садов: по краям пустыря местные сажают картошку, а в середине пасут телят. Расстояние между Наилем и его соседями было таким огромным не всегда. Много лет назад на месте пустыря стояло еще три дома, но один сгорел, а два развалились от старости и беспризорности.

— Когда мы крайний забор пинать стали и орать, уже совсем стемнело, — рассказывает Марина Владимировна.

Они здорово измучились, бредя против ветра по сугробам и принимая в лицо снежные заряды. По словам Марины Владимировны, им обоим уже не было дела до брошенной «делики» — лишь бы самим выбраться из передряги, в которую попали так легкомысленно и глупо.

В Южнорусском Овчарове есть уймища мест, где ваш телефон не покажет ни одного деления антенны. Сотовая связь есть везде, но — в этом и заключается трагический комизм ситуации, — например, там, где берет «Мегафон», напрочь отсутствует сеть «Билайна», и вы вполне можете дождаться ишачьей пасхи возле чьего-нибудь забора, не сумев докричаться до хозяев и дозвониться до друзей — ведь у вас «МТС», а забор, под которым вы умираете, входит в зону покрытия локального «Акоса».

— Мы ж еще из той канавы, где застряли, пытались друзьям звонить: мертво все. Возле наилевского дома тоже ни одной антенки. Хоть ложись в снег и пропадай пропадом.

Двум трезвым людям замерзнуть в снегу возле самой деревни — ну чушь же собачья, а? Марина Владимировна качает головой и отхлебывает пиво:

— Надо же, дед Наиль пиво варит, оказывается. ...Мы поняли, что не достучимся. Чего там можно было услышать, ветер же. Собаки — и то молчали. И до следующего дома чуть ни километр еще.

Собаки действительно молчат в пургу. Дрыхнут в своих будках – пусть воры хоть забор хозяйский разбирают, собаки в пургу ни за что не проснутся. Но нету воров в Южнорусском Овчарове.

– Так что, когда нам открыли, мы даже удивились, – говорит Марина Владимировна.

Дед Наиль открыл калитку и проводил путников в дом.

– Раздевайтесь, – сказал он, – гости дорогие. Вот вас угораздило. Хорошо, что я за лопатой пошел, а? Лопату забыл занести. Как, думаю, завтра откапываться-то буду. Раздевайтесь, сейчас ужинать станем, переночуете – место есть, а утро вечера просветлее.

– Он так и сказал: «просветлее», – говорит Марина Владимировна.

По словам Марины Владимировны, большой с виду дом деда Наиля состоит ровно из одной комнаты, две трети которой занимает здоровенная печь с полатями и хайлом.

– Ну натурально бабкоёжкин дом, только ступы не хватает.

Печка топилась у Наиля вовсю. Дед освободил скамейку у задней печной стены – на скамье были навалены дрова, дедовы полушубок и валенки, – усадил гостей греться, сунул им в руки по рюмке с чем-то голубоватым на просвет и велел выпить с морозу.

– Я прям поразилась, – говорит Марина Владимировна. – Джин, думаю, что ль?

– Это джин, – сказал дед Наиль вроде бы даже смущенно. – Я водку не очень, поэтому в доме не держу. Извините старика.

А затем позвал за стол.

– Вот чего мы так и не поняли, когда он успел все это наметать. – Марина Владимировна разводит рукамими. – Скатерть-самобранка буквально. Минуту назад пусто было, он нас еще когда за печку вел, газету со стола убрал, я обратила внимание, что стол самодельный. Дощатый, старый очень, но чистый – следы на столешнице от ножа, как если б скребли недавно... Таз жареных цыплят – это первое, что я разглядела. И рядом с ним бутылку джина. Она была в снегу, как будто дед ее из сугроба вытащил и не обтер даже. Снег стаивал прям на скатерть. Он скатерть постелил. Белую в голубой узор.

Льняная скатерть с острыми поперечными складками. Сразу было видно: хранилась аккуратно сложенной. Закопченный чугунок с борщом дед Наиль поставил туда же, на голубой узор скатерти, и странным диссонансом смотрелись рядом с чугунком хрустальные стопки с серебряными донышками. В стопках голубыми огоньками отсвечивал джин. К джину были поданы: огромные миски маринованных белых грибов и соленых груздей в сметане; кастрюля квашенной капусты с луком и подсолнечным маслом; гора отварной картошки – на ее вершине таял, стекая к подножью, кусок сливочного масла; провесная селедка, не нарезанная поперечными ломтиками, а напластованная на филе вдоль хребта; мороженное сало («Под джин!» – восклицает Марина Владимировна, считающая подобный тандем оксюмороном) и булка хлеба, порушенного, по числу участников застолья, на три части.

– Мы, – говорит Марина Владимировна, – ужасно голодные были. А это, на столе которое, – оно так пахло. Борщ чесночный, с травками какими-то. Тарелки размером с тазик. Дед наполнил тазики до краев. Мы борщ съели и, в принципе, могли б еще чего-нибудь съесть – грибочек, например. А дед наши пустые тазы схватил, умчался с ними в угол куда-то, вернулся с чистыми, покидал в каждый по курице, картошку, говорит, сами положите, грибочки, капустка, не стесняйтесь, кушайте, говорит, восстанавливайте силы. И сам ел так, будто с голодного краю только что — цыплят одного за другим, да с картошкой, с хлебом — как в него умещалось, уму непостижимо.

Марина Владимировна и Петр Геннадьевич все же справились со «вторым» и, едва живые, откинулись на спинки стульев. Еще в середине еды Петр Геннадьевич извинился и запустил руки под скатерть — ослабить ремень. Марина Владимировна мечтала расстегнуть лифчик. Когда гости оказались не в силах запихнуть в себя хотя бы еще один, самый маленький кусочек снеди, дед Наиль стал есть чуть-чуть медленнее — видимо, тоже уже начал наедаться, — но прекращать ужин не спешил.

— Он поочередно съедал все, что стояло на столе, — говорит Марина Владимировна. — Мы смотрели и глазам не верили, а он все пододвигал и пододвигал к себе тазы и кастрюли — с грибами, с капустой, с солеными огурцами, с селедкой, с картошкой — и все это дело методично уминал. Последним оставалось сало — он и сало съел, уже, правда, без хлеба, как вроде бы десерт. Только джином запивал.

Усталость, тепло и невыносимая сытость давно разморили гостей, но дед Наиль больше не обращал на них внимания. Он ел сосредоточенно и очень буднично, как будто выполнял давно привычную работу, которую мог бы сделать и на ощупь, с закрытыми глазами. Казалось, прошла целая вечность, когда он, в конце концов отужинав, встал из-за стола.

— Я ожидала увидеть брюхо, как у гоголевского Пасюка, но Наиль за время ужина толще не сделался. Как садился за стол худой, так худым из-за стола вышел. Словно все эти килограммы еды сквозь него в пол прошли, – говорит Марина Владимировна.

– Спать лягете на печи или под печой? – спросил дед Наиль.

– Под печой, – ответил Петр Геннадьевич.

Наиль кивнул, явно довольный. Видимо, лежак на полатях был его царским местом. Под гостевую опочивальню отводились две лавки, которые Наиль поставил у печки впритык друг к другу. На лавки он бросил травяной тюфяк. К удивлению гостей – они все еще чему-то удивлялись – дед Наиль выдал им комплект хрусткого от крахмала постельного белья.

– Блох нету у меня, – сказал Наиль, – вы не бойтесь. У меня вообще никого нету.

Последнюю фразу, как показалось Марине Владимировне, Наиль произнес не без печали.

Она легла у печи. Петр Геннадьевич занял место с краю. «Под печой» они мгновенно провалились в сон. А вынырнули из него, казалось, через минуту, но за окнами уже было светло.

– Утро, – сказал Петр Геннадьевич.

– Угу. Вечера просветлее, – добавила Марина Владимировна.

Деда Наиля в доме не было. Гости успели встать и даже умыться, когда он вошел – румяный и распаренный, как будто из бани.

– Встали? Ну молодцы. А я снег чистил и вас разбудить боялся.

Каким образом можно было нарушить их сон, расчищая от снега двор, ни Марина Владимировна, ни Петр Геннадьевич не спросили. Тем более что дед Наиль, сбросив ватник у печки, потер руки и сообщил:

– Ну, завтракать садимся.

Завтрак он накрыл на три персоны — поставил на стол трехлитровую банку молока, яичницу из трех десятков яиц, разрезанный натрое хлеб и доску сала. Сковорода с толстой яичницей стояла посреди стола; хозяин выдал гостям вилки, а сам ел ложкой. Марина Владимировна говорит, что они с Петром Геннадьевичем совместно съели пять яиц, остальные двадцать пять уговорил дед Наиль, заедавший яичницу салом и хлебом.

— Мало еды едите, — сказал он, допивая молоко. — Не годитесь мне в работники.

Гости сочли фразу шуткой и вежливо хмыкнули в ответ.

После завтрака Петр Геннадьевич вызвался сходить в разведку и выяснить, есть ли у них с Мариной Владимировной возможность выбраться из гостеприимного дома. Снег еще шел, но ветер стих. Дойдя по расчищенной Наилем, но уже вновь припорошенной дорожке до калитки, Петр Геннадьевич открыл ее и очутился лицом к лицу с полутораметровым сугробом. Всю ночь снег наметало к заборам с надветренной стороны, и о том, чтобы с ходу преодолеть этот бруствер, не было и речи. Петр Геннадьевич вернулся в дом и попросил у Наиля лопату.

— Спешите? — спросил дед. — Дела?

— Да нас дочь уже потеряла, — сказала Марина Владимировна. — Телефоны не берут тут у вас.

— У меня нет вон телефона, — сказал Наиль. «И както обхожусь», — ожидала услышать Марина Владимировна, но дед промолчал.

Проход от калитки до дороги они пробивали втроем: дед Наиль и Петр Геннадьевич орудовали деревянными лопатами, Марина Владимировна держалась в арьергарде и зачищала тропу фанеркой. На дорогу напáдало не более полуметра: пройти по ней, хоть и с большим трудом, было все же реально.

– В общем, выбрались, – говорит Марина Владимировна. – К обеду были дома.

– К обеду? – смеемся мы. – Здорово. Повезло.

– Да. Наиль уговаривал у него поесть, но мы не рискнули. Тогда бы точно никуда не ушли.

– А что «делика»?

Марина Владимировна допила пиво и сказала:

– А мы ее не нашли.

– То есть?

– Да очень просто. Помните? После того снегопада резко плюс был, все растаяло, мы туда приехали на моем «вице», к овражку. Ну что – издали еще увидали автобус. Подъезжаем, а это не «делика».

– В смысле?

– «Таун-эйс» там был.

– Вот это номер.

– «Эйс» был с номерами, кстати.

– И что дальше-то? Искали «делику»?

– Нет.

– Почему?!

Марина Владимировна покрутила в руках скелет камбалы.

– Странное это место, Овчарово, – сказала она.

– Ну, это-то да, – согласились мы. – Так почему вы «делику» в угон не заявили-то?

– Да потому, – сказала Марина Владимировна, – что мы, когда «таун» увидели, чуть там и не спятили.

– Да почему?! Ну застрял кто-то, не вы же одни ездите.

– Да потому, что «таун-эйс» этот – наш.

– Как это?

— Ну вот так это. Он у нас до «делики» был, и его у нас угнали. Пацаны, сопляки. Покатались, тюкнули — всю харю, говорят, разворотили, — и с Де-Фриза в море утопили. Мы ездили туда, смотрели — лежит такой на дне. Метрах в пяти от берега. Толку-то доставать, всей электронике каюк. Плюнули, «делику» вот купили.

— Вот это да.

— То-то и оно.

— Именно тот?

— Именно тот. Только целый. Если обивку не считать сзади, но это уже к Петечке вопросы.

— А что Петечка-то?

— А Петечка мой Геннадьевич арматуру любил в автобусе возить. У нас когда ростверки под забор делали, Петечка на доставке цемента и арматуры экономил. Весь салон угваздал и арматурой обивку прорвал в двух местах. Но это фигня, конечно.

Мы молчали, очарованные фигней. Глупо было произносить вслух версию о том, что на морское дно возле Де-Фриза кто-то уложил «делику», предварительно достав со дна «таун-эйс» и воткнув его в овраг на въезде в Южнорусское Овчарово. Наверняка все было намного проще, но как — мы не понимали. Да и обижать Марину Владимировну не хотелось.

— Наверное, это совпадение какое-то, — сказали мы, стараясь быть максимально тактичными. — Бывают всякие странные совпадения.

— Ладно, — сказала Марина Владимировна, — рассказывать так рассказывать. На «делике» Наиль теперь ездит. Говорит, она у него четвертый год. Документы показывал. Ну и действительно — четвертый. Но это наша «делика», сто процентов. Даже — не смейтесь — наш топор сзади лежит. Он его с собой возит почему-то.

Мы опять надолго замолчали. Автомобильная часть истории в головах наших не умещалась — бесполезно было даже пытаться осмыслить.

— А вы вообще-то в курсе, что вашего дома нет на гуглокартах? — спросила вдруг Марина Владимировна.

— В курсе, — ответили мы. — Не только нашего дома там нету.

— Ага, — кивнула Марина Владимировна, — всей улицы нет. Интересно, как это может быть? Суханка есть, Пригородная есть, Косой переулок через овраг от вас — на месте, а вашу Суворова — как корова языком.

Опять помолчали.

— Вообще, он нормальный такой дед вроде бы, — сказали мы, не очень уверенно возвращая тему к деду Наилю.

— Нормальный, — согласилась Марина Владимировна, оставив в покое остов камбалы. — Только машины тырит да жрет больно много.

— Ну, может, болезнь у него какая.

Марина Владимировна хмыкнула и покачала головой.

— Вы не поняли, — сказала она. — Вы не поняли.

Она снова начала крутить в пальцах рыбий хребет.

— Понимаете, — сказала Марина Владимировна, — столько, сколько он съел тогда за ужином — черт с ней, с «деликой», — даже не знаю, как и сказать-то. В общем, человеку столько не съесть.

Марина Владимировна положила на стол остаток камбалиного скелета.

— Нет, — сказала она, — мы с Петечкой ничего, не против. Мы же понимаем, что, если б не Наиль, нам бы конец. Так что черт с ней, с «деликой», ей-богу.

Она помолчала немного и добавила, уже вставая из-за стола:

– «Таун-эйс», к тому ж, ненамного хуже. Обивку зашила я, ничего, нормально. И, главное, никакой там в нем воды внутри не было, так что не тонул он ни фига.

– А где же он был-то?

– Ай, да кто же его знает, – сказала Марина Владимировна. – Кто же его знает.

СЕМЬ ЗВЁЗД

«Какая пошлятина, – думал Жмых, не умея отделаться от одноглазой цыганки, – какая пошлятина».

– В сорок четыре берегись товарища. – Гадалка смотрела куда-то вбок и виртуозно сминала жмыхову десятку. – Твои корабли попадут в плен, а офицер на белом коне будет предвестником смерти, но причиной станешь ты сам, а до этого много горя испытаешь в короткий срок. Товарищ обманет, жена уйдет, и дом твой вскоре сгорит, а в доме сгоришь и ты. Избежать смерти сможешь, если...

Если б не гудок электрички, Жмых бы знал, каким образом сможет избежать смерти. Но когда электричка наконец проехала, цыганки на платформе уже не было. Она попросту исчезла. Как и чемодан, только что стоявший у ног Жмыха. «Корабли... — Жмых хотел было сплюнуть на платформу, но в пересохшем рту не оказалось слюны. — Корабли, блядь. Я список кораблей прочел до середины». В украденном чемодане лежал красный филологический диплом. «Почему не в тридцать семь? — подумал Жмых и сам себе ответил: — Какая пошлятина».

Через двадцать два года Жмых произнес эту фразу вслух, когда судебные приставы сели в белый «крузер» и уехали прочь. Один из приставов был явным геем, а фамилия у него была — Дантечко.

— Какая пошлятина, — сказал Жмых.

Оказалось, впрочем, что жить можно и без рыбодобывающей компании. Тем более без такой невеликой, какая была в собственности Жмыха. Подумаешь — семь сейнеров. «Цаворит», «Пироп», «Альмандин», «Гелиодор», «Цитрин», «Эвклаз» и «Оникс». Подумаешь — пять с половиной миллионов долларов. Подумаешь... Жмых подумал, сел на пол и заплакал.

— Господи, — подвывал он, — ну какая пошлятина, Господи.

Цыганка была лгуньей: жена ушла на три месяца раньше, чем сейнеры очутились под арестом и были выставлены на аукционы в пользу кредиторов. Она ушла даже до того, как друг и партнер Жмыха украл все деньги компании и сбежал в страну, не выдающую России предателей детства. Когда белый «крузер» с приставами уехал, Жмых сел на пол возле опечатанного офиса и просидел там до ночи, не сводя глаз с луны, маячившей в торцевом окне длинного, как железнодорожная платформа, коридора.

– Что ж теперь делать, Господи? – тихонько провыл Жмых, съехал спиной по стене, лег на пол и неожиданно, прямо на полу, уснул. Решение пришло во сне. Оно казалось таким стройным и красивым, что спящий Жмых засмеялся от счастья. Сделать предстояло всего ничего:

– расширить слуховое окно;

– настелить поверх рубероида двухдюймовые доски;

– заменить семь обгоревших досок ската свежими;

– сесть возле окна и написать роман зубочисткой.

Решение, во сне такое понятное и приятное, оскорбило проснувшегося Жмыха отсутствием логического конца и логического начала. Однако сон запомнился весь, целиком, и даже запах из этого сна преследовал Жмыха до середины дня – запах гари. «Какая пошлятина, – подумал Жмых, – дом мой еще не сгорел, а уже так воняет». После обеда свободный от обязанностей и обязательств Жмых принимал в своей шикарной, с видом на море, квартире агента по недвижимости.

В Южнорусское Овчарово он прибыл налегке: никаких грузовиков с мебелью, никаких ящиков и картонных коробчонок – только яркий новогодний пакет, полный денег. По дороге Жмых остановил машину возле Лёхиной «Лагуны», зашел и купил там хлеб, сыр и пиво. Расплачивался из мешка, сдачу вбросил туда же (деньги – к деньгам), сыр и пиво положил в карман, а хлеб сунул подмышку. Затем сел в машину и поехал покупать себе дом после пожара.

– Не подскажете, кто-нибудь продает дом после пожара? – спрашивал Жмых овчаровцев, высовываясь из окна машины.

– Дом после пожара? Надо подумать.

Жмыху давали адреса, говорили: «Ну, значит, поедете прямо, а потом...» – и показывали дорогу пальцем, но все было не то. Он приезжал к указанному месту и даже не выходил из машины: пепелища, поросшие давним бурьяном и заваленные ровным снегом, его не интересовали. Жмых искал совсем другое – и, наконец, нашел. Это случилось на четвертый день его поисков, хотя могло б случиться и раньше, если бы ему повезло сразу встретиться с дедом Наилем. Но Жмых пересекся с ним во вторник утром, а впервые покупал овчаровский хлеб в пятницу вечером.

– Знаю такое дело, – кивнул Наиль, обошел красный Жмыхов «террано» и, без спросу открыв пассажирскую дверцу, взлез на высокое сиденье. – Сейчас поехали прямо, потом сверни промеж столбов. Здесь направо, ага.

Через семьсот метров улица кончилась, и Жмых остановил машину под огромной заснеженной черемухой. «Летом здесь будет тень», – подумал он.

– Вот, – сказал Наиль и полез наружу.

Жмых заглушил двигатель и ступил на снег. За невысоким дощатым забором стоял одноэтажный дом. Даже издали было видно, как сквозь дурацкую голубую краску вокруг чердачного окна проступает гарь. Жмых кивнул и вопросительно глянул на своего проводника.

– Марковна, – крикнул Наиль. – Марковна! Ты дома?

Через полчаса Жмых отвез Наиля обратно, затем вернулся под черемуху, а еще через час они с Марковной усаживались за стол районного нотариуса, работающего в овчаровской аптеке раз в неделю, по вторникам, с десяти утра до трех пополудни.

Жмыху было абсолютно наплевать, что о нем подумают его будущие односельчане. Но, вероятно, он бы здорово удивился, если б знал, что будущие односельчане не думают о нем ничего. Что касается пакета с деньгами, то в Овчарове были и другие похожие случаи: взять хотя бы историю с осевшими в деревне узбеками, которые однажды решили выкупить под минарет одну из пяти водонапорных башен и пригнали в сельскую администрацию двухколесную тачку денег. И все нормальные люди при покупке дома осматривают чердак, потому что он может оказаться никуда не годным. Чердак в доме Марковны был никуда не годным. Ну, почти никуда и почти негодным.

Сперва люк не поддавался, им давно не пользовались, деревянная его дверца лежала так тяжко и плотно, что казалась прибитой изнутри к чердачному полу. Жмых попросил топор и принялся осторожно раскачивать и расширять зазор между крышкой люка и потолком. Прошло не менее четверти часа, прежде чем крышка поддалась. Жмых вдохнул воздуху впрок, подтянулся на локтях и нырнул в чердак, как в омут.

На чердаке была комната. В ней имелось крохотное слуховое окно, в которое едва ли можно было просунуть голову. Сквозь стекло просачивался неопрятный серый свет. Этот свет создавал иллюзию дождливой погоды, в то время как на дворе — и на веранде, оставшейся где-то там, за пределами — все искрилось и сверкало. Жмых отряхнул колени, подошел к окошку и попытался выглянуть наружу. Стекло было настолько грязным, что выглядело закрашенным желто-серой краской. Жмых скребнул по стеклу ногтем. На грязи и копоти появилась царапина, сквозь которую тут же просунулось лезвие света, вспоровшее ближайший сумрак чердака. Жмых даже вздрогнул от неожиданности. Он посмотрел на царапину, затем на ноготь. Под ногтем притаилась колбаска жирной оконной грязи. Жмых выкатил колбаску указательным пальцем левой руки, немного помял ее и — загрунтовал царапину. Ему показалось, что чердак облегченно вздохнул.

С того момента Жмых в общих чертах знал, что делать:

— расширить слуховое окно;

— настелить поверх рубероида двухдюймовые доски;

— заменить семь обгоревших досок ската свежими;

— сесть возле окна и...

«Наверное, покурить», — вспоминал Жмых и тут же отрицательно мотал головой: не то.

...Про Жмыха в деревне не думали ничего — во всяком случае, ничего плохого, — а уж когда к нему переехала его старая толстая мамочка, соседи начали оказывать новоселу и почет, и уважение, и готовность обменяться петухами для обновления генофонда в курятниках, но курятника у Жмыха не было, хотя мамочка и намекала.

Еще до мамочкиного переезда Жмых успел не только отремонтировать дом, но и привести его в соответствие с городскими представлениями о комфорте: подсоединил водопровод, выкопал септик, установил отопительный котел, самостоятельно включающийся и так же самостоятельно принимающий решение прекратить «жарить хату» (как выражался Карнаухий Петр, чья теплолюбивая супруга так нажаривала хату, что бедолага, бывало, трижды за зиму стелил себе на веранде, прямо под ледяными окнами). Словом, Жмых окультурил бывшее жилище Марковны, и лишь чердака не тронул почему-то, хотя намеревался начать именно с чердака, когда впервые поднялся туда и оглядел комнату, в которой ему предстояло сделать так много дел. Комнаты, впрочем, там и не было: просто чердачное помещение с крохотным слуховым оконцем, в которое, может, удалось бы просунуть голову, но не плечи. Когда-то в доме треснул дымоход, и только чудо спасло жилище от гибели. Вовремя заметили, прибежали и потушили опилки, служившие утеплителем. О давнем происшествии напоминали обугленные доски ската и неистребимый запах горелого дерева. Перекрытие наскоро проложили стекловатой и рубероидом – да и оставили чердак в покое. «Надо пол сделать», – думал Жмых и шагал к слуховому окошку.

С момента покупки дома Жмых совершал восхождения на чердак ежедневно. Был даже случай, когда он лазал туда в температурной горячке – ему показалось, что в доме слишком жарко и душно: мамочка нажарила хату, – и что недомогание его идет не изнутри тела, а снаружи, и на чердаке ему будет в самый раз. Промерзший чердак действительно помог Жмыху. Жмых приставил стремянку к люку, поднялся по ступенькам и втолкнул крышку внутрь. А затем, разделившись на три части, отошел в сторонку и наблюдал, как здоровый Жмых втягивает в чердак тело Жмыха больного. На чердаке здоровый Жмых подвел больного напарника к окошку и заставил его прижаться лбом к заиндевелому стеклу. В момент, когда лоб растопил посреди серых узоров круглую амбразуру, Жмыхи снова сделались одним человеком, спустившимся с чердака без свидетелей и без посторонней помощи. Своим странным выздоровлением Жмых сильно удивил мамочку, не далее чем 15 минут назад заходившую в Жмыхову спальню и трогавшую ему горячечный лоб.

Шли неделя за неделей, и на чердаке ничего не менялось: через грязное стекло сочился неопрятный серый свет, как будто снаружи было пасмурно; старые доски ската, с внешней стороны покрытые оцинкованным железом, внутри хранили следы давнего пожара. Все как всегда. Но, проведя на чердаке десять-пятнадцать минут, Жмых знал, как ему поступить:

– расширить слуховое окно;

– настелить поверх рубероида двухдюймовые доски;

– заменить семь обгоревших досок ската свежими;

– сесть возле окна и...

Все это он обязательно сделает, когда придет время. Даже то, что забыл.

Каждый вечер, улегшись в постель и терпеливо дождавшись, когда мамочка перестанет шурудить за стеной, Жмых переносил себя на отремонтированный чердак и пытался вспомнить, что ему следует сделать, сидя у засиженного звездами окна. Каждый день Жмых поднимался на чердак, чтобы узнать, пришло ли время – или надо подождать еще.

Весной и летом нужное время было так далеко, что Жмых не понимал, сколько же именно ему придется ждать, годы или месяцы. Входя – утром ли, вечером – в чердак, Жмых вдыхал запах застарелой гари, и ему делалось радостно и одновременно тоскливо. Он подходил к слуховому окошку, которое всегда показывало дождь, и осторожно прикасался пальцами к грязному стеклу. Он стоял на том самом месте, где когда-нибудь станет сидеть и что-то делать. Что-то очень важное, забытое сейчас, но должное непременно вспомниться. Иногда Жмых садился на рубероид и, обхватив колени руками, пересчитывал обгорелые доски ската.

– Семь, – говорил Жмых вслух, и чердак обдувал его лицо легким сквозняком, появлявшимся и исчезавшим сразу вдруг. Иногда Жмых проговаривал вслух все пункты по порядку:

– расширить слуховое окно;

– настелить поверх рубероида двухдюймовые доски;

– заменить семь обгоревших досок ската свежими;

– сесть возле окна и...

Чердак внимательно слушал, но не подсказывал.

Прошло восемь месяцев. С наступлением осени Жмых впервые почувствовал: пора. Одним поздним вечером он поднялся на чердак с карандашом, бумагой и рулеткой. Чердак молчал. В воздухе была настороженная выжидательность. Жмых уловил ее – все-таки недаром общался с чердаком столько времени, можно было выучить его характер.

– Расширить слуховое окно, – сказал Жмых и прислушался.

В душноватом чердачном воздухе прошелестело согласием, и Жмых продолжал:

– Постелить доски на пол. Пятерку. Лиственницу, она красивая. Красить не буду.

Чердак осторожно улыбнулся. Жмых выждал с минуту, утверждаясь в настроении чердака.

– Заменить горелые доски...

Внезапно под коньком что-то громко треснуло. Жмых вздрогнул и посмотрел вверх. Конек как конек. Стропила. Доски. Семь обгоревших.

– Заменить...

В чердачном воздухе отчетливо запахло мокрой гарью. Вонь была такой густой, что Жмыха замутило.

– Не надо??? – Жмых изумленно смотрел на горелые доски. – Семь штук, – пробормотал он.

Чердак молчал.

– Не надо менять? – переспросил Жмых.

«Нет», – ответило ему быстрым сквозняком.

– Ну ладно. – Жмых пожал плечами. – Не хочешь – не буду. Почему? Странно. Почему?

Странно было бы ждать подробного ответа.

– Ну хоть покрасить-то можно? – спросил Жмых. – То есть я вообще-то утеплить хотел. Чтоб и зимой тоже.

Чердак согласно выдохнул.

– Спасибо, – сказал Жмых.

Он подошел к той части ската, на которой были следы пожара, и провел пальцем по обгорелой доске. На пальце не осталось сажи. Жмых понюхал палец. Палец не пах ничем. Жмых спустился в сад и принялся стаскивать на поляну сухие ветки яблони, а потом, запалив костер, сел напротив и уставился в черное небо. Ветки стреляли искрами. Искры уносились вверх и превращались в звезды.

Самым сложным оказалось объяснить узбекам, почему нельзя трогать семь аварийных досок. Бригадир по имени Бек («Узбек Бек», – хмыкнул в голове Жмыха филолог) только что пальцем у виска не крутил, силясь опротестовать Жмыхов план чердачной реконструкции.

– Плохие доски, – убеждал он Жмыха. – Надо менять. Недорого! Семь досок поменять – недорого! Почему не хочешь?!

«Чердак не хочет», – это не ответ для узбека Бека. Узбек Бек подумает, что Жмых сумасшедший.

– Иди нахуй, – сказал Жмых. – Сказано: не надо. Значит, не надо.

– Хорошо, – ответил Бек.

Пока шел ремонт, Жмых поднимался на чердак прежде строителей, а покидал его тогда, когда мамочка – там, внизу – уже закрывала за ними калитку.

Двойная обрешетка по стропилам — для кровельной вентиляции. Напоследок — пальцем по обгоревшим доскам. Спите, доски, постель вам — парозащитная пленка и базальтовые маты. Ореховые доски-дюймовки чистовой вам обшивкой. Старый утеплитель под рубероидом поменяли на высокотехнологичный базальт. Рубероид, прощай. Здравствуй, лиственничный пол. Фасадную стену под дополнительный опорный брус — готово. Между брусками — оконный проем в натуральную величину Большой Медведицы и пары-тройки ее соседей. Старую раму со стеклами, так и не познавшими моющих средств, отставили к стене и забыли снести вниз. «Потом сам уберу», — подумал Жмых.

Привезли новое окно. Белый пластик, тройной стеклопакет. Оконный блок подняли на веревках со двора. Установили. Обшили красотой. Когда все сестры получили по серьгам и мамочка закрыла калитку, Жмых лег на лиственничный пол и почувствовал, как сквозняк, каждый раз возникавший невесть откуда, погладил его по щеке.

— Дура сентиментальная, — сказал он то ли себе, то ли чердаку, перевернулся на бок и уснул.

Приученная не лезть не в свое дело мамочка ни разу не влезла в люк. Жмых проснулся сам. Было около полуночи. Он лежал в лунном квадрате, и перемычка окна бросала на него резкую тень с острыми краями. Жмых примерился и лег так, чтобы «I» рассекла его на равные части. До. После. Полежал, рассеченный надвое. Сел. Встал на колени. Дотянулся до старого окна. Крякнул, подняв окно и, все также на коленях, перетащил его поближе к луне. Сел. Поставил окно перед собой. Порылся в кармане и нашел зубочистку.

«Ну и что», — подумал Жмых и выцарапал на липкой оконной грязи слово «хуй».

Зачеркнул. Посидел. Нарисовал домик. Почесал переносицу и написал: «Я список кораблей прочел до середины».

– До середины, – повторил он вслух. – Я список кораблей прочел до середины.

По чердаку пробежал сквозняк. Жмых уловил в нем запах водорослей.

– Я список кораблей прочел до середины.

За новым пластиковым окном мигали осенние звезды. По чердаку гулял майский ветер, пахнущий дождем и йодом.

– Я список кораблей прочел до середины.

Говорят, единственный вопрос, который ему задал кредитный эксперт, звучал так:

– Вы честный человек?

– Да, – ответил Жмых, – я честный человек.

Поздним вечером того дня, когда у овчаровского пирса ошвартовался новенький сейнер по имени «Мицар», Жмых пришел на чердак с бутылкой шампанского.

– Я честный человек, – сказал Жмых, – я тебя никогда не брошу.

Слово он сдержал. Судоходная компания «Семь звезд» быстро стала самым богатым предприятием побережья, но никакого недоумения у жителей Южнорусского Овчарова не вызывает тот факт, что миллионщик и судовладелец Жмых живет вместе с мамочкой в одноэтажном домике на северо-западной оконечности деревни. Живет – значит, ему так нравится. Живет – стало быть, не пришло время умирать. А раз не пришло время умирать, значит, надо жить. Семь обгорелых досок Жмыхова чердака тому свидетели. Да старое чердачное окно в его комнате, к которому Жмых, на удивление мамочки, категорически запретил ей прикасаться.

Окно очень грязное. Его липкая грязь искарябана так, что ничего нельзя на ней разобрать, только рисунок – и, видно, домик, а над домиком звезды, подписанные в нестройном порядке.

«Мицар»
«Алиот»
«Капелла»
«Изар»
«Сегинус»
«Менкалинан»
«Арктур»

СВОЙКИНЫ

– Замечательно ты устроилась. Замечательно. Молодец.

Игнатьич стоял посреди тропинки и разговаривал с пустотой – так увидела ситуацию его пожилая дочь, перебиравшая на кухонном подоконнике семена. Занавеска тяжелого тюля – такие теперь только в деревнях и увидишь – скрывала ее, да батя и не оглядывался на дом. Игнатьич вообще никогда не оглядывался: давняя травма шейного позвонка не позволяла ему ни наклонять, ни поворачивать голову. Если Игнатьичу нужно было посмотреть вбок, он разворачивал весь корпус – вместе с сущностью, чья индивидуальность и харизматичность была столь явной, что поганое слово «брюхо» к ней не подходило совершенно.

Кроме выдающегося живота, больше ничего толстого в Игнатьиче не было. Сухой поджарый зад, опрятная спина без излишеств, мощные лопаты рук с пальцами-гвоздодерами – все в Игнатьиче было подогнано один к одному и содержалось в превосходном рабочем порядке. Живот на этом туловище должен бы выглядеть совершенно чуждым, но отчего-то странно гармонировал со своим носителем. Так же гармонично выглядела бы пара старых друзей – несмотря на то, что один высок и худ, а другой не вышел ростом, да вдобавок толст. Игнатьич относился к животу ровно: без раздражения, без иронии. Но и без пиетета. Иногда клал на живот руки. Иногда похлопывал. Время от времени почесывал. Оказывал ему дружескую услугу, вынимая сор из пупка.

– Может, перенесешь манатки?

Игнатьич разговаривал с воздухом, опершись о живот. Настенька, забыв семена, наблюдала за отцом в окно.

– Как тебя обходить? Я ж переломаю все, дура ты.

Игнатьич овдовел лет сорок назад и больше не женился. Дочь его, очень болезненно пережив смерть матери, стала взрослой, но замуж не вышла и жила в отцовском доме, относясь к Игнатьичу с такой доброжелательной снисходительностью, как если б Игнатьич был ее любимым – хоть и не всегда разумным – племянником. Она была очень похожа на отца, но выглядела если уж не старше его, то ровесницей – точно. Игнатьич, меж тем, называл ее Настенькой.

– От ты ж придумала, – сказал Игнатьич в пустоту.

Миг – и мамина сирота, обежав дом, стояла на садовой тропинке позади бати.

– Батя, ты не того? – сказала Настенька, но, не договорив, увидела отцова собеседника. Даже странно, что такой гигантский паук не был заметен из ближнего окна кухни.

Паутина, размерами и общей конфигурацией похожая на гамак, была привязана с одной стороны к яблоне, а с другой – к старой сливе. Ее плетение было настолько прочным и толстым, что жилище паука казалось сделанным из бельевых веревок, посеревших под снегами и дождями.

– Самка, – сказал Игнатьич, кивнув на гамак. – Самцы – они маленькие.

Огромная коричневая паучиха была занята важным делом: не обращая никакого внимания на зрителей, она деловито, хотя и без спешки, прибиралась в паутине, освобождая ее от высосанных насекомых.

– Ишь ты, – сказал Игнатьич, – какая.

Затем сорвал с яблони листок и аккуратно положил его на нижний край плетения. Хозяйка тут же направилась к новой детали интерьера и, недолго над нею поразмыслив, выкинула прочь. Игнатьич радостно засмеялся.

– Пусть висит, – сказал он. – Хуй с тобой.

И, развернув живот к дочери, добавил:

– И ты не ломай тоже.

Настенька хмыкнула и пошла в дом.

Игнатьич шагнул с тропинки, обошел паутину и двинул к мастерской, куда, собственно, и направлялся за какой-то небольшой надобностью, вроде подходящего обрезка доски, чтоб подсунуть его под бак с дождевой водой – вон как накренился; впрочем, за чем именно шел Игнатьич в дальний угол сада, совершенно неважно.

– Батя, а ты это говно нахрена в дом припер? – крикнула Настенька, уже стоя на заднем крыльце.

— Какое говно? — отозвался Игнатьич через весь сад. — Потом посмотрю, погоди.

Дом Свойкиных расположен в низменной части Южнорусского Овчарова, на одноименной Южнорусско-овчаровской улице. Длинное название никто не произносит полностью: «Овчаровская» — и все. Но когда всех жителей деревни обязали прикрепить к домам однотипные адресные таблички, которыми за небольшую плату взялся торговать сельсовет, полное имя улицы сыграло с жителями Южнорусскоовчаровской улицы нехорошую шутку. Больно было смотреть, как какая-нибудь старуха — в чем только душа держится — тащит зимой здоровенную штуку жести, издали похожую на сноуборд, и как сносит ее в кювет ветром, нашедшим подходящий парус. Мы дважды подвозили таких старух на Овчаровскую, которая находится далеко в стороне от нашего дома, и нам туда никогда не по пути.

И со Свойкиным Николаем Игнатьевичем мы бы вряд ли познакомились, если б не понадобились нам перила на новую террасу: Игнатьич был столяром, выточившим для наших перил деревянные балясины. В деревне, даже такой большой, как наша, знакомства происходят исподволь — слово за слово, и новый приятель уже потчует вас фирменными баклажанами. А можно и пять лет прожить, роднясь с соседями общим забором, и не знать при этом, что старший их сын женат на соседской же дочке, с которой, впрочем, вы тоже виделись не более чем дважды или трижды.

Дочь Игнатьича оказалась знакомой нам кондукторшей рейсового автобуса «Владивосток — Южнорусское Овчарово». Однажды, чтобы не ехать в город самим, мы передавали с нею кое-какие бумаги для нашего юриста. Сам Игнатьич стал после балясин бывать у нас время от времени, потому что посчитал нас умными людьми, с которыми есть о чем поговорить. И это было вполне взаимно.

– И показывает мне кусок лопаты, – говорил Игнатьич. – Мол, я с ума выжил на старости лет. Мол, говорит, ты, батя, еще бы цепь бывшую собачью на стол положил, вон, говорит, она висит на заборе. А я, – говорил Игнатьич, – ни сном ни духом.

Со своей восьминогой приятельницей Игнатьич познакомил нас, когда мы заехали к нему спросить, не согласится ли он изготовить для нас дубовые бочки: мы не были уверены в согласии Игнатьича, ведь столярные и бондарные работы – не совсем одно и то же. Игнатьич между тем сообщил, что бочки он делает прекрасно и что у него есть готовые – мы даже можем посмотреть и выбрать подходящие, если захотим. А не захотим, так он сделает такие, какие нам надо. И повел нас в свою мастерскую в углу сада.

Понятно, что паутина поперек тропинки не могла остаться нами не замеченной.

– Видите? – Игнатьич, шедший впереди, остановился, развернул к нам живот и указал рукой себе за спину. – Подружка моя. Я ей ночных бабочек таскаю.

Паучиха сидела ровно по центру паутины. Под паутиной, на дорожке, в великом множестве валялись крылья бабочек. Сама паутина была чиста и просторна, как выставочный павильон перед открытием.

– Ненавидит, когда что-то лишнее, – сказал Игнатьич. – В точности Настенька моя.

И в доказательство своих слов положил на паутину спичку.

Паучиха, казалось, нахмурилась и поджала жвала. Как только Игнатьич убрал руку, хозяйка гамака устремилась к постороннему предмету, ловко открепила его и сбросила наземь. Прежде чем продолжить путь в мастерскую Игнатьича, мы еще немного постояли у паутины, в которую Игнатьич три или четыре раза подбрасывал мелкой карманной дряни. И каждый раз паучиха кидалась к непрошенному подарку, терпеливо открепляла его и, к восторгу Игнатьича, вышвыривала прочь.

Бочки оказались что надо: не большими, но и не маленькими, все доски впритирку; а больше мы про бочки ничего и не знали. То был первый год, когда мы собрались солить помидоры и огурцы не в банках, «по-городскому», а в дубовых бочках, как это делали все наши овчаровские знакомые. А новые бочки, говорили они, следует загодя замочить в воде, чтоб разбухли как следует и не вбирали в себя рассол.

Настенька Свойкина пришла к нам в конце июля.

– Батя просил вас приехать, – сказала она. – Лежит, встать не может. Вы говорили, врач у вас надежный есть.

Через три недели Игнатьича выписали. Без огромного своего живота, в котором, как мы и подозревали, жила гигантская опухоль, он казался одиноким и неприкаянным. Опухоль была незлокачественной, да и Игнатьич легко перенес операцию, но что-то в нем как будто надломилось. Он стал печален и задумчив.

– Я уже не могу, – сказала нам Настенька. – Он точно с ума сошел. Целыми днями у паутины торчит, а мне ж вставать рано, я и ложусь рано. А только лягу, он, видать, того и ждет. И хлам в дом тащит. Что ни утро, хлам из дома вывожу. Вывозила. Больше не могу. Полюбуйтесь.

И открыла дверь в комнату.

Такого мы еще не видели. Комната была до потолка завалена рухлядью. В переплетении ножек от старых стульев виднелись мятые кастрюли, драные ватные матрасы и какие-то совершенно не опознаваемые предметы. Нам удалось разглядеть ржавый бок допотопного холодильника, расколотую детскую ванночку розовой пластмассы, гриф штанги с двумя разнокалиберными блинами на концах, велосипедную раму и, — мы вышли вон, пораженные и подавленные.

Игнатьич окликнул нас из сада.

Он сидел на стуле, установленном подле паутины, в центре которой замерла паучиха. Все остальное пространство паутины занимали спички. Гора спичек под паутиной говорила о том, что паучиха все же избавляется от ненужных ей вещей, но в данный момент она даже не пыталась двинуться с места.

— Настенька считает, что я сошел с ума, — сказал Игнатьич.

Мы молчали, не зная, что сказать. Расколотая ванночка и ржавая штанга были красноречивей, чем Настенька, мы и Игнатьич, вместе взятые.

— Моя дочь больна, — продолжал наш приятель. — Каждый день тащит в дом помойку, ничего не помнит, а говорит, что это я.

Мы молчали.

— Я не знаю, как быть, — сказал Игнатьич.

Он меланхолично вытащил очередную спичку из коробка и легким щелчком отправил ее в паутину. Спичка прилипла прямо возле паучьего зада, но его владелица лишь слегка подтянула под себя лапки.

— Мне нельзя поднимать тяжелое, — сказал Игнатьич, заглянул в коробок и вздохнул горестно, как наплакавшийся ребенок. — Спички кончились.

Он настолько не походил на себя прежнего, что мы были потрясены. Даже комната впечатлила нас меньше, чем Игнатьич, от которого вместе с животом отрезали, казалось, часть души. Кстати, без живота он начал сутулиться.

Паучиха и Настенька ушли в один день: утром Игнатьич обнаружил захламленную спичками паутину, покинутую хозяйкой. А вечером Настенька привела небольшого мужчину здорово моложе себя. Он был одет в джинсы и джинсовую же рубаху.

– Батя, вот, знакомься, это твой зять.

Зятя звали Сашей.

Настенька взяла с собой совсем немного вещей: чемодан, сумочку и рюкзак. Рюкзак нес зять Саша.

– Ровно по сиськи ей ростом, – рассказывал Игнатьич. – Надо было дуре до полтинника в девках сидеть, чтоб вот так вот.

Мы сказали Игнатьичу, что внешность не главное. О чем-то подумав, Игнатьич с нами согласился. Но веселее не стал.

На день рождения 9 сентября мы подарили ему мобильный телефон с «Тетрисом».

Одиннадцатого сентября Игнатьич позвонил нам в семь утра.

– Она вернулась!!! Вернулась, ласточка моя.

– Настенька?

– Да нет, – сказал Игнатьич. – Паучичка моя.

Мы решили, что с Игнатьичем все гораздо хуже, чем мы думали.

– Откуда вы знаете, что это именно она? – спросили мы.

Игнатьич стоял напротив паутины, где довольно высоко над нашими головами копошился крупный паук. Паутина была прочной, хорошо натянутой, но совсем не походила на тот июньский гамак. К тому же в ней застряло несколько мелких сухих листочков; неубранные крылья мотыльков тоже свидетельствовали о том, что паук – другой.

– Все меняются, – пожал плечами Игнатьич. – Что ж тут сделаешь – жизнь.

После этой сентенции Игнатьич заговорщицки подмигнул и сказал:

– А вы поняли, что она делает?

Тут только мы и пригляделись. Это действительно была паучиха; другая или изменившая взгляды прежняя приятельница Игнатьича, она деловито заматывала в кокон паука меньшего, гораздо меньшего размера. Паук не сопротивлялся. Скорей всего, он уже был мертв.

– Самца угваздыкала, – сказал Игнатьич. – Насовокуплялась и угваздыкала.

Он произнес это таким ласковым голосом, так нежно улыбаясь, что несколько секунд от нас ускользал смысл сказанных им слов.

– Вы не поверите, но он меня бросил, – весело горевала Настенька несколько дней спустя, когда мы случайно пересеклись с ней на почте. – Бросил! Не поверите.

Мы действительно не поверили.

А Игнатьичу – не доверять которому у нас не было абсолютно никаких причин – она сказала:

– Батя. Я вернулась. Но ты, пожалуйста, больше не сори в доме.

– А это и не я, – говорил нам Игнатьич, – клянусь, не я. Говорю ей: мол, пока ты замужем была, ни одной новой срани в доме не появилось, а старую я всю на помойку свез.

– А она? – спрашивали мы Игнатьича.

– А она все о своем. Мол, ты, батя, сам не свой был, все лето у паутины проторчал.

– А вы?

– А я ей говорю: мол, а почему не торчать у паутины, когда в доме такой срач?

– А она?

– А она говорит, что вот именно, мол, куда ей было деваться, когда в доме такой срач.

– А вы?

– А я ей говорю: мол, это не повод за кого ни попадя замуж идти.

– А она?

– А молчит.

«А вы?»

– А знаете, – сказал вдруг Свойкин, – мне иногда не хватает моего живота.

И улыбнулся лучезарно, как ангел.

ТЕРРИТОРИЯ

С северной стороны забор нашего дома граничит с участком, на котором стоит маленький одноэтажный домик. От электрического столба к нему не тянется проводов. В доме было два входа с противоположных торцов, а на крыше две трубы. Обе половины пустовали много лет: хозяева умерли, а в права наследования так никто и не вступил. Оба крыльца сгнили под полуметровым слоем листвы от двух деревьев — маньчжурского ореха и дуба, охранявших каждый свою половину крохотного дворика. Летом запущенный участок зарастает травой — такой густой и высокой, что до самого октября окошки домика сквозь нее не просматриваются, и со второго этажа мы можем видеть лишь крышу. Зимой пустырь выглядит не таким запущенным — жерди молочаев статно возвышаются над сугробами, как саженцы каких-нибудь плодовых деревьев, так что пустырь делается похожим на молодой заснеженный сад. Тогда мы видим и окна. Сначала их было четыре, а теперь всего два.

Окна нам видно с ноября по июнь. В июне, когда небо выливает на Южнорусское Овчарово годовой запас тропических дождей, окна вновь прячутся за непролазными зарослями разнотравья, продраться сквозь которые, бывает, не в силах даже котам: время от времени нам приходится брать серп или даже секатор и идти на выручку какому-нибудь желтоглазому хулигану, насмерть застрявшему в сныти и орущему оттуда тоскливо и отчаянно.

Одна из легенд Южнорусского Овчарова гласит, что наследники обеих половин дома сгинули много лет назад, решив на спор искупаться в море среди зимы: нырнули в разводье и вынырнули где-то так далеко, что возвращаться назад им уже не было никакого смысла. Но у этой легенды, как почти у любой другой, есть вариации. По чести сказать, вариаций всего две, как и у легенды о дочери графа Де Фриза, владевшего поместьем в соседней деревне. По одной из версий, графская дочь погибла в шторм, когда лодка ее перевернулась на пути из Владивостока домой; по другой версии, дочка утопилась из-за любви, потому что отец был настроен против ее брака с простолюдином. История не сохранила имени девушки, но ее могила находится на оконечности мыса Де Фриз, названного в честь графа, а могилы Николая и Петра — на нашем овчаровском кладбище. Говорят, в XIX веке Де Фриз снабжал сельхозпродукцией половину Владивостока, а Петр и Николай всю дорогу ссорились и дрались;

граф Де Фриз после смерти дочери уехал в Америку, а Петр и Николай родились спустя более чем полстолетия после его отъезда. Так что эти истории объединяет лишь принадлежность к одному жанру, не более того. В деревне на мысе Де Фриз тоже ведь любят подпереть легенду вещественными доказательствами. Как и в Овчарове.

Персонажи овчаровских легенд не сворачивали гор, не чистили Авгиевых конюшен и не рубили головы кровожадным великанам, но и они заслуживают право на память. По второй версии легенды о Петре и Николае, памяти достойны оба, потому что все знают Каина, но иногда запинаются, пытаясь припомнить имя Авеля. Впрочем, в случае с Петром и Николаем мы никогда не узнаем досконально, что же именно случилось много лет назад на краю большой полыньи, и почему два подростка вдруг очутились в воде, и почему не забрались назад на льдину — вода доходила им едва ли до пояса. Всякое говорят. В том числе и то, что большого труда стоило разжать пальцы Николая, сжимавшие правое запястье Петра. Тела их нашли через неделю и похоронили в одной могиле. Взрослые не придают значения детским ссорам.

Мы, конечно, могли бы прибрать участок к рукам. В деревне, где пустует чуть ли ни каждый четвертый дом, это вполне нормальная и оправданная практика — присоединять к своей территории бесхозную землю, чтоб, например, выращивать на ней дополнительную картошку. Но что-то все время удерживало нас, хотя несколько весен подряд мы принимались бороться с травой хотя бы там, где пустырь примыкает к нашему забору. Это ведь очень плохо, если вплотную к саду растут богатырские, отменно плодоносящие сорняки. Но дальше нескольких метров дело у нас не шло. Находиться на участке было неуютно — все время приходилось бороться с ощущением, что со стороны дома за нами следят, и следят неодобрительно. В конце концов, мы оставили соседские молочаи в покое, но время от времени использовали пустырь для хранения песка или перегноя: проще было проделать в заднем заборе калитку, ведущую к навозу, чем таскать его в обход. К тому же, на пустырь было удобнее заезжать задним ходом, чем к нам во двор.

А, кроме нас, занять участок было попросту некому. У брошенного дома имелось всего два комплекта непосредственных соседей — мы и бабка Таня, каждый год собиравшаяся все продать и уехать в Уссурийск. Мы еще застали ее мужа, глухого деда Коляна, оравшего на котов, что приходили жениться на их кошке. Коты мерещились деду Коляну повсюду. Любую тень принимал он за тень кота. Он бросался на предполагаемое животное с резвостью, весьма неожиданной для человека, который не может посетить уборную без помощи жены.

— Танька! — орал котовый истребитель. — Поссать-то сведи меня, или где ты там?

И бабка Таня бросала тяпку и неслась спасать своего деда от конфуза; дед же сидел в теньке на табуретке и с явным удовольствием вопил:

— Ну где ты там, ёбжетвоюбогадушумать, а!

В общем, дед Колян не казался нам таким уж немощным, и тем более неожиданной стала для нас его смерть — не сама смерть даже, а тишина, которая установилась на сопредельной территории после того, как обитый черной тканью гроб поставили в старый синий «пазик» и увезли прочь.

Однажды — это случилось примерно в середине июля — возле наших ворот остановилась белая «Тойота-Камри», из которой выскользнул низенький человечек, одетый во все белое. На человечке были тончайшие и белейшие брюки, из-под которых звонко просвечивали белые трусы. Была на нем белая рубаха с закатанными по локоть рукавами, белый галстук и белые мокасины. Лицо у человечка было загорелым до темно-коричневого состояния, а в носогубных складках лежали почти фиолетовые тени. Человечек был лыс, и бронзовая его голова, растущая прямо из галстучного узла, доминирующе придавливала всю нижнюю композицию. Несмотря на комичность его внешности, с удивительным человечком хотелось поздороваться в холодном сдержанном тоне, предваряющем вызов на дуэль: «Соблаговолите объяснить, сударь, что вам угодно в наших краях». Человечек был вызывающе самоуверен. Выйдя из машины, он даже попытался заглянуть к нам во двор, для чего дважды подпрыгнул, но и в прыжке его взгляд не преодолел высоты в 170 сантиметров. Человечка это ничуть не смутило.

– У меня к вам деловое предложение, – сказал он, поправляя брюки. – Вы должны купить у меня участок. – И он махнул рукой в сторону пустыря.

– Вот как, – сказали мы преувеличенно вежливо. – А почему мы должны купить у вас участок?

– Во-первых, потому, что вам это будет удобно. Вы объедините два участка, ваш и мой. Очень удобно, – повторил визитер. – А во-вторых, – сказал он, – потому, что мне завтра нужна большая сумма денег.

И он назвал сумму. Она действительно была большой. Участок с брошенным домом стоил по меньшей мере вдвое дешевле, о чем мы сразу же сообщили человечку.

– Это ничего, – кивнул он, – я ведь просто хочу, чтоб вы заплатили за землю столько, сколько мне понадобится завтра для одного дельца. Ведь вам нужен этот участок, – сказал он с нажимом.

Нам становилось откровенно весело.

– Да как вам сказать, – синхронно пожали мы плечами. – С одной стороны, много земли лучше, чем когда вдвое меньше.

– Вот именно! – обрадовался человечек. – Вы умные люди. Мы с вами договоримся.

– С другой, – продолжили мы, – на чёрта нам это надо.

Человечек открыл рот. Он был потрясен. Казалось, прямо на наших глазах он превращается в воздушный шар, который уже заканчивают надувать легким газом.

– Вы в своем уме? – спросил он вдруг тем самым, высоким, голосом, какой случается, если подышать гелием.

Мы не выдержали и прыснули со смеху. Человечек только чудом не лопнул и никуда не улетел. Ему удалось взять себя в руки, немножко сдуться и продолжить диалог, который так явно раздражал и тяготил его, что делалось абсолютно очевидно: ему действительно очень нужны деньги, и факт денежной нужды является для него вопросом жизни и смерти. Но мы ничем не могли помочь ему.

Предвосхищая наш закономерный вопрос, который, впрочем, мы не собирались ему задавать, мужчина нырнул в открытое окно «камри» и вынырнул обратно под солнце, держа в руках зеленую пластиковую папку.

– Вот документы. Свидетельство о собственности раз. На дом. Свидетельство о собственности два. На землю. Решение суда. Я выиграл суд. Это все мое. Дом, земля. Вот мой паспорт. Вот моя фамилия в паспорте. Вот моя фамилия в свидетельстве раз и в свидетельстве два.

Человечек тасовал документы, как шулер: вроде и не быстро, но как-то неприятно-ловко. Мы мельком глянули в гербовые листки и в паспорт и тут же забыли фамилию их владельца.

— Ну что? — сказал он отрывисто. — Берем?

Дурацкость ситуации начинала нас утомлять. К тому же у нас были дела и поважнее, чем бессмысленные разговоры со странными людьми.

— Вы странный человек, — сказали мы странному человечку. — Вы почему-то уверены, что нужная вам сумма — кстати, совершенно чудовищная — спокойно лежит у нас дома и аж не может, как вас ждет.

— Так, — кивнул человечек. — Ну а к послезавтра?

— Это нереально, — сказали мы.

— А...

— Нет.

Человечек постоял с минуту, ритмично перенося центр тяжести с носка на пятку и обратно.

— Вот вам моя визитка, — сказал он наконец. — Надумаете, так позвоните. Еще немного времени я смогу.

Помахав визиткой, он не протянул карточку нам, а сунул ее в наш почтовый ящик.

— Ладно, — сказали мы, — но вряд ли.

— Подумайте. — Голос человечка был сух и холоден. — Так будет лучше.

— Кому? — спросили мы хором.

— Вам, конечно. — Человечек посмотрел на нас с почти искренним сочувствием. — Вы только представьте: я выберусь из переделки... Да, у меня неприятности. Я выберусь из нее и пригоню бульдозер. Буду ломать дом. Буду копать у себя на участке большую яму. Буду искать изумруды. А к вам вся пыль, да и шумно будет просто ужас как.

С этими словами человечек открыл дверцу машины и уселся за руль, обнаружив по пути белые носки на тонких, как птичьи цевки, щиколотках.

Не дожидаясь, пока он уедет, мы пошли домой.

Несмотря на то, что визитки делового человечка странным образом не оказалось в нашем почтовом ящике — куда он сунул ее на наших глазах, — забыли мы о нем так же быстро, как забывают о январской грозе: вроде бы и удивительное явление, но уже послезавтра его никто не обсуждает. Не тот информационный повод. Лишь в середине осени нам вдруг напомнил о нем сосед дядя Вася. И напомнил, совершенно того не планируя.

— Навоз брать будете? — позвонил он нам.

— Ой, — сказали мы, когда дяди-Васин самосвал вывалил кучу на чужой огород, — ой, не надо было этого делать.

— А что такое? — спросил дядя Вася.

Он ведь тоже считал этот бесхозный участок немножко нашим.

— Да тут такое дело...— И мы поведали о визите человечка, который теперь вполне мог предъявить права на три тонны нашего навоза, коль скоро навоз оказался на территории его юрисдикции.

— Суд выиграл, значит, — подвел итог дядя Вася. — Что делается-то.

А больше ничего и не сказал бы, если б мы его не спросили.

— У них, кто здесь жил, действительно вообще никого не оставалось? — уточнили мы.

— Никого, — подтвердил дядя Вася. — Там братаны жили с семьями. Было по пацану. Погодки. Колька и Петька, если не путаю. Утонули. Вот, один братан тогда дуб посадил, а второй — орех. Вроде как сыновьям в память.

— А которого дуб, а которого орех? — непонятно зачем спросили мы.

И непонятно почему, но дядя Вася вспомнил и это:

— Дуб — где Колька жил. А орех маньчжурский со стороны Петькина крыльца.

Когда от навозной кучи оставалась еще примерно треть, у пустого дома остановился старый задрипанный микроавтобус, из которого вылезли уже известный нам господин – судя по состоянию машины, не слишком успешно выбравшийся из переделки, – и трое мужчин рабочей наружности. Все четверо зашли во двор, после чего нам перестало быть их видно: двор был за пределами нашего поля зрения.

Видимо, изумруды приехали искать, поняли мы.

Но все было намного – нет, не страшнее, а, пожалуй, тоскливее, – чем просто неудачная шутка. То, что они сделали, было похоже на ампутацию без наркоза. Начав с правого, маньчжурского, крыльца, рабочие за девять часов, орудуя лишь зубилами и кувалдами, разобрали половину дома до несущей внутренней стены, а еще за час зашили досками зияющий торец чердака. Шлак из стен оттаскивали на носилках и высыпали прямо во дворике, тут же разравнивая кучи и наскоро утрамбовывая свежие уровни. Хозяин не принимал участия в операции: все то время, покуда рабочие разбирали дом, он спал в автобусе.

Шумно и пыльно, впрочем, не было. Навоза он не заметил.

Прошел месяц. Уже выпал тот снег, который не тает до весны. За весь месяц никто не посещал прооперированный дом, и тот самостоятельно зализывал раны. Сперва исчезли черные следы копоти на побелке торцовой стены, что раньше была внутренней и вплотную к которой когда-то примыкала печка разобранной половины. Затем затянулась длинная кривая трещина, распоровшая стену над окном, но еще оставалась острая кривизна углов там, где не существующие больше стены ранее смыкались с внутренней – а теперь торцовой – стеной. Уполовиненный дом, хоть и выглядел до крайности нелепо, все-таки выжил и даже начинал выздоравливать. Что касается смысла, который содержался в поступке его странного хозяина, то тут мы ничего не понимали. Сначала думали, что разобранная половина была до такой степени аварийной, что требовала экстренного сноса. Но в оставшейся жилой части никто не поселился, поэтому версия о срочной необходимости сохранить ее ценой устранения второй половины — провалилась. Все возможные резоны ускользали от нас, и мы, наверное, так и не смогли бы придумать никакого объяснения случившемуся, но вскоре низенький человечек посетил свое владение в третий и последний раз.

Он приехал под вечер и один. Мы не видели, как подъезжал автобус, и не слышали лая соседских собак. Мы даже не слышали звука бензопилы, что, в общем-то, не было слишком странным — ни одного окна на первом этаже не выходит у нас на север, а мы в тот момент как раз находились внизу, обедали поздним обедом и смотрели медицинский сериал. Скорее, мы почувствовали толчок, нежели услышали удар. Но и после этого еще не сразу пошли проверять, не случилось ли чего — может, в забор кто-то нечаянно въехал или еще что-нибудь, такое же малоприятное. Когда мы увидели то, что увидели, к месту происшествия уже сбегались соседи. Кто-то из них и вызвал скорую помощь.

Маньчжурского ореха, привычно закрывавшего нам обзор подъездной дороги, не было, и сначала нам в глаза бросился ярко-желтый дом Рябуховых, который прежде был не виден из наших северных окон на втором этаже. Только в следующее мгновение стало ясно, что нету большого дерева, заслонявшего и рябуховский дом, и дорогу. Когда мы пришли за подробностями, к месту ЧП уже подъезжали и скорая, и милицейская.

На истоптанном снегу оранжевым мазком валялась «хускварна». Недалеко от нее, лицом вбок, лежал под комлем маньчжурского ореха наш знакомец. Упавшее дерево буквально вдавило его в слой шлака от разобранной половины дома. Ничего намекающего на жизнь не было в распластанном теле, так что врач скорой проверил пульс на шее погибшего исключительно для порядка. Милиционеры составляли протокол и все никак не могли дозвониться спасателям, чтобы те приехали вынуть труп из-под гнета; а между тем начинало темнеть.

– Кто-нибудь его может опознать? – спросил один милиционер.

Но никто не знал этого человека. Мы его тоже не знали. Что мы могли о нем сказать?

– Это хозяин.

– Ваш сосед?

– Нет, он здесь не жил. Но дом и участок были его, он нам документы показывал.

– А фамилия его как?

– Не помним мы, но вот же автобус, там документы должны быть.

Растерянный милиционер – не каждый день у нас людей давит деревьями – кивнул и сделал жест рукой в сторону машины погибшего. Кто-то из его коллег – видимо, младший чин – уже открывал дверцу и вглядывался в нутро салона. Борсетка с документами лежала на пассажирском сиденье. Там было все: паспорт, водительское удостоверение, документы на машину и даже медстраховка.

– Михайлёнок Николай Вячеславович, – прочитал младший чин и хотел продиктовать начальству год рождения раздавленного, как сразу несколько голосов воскликнуло:

– Как Михайлёнок?!

Наша фраза: «А, да, точно, Михайлёнок», – услышана не была.

– А что такое? – спросил старший милиционер. Он был очень молод и из приезжих.

– Не может быть, – сказали голоса.

– Да что такое, в конце концов?! – Милиционер переводил взгляд с одного на другого и ждал ответа.

– Этого не может быть, – ответили ему.

Конечно, этого не могло быть, но оно было. И сколько бы процентов айсберга ни пряталось под водой, его верхушку мы увидели собственными глазами.

Самая трудная задача, вставшая перед овчаровцами, заключалась в том, чтобы предать Николая Михайлёнка земле. Понятно, что проблема была не в деньгах: просто сперва никто не понимал, каким образом похоронить человека, который уже был погребен сорок лет назад и продолжал, как доказала эксгумация, лежать в одной могиле с братом. Впрочем, и с этой проблемой разобрались быстро: ведь Коля Михайлёнок и Николай Вячеславович Михайлёнок – два совершенно разных трупа.

Так что милости просим к нам на кладбище. Мы с удовольствием покажем вам обе могилы, на которых, кстати, до сих пор не установлены памятники. Мы поговорим с вами о том, что смерти не существует, и о том, что памятники иногда не нужны. Ведь с дубом ничего не случилось, а маньчжурский орех, спиленный Н. В. Михайлёнком, 1957–2010, уже весной 2011-го выстрелил в небо новым побегом.

В общем, оба дерева живы, а живут они, как написано в Википедии, практически вечно; даже если и рядом друг с другом.

ИЗНУТРИ, СНАРУЖИ

В последний зимний день ничто не предвещало перемен: хоть и было не слишком морозно, однако солнечные блики еще хрустели под ногами прохожих. В синем без оттенков небе плескались голуби Петра Викентьевича – он начал выпускать птиц еще в начале февраля, если не было ветра, а ветра в тот понедельник как раз и не было. Как всегда, на ступенях поселковой администрации сидел Тимошка, но где-то в половине четвертого – то есть, слишком для него рано – поднялся с крыльца, заскочил на пять минут в Сбербанк и ушел куда-то торопливо, едва не подпрыгивая на ходу. Еще через полчаса его вроде бы видели через дорогу: Тимошка быстро шел куда-то и обеими руками, с выражением опасливого восторга на лице, нес большую и яркую картонную коробку.

Тимошка – пожилой мужчина с длинными седыми кудрями, леонардовской волнистой бородой до пупа и косматыми бровями. Если бы не брови, Тимошка был бы похож на чиновника РПЦ. Брови делают его похожим на лешего. Главных занятий у Тимошки два: расчесывать бороду и грабить Сбербанк. Между ограблениями Тимошка сидит на ступеньках и ухаживает за бородой. Если в рабочий день его нет подле здания администрации, значит, это...

– Спокойно, это ограбление, – говорит Тимошка. Он проходит сквозь очередь мощно и свободно, как поток воды. Очередь привычно расступается. Со стихией не поспоришь. В правой руке стихии деревянный пистолет, обмотанный черной изолентой.

Овчаровское отделение Сбербанка помещается в том же здании, что и администрация, только с торца. На фасаде же висит банкомат; чтобы подойти к нему, необходимо миновать Тимошку, и это всегда сопряжено с некоторыми неудобствами, потому что Тимошка не любит, когда проходишь слишком близко к нему. Он ничего не говорит, но от него исходит такая мощная волна недовольства, что тебя почти отбрасывает к перилам. Тимошка занимается бородой точно посередине ступеней. Иногда он просто сидит, подставив лицо солнцу, а рядом с ним свободно лежит его парикмахерское имущество: массажная щетка, зеленая пластмассовая расческа и деланные под золото маникюрные ножницы. Тимошка любит солнце и золото.

– Ограбление, – поясняет Тимошка, наклоняясь к кассовому окну. – Надо давать денежку и золото.

Очередь терпеливо ожидает, пока Тимошка закончит грабить банк. Всех дел — на минуту, не больше: кассир Людмила Борисовна говорит «ах!» или «ох!», или — иногда — «ох ты ж боже мой» и кладет в выдвижной лоток пачку нарезанных бумажек, придавленных горсткой желтой мелочи.

— Золото, — удовлетворенно говорит Тимошка, выгребает из лотка добычу и четким мерным шагом покидает банк.

— Четвертый раз за сегодня, — говорит Людмила Борисовна, когда он уходит, — а еще трех нету. Лен, ты желтяками не богата? — кричит она куда-то в глубину банка. — Все выгреб уже.

Иногда мы видим Тимошку в продуктовом магазине и каждый раз поражаемся тому, насколько магазин не идет Тимошке. Ему идут банк и ступени поселковой администрации. В магазине Тимошка становится незначительным, маленьким, растерянным. Ему не к лицу витрины с сырами, колбасами и копченой рыбой; как будто зная об этом, он держится от них подальше. Тимошка покупает бублик и — иногда — длинную розовую конфету в радужной обертке, расплачиваясь за покупку резаной сбербанковской бумажкой. Продавщицы, все как одна, суровы с Тимошкой. Вот и Ольга Дмитриевна тоже.

— Две денежки и три золота, — строго говорит она, и Тимошка чуть не плачет: ему жалко расставаться с награбленным, но очень хочется бублика. Он кладет на прилавок две бумажки и три монетки по десять копеек, забирает трехрублевый бублик и уходит, изо всех сил стараясь сохранить достоинство. Для этого он вступает в невыносимый для себя разговор с другими покупателями.

— Как все дорого, — говорит он, показывая рукой в сторону прилавка. — И это. Подорожало.

— Точно, — отвечает ему кто-нибудь, — твоя правда.

На этом разговор заканчивается. Тимошка с облегчением сочится к двери и вытекает вон.

Никто не знает, где Тимошка проводит свой досуг, но ни в субботу, ни в воскресенье, ни в праздники его нет на ступеньках. По нему можно было бы сверять календарь, если только вы вознамеритесь сделать это до 17:30. Ровно в половину шестого, когда закрываются банк и поселковая управа, Тимошка покидает рабочее место и идет в «Березку» за бубликом. Работает он с восьми утра и без обеденного перерыва. Где он живет, неведомо никому. Дома у Тимошки нет. Откуда взялся он сам, в деревне не помнят. Если верить пенсионерам в очереди Сбербанка, то Тимошка был всегда, даже тогда, когда еще не было Сбербанка, а сельсовет располагался в совершенно другом месте и представлял собой одноэтажный шлакозаливной дом с оштукатуренными глиной стенами.

В понедельник, последним февральским днем, Тимошка покинул место своей работы на полчаса раньше положенного времени. А во вторник — 1 марта — на Южнорусское Овчарово вдруг напала весна.

Это случилось очень неожиданно. Еще накануне вечером было минус десять, и сугробы — хоть и потемневшие от невзгод, но еще вполне рабочие — достигали кое-где середины заборов. А к утру, когда только-только начали зажигаться самые ранние окна, весна уже доедала последний снег. К рассвету с ним было покончено, даже объедков не осталось. Над землей пáрило. Деревья и дома стояли мокрые и голые, а на дорогах воцарилась срань господня — та самая великая и ужасная срань, что служит у нас признаком пробуждения природы.

Сторонний наблюдатель, стоя на макушке овчаровского глобуса, пребывал бы в большой растерянности, не ведая, куда наступить, чтобы не оскользнуться на жидкой глине и не упасть, позорно и неуклюже взмахивая руками. Грязевые материки и острова омывались гигантскими лужами, сиреневыми от близости к небу. Солнечный луч, едва дотянувшись до чьей-то оцинкованной водосточной трубы, тут же от нее оттолкнулся и запрыгал по лужам, так что ослепленному наблюдателю пришлось бы щуриться и пробираться по дороге почти на ощупь. Но не было наблюдателей тем первым весенним утром — только свои. Ритмично матерясь, лягухой скакала по расхлябанной грунтовке пожилая учительница младших классов Нелли Вениаминовна Халязина. Она держала путь из пункта А (дом) в пункт Б (работа), и единственной ее мечтой было поскорее добраться до большого тракта — твердой надежной дороги, украшенной асфальтом и знаком «главная». А там и до школы рукой подать.

Чуть опередив Халязину, всегда приходившую на работу к 7:30, из своего дома на Октябрьской вышел настоятель деревенской церкви, молодой монашествующий священник отец Ростислав. Слово «вышел», впрочем, было бы не самым подходящим, потому что отец Ростислав ходит пешком только вокруг аналоя, а любые расстояния вне храма преодолевает на кроссовике «ямаха». Весь в черной коже и в черном же шлеме, священник на одном заднем выскочил со двора и, не оборачиваясь на дом и оставленные ворота, помчался в церковь, выкрикнув на лету:

— Сторонись! Поп едет!

Как обычно, сторониться довелось почтальонше Савельевне, которую отец Ростислав каждое утро обгоняет в одной и той же точке: возле дома Казимировых. Савельевна всегда сторонится загодя — по всей улице нет более удобного места, чтобы отойти от дороги так далеко и без потерь: перед казимировским домом имеется что-то вроде лужайки, и если подойти к забору вплотную, то никакие брызги не долетят – слишком далеко, метров пятнадцать. А остальные дома отделены от маршрута священника лишь канавой.

Празднуя весну, кроссовик нашего батюшки несся по Октябрьской, и рыжие брызги разлетались от заднего колеса двумя симметричными веерами. Несмотря на то, что из-под переднего колеса тоже летело, отец Ростислав слез с мотоцикла незапятнанным. Чистый и блестящий поп, слезающий с грязного мотоцикла, – чудо, но в Овчарове мало кто верит в чудеса, да и кто бы там свидетельствовал момент прибытия попа на работу, если ключи от церкви находятся у него, а на утреннюю литургию приходят человека четыре, да и те вечно опаздывают.

Нелли Вениаминовна тем временем уже подходила к школьной двери. Ей оставалось сделать не более десятка шагов, когда она подняла взгляд от асфальта и увидела, что двери нет. Ровная – правда, довольно обшарпанная и побитая временем – стена была там, куда Нелли Вениаминовна входила каждое утро почти сорок лет подряд.

– Это что? – пробормотала пожилая учительница, подошла к стене и стала трогать ее пальцами.

Спрыгнув с мотоцикла, отец Ростислав направился было к двери храма, как вдруг увидел, что дверь отсутствует. На ее месте была стена, чья давняя штукатурка облупилась от времени и непогод. «Ремонт бы», – еще успел машинально подумать отец Ростислав, но уже в следующий момент длинно разговаривал с Богом.

Савельевна, десять минут назад уступившая дорогу священнику и с трудом преодолевшая несколько разливанных морей, наконец уткнулась в стену почты. Креститься она не стала, а просто упала в обморок – на то место, где еще вчера находилось крыльцо. Очень кстати там было сухо и чисто. Правда, жестко: тротуар.

В 7:50 скорым шагом шла по центральному асфальту медсестра детской поликлиники Светлана Игнатьевна. Она всегда ходит, не глядя себе под ноги, потому что ее большая грудь выдается вперед, как капот гоночной машины. Светлана Игнатьевна поэтому и смотрит только вперед, как водитель, и, как водитель бросает частые взгляды в боковые зеркала, так и Светлана Игнатьевна ловит периферическим зрением все, что происходит параллельно курсу. Сперва она подумала, что ей показалось, но картинка, схваченная уголком левого глаза, не отпускала ее, так что Светлана Игнатьевна сперва мягко притормозила, затем включила левый поворотник, а потом развернулась и прошла метров пятнадцать назад. Действительно: на углу продуктового магазина «Березка» не было стеклянной двери. Там вообще не было никакой двери, только кирпичная стена. Окно рядом было, а двери — нет.

— Когда это, — проговорила Светлана Игнатьевна, но долго раздумывать не стала, а надавила на газ и покатилась на работу. Через шесть минут она стояла в том месте, где должен быть вход в поликлинику и где теперь его не было — не только входа, но даже намека на него. Стена шла беспрерывно: оштукатуренная, окрашенная белой фасадной краской, очень даже приличная стена, зря главврач боялась нанимать узбеков — вполне добросовестно работают, осень, зиму простояло, и хоть бы трещинка. Светлана Игнатьевна погладила стену и даже надавила на нее в том месте, куда привыкла входить: нет. Стена не поддалась.

— Да что же это, — сказала Светлана Игнатьевна и надавила на стену еще раз.

Одновременно с медсестрой, метрах в трехстах от нее, трогал стену слесарь-авторемонтник, великолепный спец по кузовщине Володя, приехавший в мастерскую пораньше, чтобы к десяти часам закончить править левое крыло у Бандитова «паджеро». Бандита у нас все знают, он человек строгий, а его жена, которую тоже все знают, – наоборот: взяла и открыла в Овчарове магазин игрушек. Бандит очень просил сделать машину поскорее, и Володя пообещал управиться к десяти утра. Но на месте ворот в автомастерскую была кирпичная кладка, причем вовсе не выглядевшая свежей: абсолютно такая же, как и по всему зданию, бывшему когда-то складом, но уже давно поделенному между автомастерской и магазином «Планета гробов». С противоположной стороны бывшего складского помещения хохотал, согнувшись пополам, торговец гробами Николай Петрович Ганский – единственный в Южнорусском Овчарове человек, которого никогда не пускают на похороны, потому что он имеет обыкновение смеяться, когда растерянность или печаль овладевают им полностью, без остатка.

На часах гробовщика, слесаря Володи и медсестры Светланы Игнатьевны было 7:58, а еще через две минуты к отсутствующей двери Сбербанка пришли его работники, следом за которыми прибыл взъерошенный и растерянный Тимошка.

– Что, – сказали ему, – твои проказы?

– Ы-ы, – сказал Тимошка.

– Как теперь грабить-то будешь?

– Ы-ы-ы, – сказал Тимошка. – Щас.

И скатился по ступенькам быстро, как испуганный дикобраз.

В 8:15 он был обратно. В 8:16 банкирши и Тимошка расположились на ступенях поселковой администрации и начали играть в домики. В 8:20 в стене начальной школы появилась входная дверь. В 8:21 отец Ростислав отмыкал ключом церковь. В 8:22 открылась почта. Полиэтиленовый пакетик с дверями завалился за внутренний сгиб картонной коробки, и Тимошка даже не обратил внимания на то, что лепит постройки, не оставляя в них места для входа: вот и пришлось переделывать.

Играли быстро, но с большим воодушевлением, пока Тимошка не приревновал конструктор и не отогнал всех на пару шагов в сторону. Мамашки с детьми смогли попасть в поликлинику только в 8:40, а замурованная «Планета гробов» перестала веселить Ганского аж в начале десятого.

– Тимош, а Тимош? – спросила Тимошку Людмила Борисовна. – А как же мы все из дому вышли-то, если двери в пакетике лежали?

Действительно: когда люди выходили из своих домов, никому не пришлось ни шарить по стенам в поисках дверей, ни вылезать в окна. Вышли, и все.

– Ты дура, что ли? – удивился Тимошка. – Я же большой! Я же внутрь не влез бы, наверное?

Людмила Борисовна не обиделась.

– Ладно, ладно, – сказала она. – Ты большой, я просто не подумала.

И, хотя это более чем очевидно, мы бы, например, тоже вот так, сходу, не подумали о том, что вход и выход – далеко не одно и то же. Тимошка ведь большой, а выход – он же изнутри. Это вход снаружи. В 10:06 автослесарь Володя звонил Бандиту:

– Слушай, Бандит, тут такое дело.

– Да я в курсе, – сказал Бандит. – У меня жена полчаса перед магазином простояла, а вчера Деревенский у нее конструктор купил, хахаха.

– Ну так надо ему еще пару подарить про запас, не дай бог, крыши потеряет или еще чего, – сказал Володя, на что Бандит добродушно ответил:

– В общем, до двух давай, успеешь спокойно.

– Спокойно, это ограбление, – сказал Тимошка в 10:55.

К тому моменту утренняя очередь в Сбербанке почти рассосалась, а на улице вовсю гуляла весна. Как и вчерашним зимним днем, голуби Петра Викентьевича плескались в синем без оттенков небе, и только солнечные блики не хрустели под ногами, а чавкали мягко, как расплавленное и еще горячее серебро.

ОСТРОВИТЯНИН

Никто уже не спрашивает, кто он такой и как там оказался. Никто не задает вопросов и об оранжевом змее, реющем над островком. И, разумеется, точно так же никто не интересуется, каким образом у нас в деревне появились пять подводных лодок и куда они делись после.

...Нет, тут надо уточнить. Вопрос чаще всего не звучит иначе. «Каким образом, – не спрашивают гости Южнорусского Овчарова, – подводные лодки очутились так далеко от моря?» Или: «Как получилось, что никто не погиб?» Иногда еще не говорят так: «Всего два моста? Надо было просить три».

Никто ни о чем таком не спрашивает, потому что мы давно научились отвечать на вопросы раньше, чем их задают.

С оранжевым змеем все просто: если его не видно, значит, погода пасмурная. А лодки были очень древние, почти как вертолет Леонардо да Винчи. В Овчарово приезжали эксперты – специально, чтобы определить принадлежность субмарин, – и оказалось, что наша деревня стала обладательницей артефактов времен русско-японской войны, которых, к тому же, никогда не существовало. Как и вертолет Леонардо, они родились в чертежах, жили в чертежах и умерли в чертежах: какой-то умной голове императорского ВМФ показалось нецелесообразным делать ставку на потаенные суда, и усовершенствованные «Акулы» так и не появились на свет. Но именно благодаря никогда не существовавшим субмаринам – на педальном ходу, с аккумуляторной электротягой – японцы не решились зайти в Амурский лиман. И это такой же фактический факт, как и то, что лодки все-таки были.

Мы все их видели.

И мертвыми они уж никак не выглядели. Вполне пригодные лодки. Даже ржавчины не было. Зачем они у нас случились – это понятно: для пополнения Гамизовской коллекции. Почему они исчезли – в принципе, тоже понятно: по кочану и по капусте.

Окруженные сливами, яблонями, кукурузой и подсолнухами, немного нелепые для нашего взгляда, субмарины стояли на огородах Кошканайло, Дрыгайло, Подавайло, Вышивайло и Собирайло. Но пока Гамизов размышлял, как их запихать в пирамиду, в Овчарово приехал спец и придумал, как перетащить лодки в более подобающее место. А что касается списка обладателей подворий, на которых параллельно друг другу обосновались было подводные корабли эпохи Николая Второго, – то это не шутка и не случайное совпадение. Просто улица носит имя первопоселенца Набивайло, и этим все – или почти все – объясняется. У нас только Вова Нечитайло решил не поддерживать старую традицию и поселился на Октябрьской. И хотя никто его за это не осуждает, он и его семья, по крайней мере, лишились редкой (хоть и недолговременной) возможности полоть траву вокруг подводной лодки. Впрочем, в этом случае лодок бы на всех не хватило: -айлов у нас в Овчарове шесть семей, а лодок было пять.

А транспортное средство, притащившее лодки в набивайловские огороды, называлось «Цунами имени Гамизова».

Название звучит слишком мило: это из-за фонетических «ми-ми-ми». А ведь цунами Гамизова было очень мощным, высотой до неба. Только узким: метров семь в поперечном сечении. Оно случилось в июле 2011 года, и, хотя ждать его начали сразу после Пасхи, с конца апреля, гигантская волна стала для жителей деревни большой неожиданностью. Почти для всех, кроме Гамизова, но именно он пострадал больше остальных, хотя и выиграл, конечно, тоже.

Гамизов, ничем особо не выделявшийся мужчина лет пятидесяти, когда-то жил во Владивостоке, но сперва обеднел и всего лишился, а затем чудесно и ненадолго разбогател, своевременно выскочив из какой-то большой финансовой пирамиды. Кратковременное богатство Гамизова совпало с первой половиной девяностых и с очень тяжелыми временами для Пятого Бала. Гамизов приехал сюда, чтобы приобрести пустующие здания. Как сильно наголодавшийся человек не может остановиться, пока не закончится вся еда, так и Гамизов не останавливался, пока у него не кончились деньги. Но за казенную недвижимость брали недорого, и Гамизов успел сделать главное: скупить все здания на побережье. В Пятом Бале они подходят к морю так близко, что прилив едва не касается их фундаментов: твердь в этом месте ничуть не возвышается над водой, позволяя ей свободно плескаться прямо возле построек.

Среди приобретений Гамизова оказались цеха обанкротившегося рыболовецкого колхоза, старое и новое здания поселковой администрации, заброшенные ангары, корпус бывшей столярной мастерской и средняя школа. Школа и стала наиболее примечательной покупкой Гамизова: это был красивый, уже пустовавший на тот момент двукрылый деревянный особняк с резными наличниками, стоявший прямо на берегу, фасадом к волнам и будущему цунами, недалеко от того места, где мы когда-то впервые повстречали учителя английского.

После серии гамизовских сделок Пятый Бал прекратил свое независимое существование и слился с Южнорусским Овчаровым, оставив за собой только собственное кладбище. В остальном же деревня стала одной из овчаровских околиц, правда, самой живописной. Даже пустующие владения Гамизова не портят побережье, а наоборот, украшают его, привнося в антураж элементы дизайна, кажущиеся продуманными, но в то же время абсолютно ненарочитыми.

Закончив с покупками, Гамизов устроился на службу в овчаровскую администрацию — то ли консультантом по разным вопросам, то ли замом по строительству; факт тот, что сначала он поселился именно в Овчарове, а не в Пятом Бале, где почти каждое нежилое строение на побережье было его собственностью.

— Мне все равно, где жить, — говорил Гамизов, — но вообще я бы вооооон на том островке хотел бы.

И Гамизов показывал пальцем в безымянный скалистый островок, расположенный напротив Пятого Бала.

Между островком и крайней береговой точкой Пятого Бала примерно три мили, преодолеть которые можно пешком, если идти в обход фарватера. У нас очень мелкая бухта. Но мелководье способствует рождению таких здоровенных волн, что местные рыбаки никогда не рискуют задерживаться в море до полудня. В полдень начинает усиливаться ветер-южак, и белые барашки превращаются в боевых свинцовых слонов: набравшись донного песку, слоны сметают на своем пути любое плавсредство. Так что в сезон тайфунов островок делается совершенно неприступным. Впрочем, в эти периоды он полностью исчезает и из видимости, потому что залив затягивают такие плотные туманы, что поневоле начинаешь уважать чаек — за способность их крыльев резать густую фиолетовую мглу.

Жил Гамизов очень тихо. Ездил на работу, коллекционировал модельки и несколько лет собирался отремонтировать школу, чтобы устроить в ней музей для своей коллекции, которую громко заявлял уникальной. Но — то у него не было денег, то времени, то здоровья; так бы и продолжалось до скончания веков: модельки, мечты об островке, работа с 8 до 17 и коллекционерские интернет-форумы, — если бы в правое крыло школы, все так же остававшейся без хозяйского присмотра, однажды не угодила молния.

— Какое счастье, что я туда еще не переехал, — говорил Гамизов. — Хана б коллекции, елки-палки. Какое счастье.

Деревянное здание почти целиком сгорело, и с тех пор Гамизов заболел идеей выстроить на этом месте новое сооружение. Но только такое, чтобы стихийные бедствия ему были нипочем. Любые. Включая цунами.

Нет, это правда было очень смешно – слушать Гамизова, с серьезным видом рассуждавшего о вероятности цунами в нашем закрытом со всех сторон ковшике, бухте Тихой, где единственным глубоким местом является искусственный фарватер для прохождения жмыховских сейнеров к пирсу. Что же касается подводных лодок, то их протащило сперва над мелководьем, а затем и над автобусной остановкой, возле которой никогда не останавливается никаких автобусов, но зато растет такая сочная трава, что редкий день не увидишь там пасущейся коровы с теленком. А сразу за остановкой начинаются береговая кромка и море, а слева от нее – заброшенное административное здание, купленное Гамизовым, а еще левее – школа, купленная Гамизовым и сгоревшая от попадания молнии, хотя уж что-что, а громоотвод на школе был, и даже более того: перед нею – вернее, теперь уже перед тем местом, где раньше была школа, – до сих пор торчит железная спица флагштока, так что молнии было из чего выбирать, но она выбрала самую уязвимую недвижимость Гамизова; в общем, до цунами имени Гамизова педальных подлодок в деревне не было. Зато за остановкой был большой пустырь, который после тайфунов превращался в неглубокое озеро. А за пустырем – перекресток трех дорог. А за перекрестком – продуктовый магазин. А за магазином – набивайловские огороды. И все это на одной прямой линии, будто сушеные рыбки на веревке. Так что вместо того, чтобы длинно рассказывать, как субмарины оказались на Набивайло, дежурный гид приводит туристов к старой автобусной остановке, показывает флагшток и просит обернуться назад, встав спиной к морю: любому человеку в этот момент делается понятно, почему подлодки очутились не, скажем, в Косом переулке, а на улице имени первопоселенца Т. Набивайло.

А Гамизов говорил:

— Это абсолютно совершенная фигура. Абсолютно совершенная.

Он изобрел пирамиду.

— Она небольшая будет, — говорил Гамизов. — Двенадцать на двенадцать в нижнем сечении.

И весной, взяв какой-то невероятный кредит в банке — под залог всей своей руинной недвижимости, — приступил к строительству.

В тот год была очень ранняя весна. Уже в начале февраля нигде, даже в самых потайных уголках — вроде углубления от опоры рухнувшего моста — не осталось ни единого снежного анклава. Толстый морской лед не сдавался до конца марта, но еще в канун Женского дня над ледовой толщей вольно гуляла вода, искрившая под солнцем так, что невозможно было смотреть на нее без темных очков. В апреле море полностью освободилось, а понад устричной отмелью зазеленела первая трава. Однако прямо в канун Пасхи, а именно в Страстную субботу 23 апреля, вдруг выпал снег, и шел весь день, и обрывал провода, потому что был липким и тяжелым, как сырое тесто. Но уже в Светлое воскресенье все растаяло: было солнечно и тепло, как и положено быть погоде на Пасху, и все же неприятный осадок от этого несанкционированного снегопада остался у многих, а Гамизов говорил:

— Когда цунами, то устоять может только здание волнорезной формы, а коробки все к чертовой матери снесет, конечно.

— Иди к черту, — говорили ему, — сплюнь три раза и перекрестись, ты, видимо, с дуба упал и вообще недобрый человек.

– А разве вы не хотели бы снять цунами на видео? – искренне удивлялся Гамизов. – Я бы вот хотел. – И улыбался мечтательно, как будто говорил о любви.

Собственно, цунами и было второй любовью Гамизова – после моделек, с которыми он носился, как с величайшей ценностью, и болтать о них мог бы часами, если б его хоть кто-то слушал. Третьей любовью был остров, но об острове Гамизов чаще всего молчал.

– Спросите меня, чего я не знаю о цунами, – говорил Гамизов. – Да все я о них знаю. Где, когда, какой высоты. Красивое зрелище. Я б с удовольствием поснимал, но только чтоб не насмерть, конечно.

Тогда, в апреле, когда Гамизов привез на берег арматуру, еще никто не верил в его предсказание. Поверили было после Светлого воскресенья, соединив предпасхальный снегопад и упавшую в понедельник зеленую с неба звезду. Звезда падала так медленно и долго, что видели ее чуть ли ни все, включая тех, кто сроду не смотрит по вечерам в небо, – например, нашего ближайшего соседа, тихого алкоголика Серегу, который в тот вечер был почти трезв и так благостен, что не усидел дома и вышел подышать весенним воздухом; тут ему и звезда.

Да и не то чтобы поверили, но на какое-то время сосредоточились. Обитатели нижних улиц, самых ближних к воде, привели в порядок подвесные моторы и запаслись канистрами с топливом. Осмотрели катера и лодки. Перевернули их на киль и подтащили поближе к жилищам. Жители высоких улиц, карабкающихся на сопки, не особо боялись цунами, но стали копить продукты и пресную воду, потому что пойди сыщи попить, когда всюду море. Некоторые же – полуповерив, полунеповерив – не предпринимали никаких превентивных мер: они полностью переложили ответственность на Бога, а сами, смущаясь и хихикая, примеривались селиться на чердаках вместе с собаками и курами.

Когда все, посмеиваясь и не признаваясь самим себе в серьезном отношении к вероятно-невероятному цунами, более или менее к нему подготовились, на гамизовской стройплощадке залили бетоном первый уровень пирамиды.

Сперва за бзиком Гамизова с интересом наблюдала вся деревня. Те, кто не приходил на берег, чтобы поглазеть на растущую пирамиду лично, узнавали новости от односельчан. Вращая пальцами у виска, рассматривали в телефонах фотографии стройки. Но начиналась огородная пора, и пирамиде быстро перестали уделять внимание. Вскоре овчаровцы спустили собак и кур с чердаков и стали буднично поедать запасы, сделанные на случай гамизовской правоты. Цунами не могло случиться, это было ясно всем. Поэтому оно и стало большой неожиданностью. Тем более что никакого землетрясения ему не предшествовало. Землетрясение случилось сразу после, но так далеко и на такой глубине, что сейсмологи не решились связывать его с волной, посетившей Овчарово ранним утром 26.07.11.

Четвертое и последнее перекрытие в пирамиде положили 17.06.11: бетонный монолит строится быстро, но ведь строителям нужно еще какое-то время на отделку и наладку коммуникаций. Пирамида получилась пятиэтажной, а не четырехэтажной, как проектировал Гамизов. Почему так вышло, он не понял и даже растерялся. Последний этаж являл собой очень странное помещение: по сути, все четыре его грани состояли из наклонных окон, а места внутри было так мало, что на квадратном полу едва умещались матрас и лестничный люк. Тем не менее этот дополнительный, нечаянный этаж — был.

На первом же этаже — площадью больше ста квадратных метров — Гамизов назначил быть коллекции моделек. Еще штукатурка как следует не обсохла на стенах, когда Гамизов нанял узбеков расставлять витрины и стеллажи. В его собрании были тысячи пластмассовых, деревянных и металлических подводных лодок, и Гамизов говорил, что в коллекции пока еще не хватает пяти оригинальных экземпляров. Однако почти все знали, что Гамизов, посвятивший поиску недостающих единиц чуть ли ни половину жизни, больше не собирался их искать. Мы тоже это знали. «Я считаю, — утешал себя Гамизов, — что сделал все, что мог. Плюс подробное описание».

А второй, третий и четвертый этажи Гамизов спроектировал жилыми. Когда пришло цунами, уже даже электричество имелось во всех остроугольных спальнях, кабинетах и детских. Гамизов вдруг собрался — не сейчас, попозже — жениться и завести детей. Детских комнат в пирамиде оказалось шесть штук, и будущему отцу ненадолго дали кличку «Героин». Она продержалась на нем до цунами, а затем отклеилась и унеслась в прошлое, как и вся его жизнь.

Это была настоящая цитадель, и ей действительно ничто бы не угрожало, если б не окна. Странно было: как это Гамизов, который, казалось, рассчитал свою конструкцию абсолютно безукоризненно, при этом ошибся на один этаж и совершенно выпустил из виду то обстоятельство, что волна, случись она на самом деле, выдавит окна, войдет в пирамиду как к себе домой, и выйдет с противоположной стороны. Так и произошло, а как же еще могло быть.

Гамизов издали видел ее приближение. Он включил две камеры на запись и никуда не бежал, будучи абсолютно уверенным, что находится в безопасности. Он был в той самой комнате, которую называл «матрасной». Он и спал именно там, и есть основания предполагать, что не только спал, но и вообще торчал там всю дорогу — может, из-за лучшего обзора. Эта комната осталась единственной незатопленной, хотя стены ее представляли собой сборную конструкцию из стеклянных панелей. Пришедшая волна не сумела накрыть пирамиду целиком: ее рост оказался ниже пирамиды на 2 метра 20 сантиметров.

— Почему вы спроектировали в пирамиде окна? — спрашивали Гамизова журналисты. — Ведь вы инженер, вы не могли не понимать.

— Хахахахаха, — отвечал Гамизов, — хахахахахахахахаха.

Спрашивать Гамизова о чем-либо было совершенно бесполезно, и в конце концов журналисты стали обращаться с вопросами не к главному герою события, а к очевидцам.

— О, — утверждали очевидцы, — ну конечно, он сам позвал цунами, снял его на видео и запланировано выжил.

— Почему же тогда он не построил пирамиду в безопасном для других месте? Почему поставил под удар всю деревню? — осуждают Гамизова туристы, массово посещающие Южнорусское Овчарово три раза в год.

— Во-первых, в глухих местах тяжело со стройматериалами и их доставкой, а Гамизов не был слишком уж богатым человеком, — заступается за Гамизова дежурный гид. — Это во-первых, да. А во-вторых, деревне почти ничто не угрожало. Все постройки, находившиеся в опасной прибрежной зоне, принадлежали Гамизову. В них никто не жил, даже он сам.

— Но все-таки волна докатилась до подножия сопки?

— Да, — отвечает гид, — если быть точнее, она дошла до улицы Набивайло, оставила там подводные лодки и откатилась назад.

Фильм, снятый Гамизовым, завораживает. Мы видим приближение волны, несущей на гребне пять продолговатых черных зерен. Сперва зерна движутся прямо на нас, но вскоре становится понятно, что они пройдут слегка правее. Зерна быстро увеличиваются. В последний момент мы отчетливо видим абрисы субмарин, пролетающих рядом с нами — одна за другой, каждая последующая — в кильватере предыдущей.

— Господин Гамизов, — кричал в трубу из ладоней корреспондент «The Times». Его у нас все помнят: тот самый, лысый и с серьгой, который не поверил овчаровцам и решил узнать правду лично у Гамизова. — Господин Гамизов, — кричал иностранец, стоя в лодке и удерживая равновесие с помощью растопыренных локтей, — вашу коллекцию теперь можно считать полной?

Это был удивительно глупый и бестактный вопрос. Цунами забрало модельки, выменяв их у Гамизова на артефактные субмарины по курсу 2000:1. Это во-первых. Во-вторых, если бы не эти пять лодок, деревне сроду б не дали государственных субсидий на строительство мостов — вместо того, что за пару лет до цунами провалился в Суйфун, и вместо того, что некогда соединял два участка альтернативной и более короткой дороги, ведущей в райцентр. Теперь в Овчарове есть память о подводных лодках, два моста и пирамида, ставшая местной достопримечательностью — наряду с минаретом, переделанным узбеками из водонапорной башни, и собственно подводными лодками, которые у нас забрали, но которые навсегда остались в нашей памяти. И этот, с серьгой, мог бы и сам во всем убедиться, а не тревожить Гамизова.

Вот уже который год он живет на крохотном скалистом островке. Остров расположен посредине Тихой бухты, так что с одного его берега видно Владивосток, а с другого — Южнорусское Овчарово. Гамизов живет на острове круглогодично, совершенно один, в домике, построенном им из скотча и выброшенных морем пластиковых бутылок. Скотч ему привозят рыбаки: клейкая лента нужна Гамизову для мелкого ремонта стен, изготовления примитивной мебели и воздушных змеев.

— Хахахахаха! — ответил иностранному журналисту Гамизов и скрылся от него на другой стороне островка.

Островок, всю свою историю бывший безымянным, все чаще называют островом Гамизова. Он больше не считается необитаемым, но его население на сто процентов состоит из сумасшедших синоптиков. И не было случая, чтобы Гамизов обманул деревню: когда над островком реет оранжевый воздушный змей, хорошо заметный с овчаровского берега, это означает ясную погоду; если змей скрыт густой фиолетовой мглой, о которую чайки ранят крылья, это значит — у нас тайфун.

НЕКТАР И АМБРОЗИЯ

Осенью Петра Ефимовича почти всегда можно застать в саду. Он ходит по саду и пугает деревья. Подходит к каждому, заносит пилу над стволом и говорит раздумчиво:

– Спилить, или уже весной?..

И, постояв с минуту, как будто ответа дожидается, переходит к следующему дереву.

От ужаса сад Петра Ефимовича плодоносит так, что фрукты девать было бы некуда, если б не вино. В вино идет все: яблоки, сливы, груши, абрикосы, вишня и кислая алыча. Начиная с июля жена Ефимыча стаскивает паданку в погреб, где у Евсенок стоят огромные винные бочки.

Разумеется, своим плодовым деревьям Петр Евсенко не только угрожает, но и подкармливает их, окапывает, защищает от вредителей и даже укутывает на зиму стволы неженкам. Но все это лишь часть ритуала, антураж, главным моментом которого остается страх, the point of awe. Какой бы холодной ни обещалась быть зима, в конце каждого октября — вот уже лет сорок — Ефимыч делает свой ежегодный устрашающий обход. За все это время в евсенковском саду не вымерзло, не зачахло и не умерло от старости ни одно дерево.

— Спилить?

Плодовое вино Евсенок даже из лести нельзя назвать благородным: оно у них, мягко говоря, так себе. Чересчур кислое и чересчур ассорти. В нем слишком громко звучит полифония фруктов. Как будто яблоки, груши и сливы стараются перекричать друг друга, отталкивая товарищей и вылезая на передний план: «Оцените меня!» — «Нет, меня!» — «Да что вы их слушаете, здесь я главнее всех!» Но что-то есть в нем такое, что однажды среди зимы заставит вас прыгнуть в валенки и броситься к дому Евсенок: так нестерпимо вдруг захочется услышать голос лета, которое спит в евсенковском погребе в огромных винных бочках, — стоит лишь кран повернуть, и оно потечет в пластиковую полуторалитровку из-под шмаковской минералки.

— Бутылку принесли? — Петр Ефимович всегда задает этот вопрос. Даже когда вы приходите к нему без сумки или пакета, держа чистую посуду в руках.

— Конечно. Вот.

Далее вам предстоит вместе с хозяином спуститься в погреб. Это тоже элемент обязательной программы. Покупателю нельзя оставаться снаружи, потому что в таком случае часть товара прошла бы мимо него: оглушающий запах евсенковской плодовки, вырываясь из крана прежде самого вина, тоже должен достаться тому, кто платит. Петр Ефимович честный продавец.

Из погреба вы поднимаетесь слегка навеселе. А поднявшись и толкнув дверь, внезапно оказываетесь посреди зимы: как это могло произойти? Ведь только что, минуту назад, голова кружилась от запаха августовских садов, и вдруг – снег под ногами. А Петр Ефимович улыбается, пряча в карман вашу тридцатку, и большеклювая ворона откровенно смеется над вами с верхушки бархата амурского. А вы, покинув евсенковский двор и отбрасывая фиолетовую тень на подзаборный сугроб, спешно откручиваете крышку и, закрыв глаза, во все легкие дышите августом.

Так должно было быть всегда и до скончания века, но отлаженный механизм однажды едва не дал сбой. И именно мы стали свидетелями зарождения катастрофы, что просвистела в миллиметре от Южнорусского Овчарова, чьи жители чуть было не лишились тридцатирублевых путешествий из зимы в лето. Это произошло в железном магазине «На Горняка», где время от времени продаются экзотические фрукты, вроде ананасов или манго, а в тот раз впервые привезли папайю – того крупного увесистого сорта, чьи представители позировали Полю Гогену под видом манго. Жена Петра Ефимовича, стоя в очереди впереди нас и уже оплачивая покупки, вдруг сказала продавщице:

– Лен, – так сказала тетя Ира Евсенко, – а дай мне вон той штуки две штуки.

И пара оранжево-зеленых бомб переместились в сумку тети Иры.

Почувствовали ли мы что-нибудь? Подсказало ли нам сердце, какая опасность нависла над овчаровцами и –

в их числе – над нами? Был ли нам импульс, подвигший нас догнать тетю Иру и отнять у нее папайю? Нет.

Заканчивался февраль, и Петр Ефимович, ни капли не интересовавшийся епархией жены – огородом, – с привычным равнодушием наблюдал, как ящики с рассадой оккупируют подоконники их дома. Помидоры «черный принц», помидоры «бычье сердце», помидоры «сиротский праздник» и помидоры «царский десерт» еще ждали своей очереди на жизнь, когда первые баклажанные ростки уже распрямляли спинки и пытались освободить листки от семечка. В другом ящике взошла армия болгарских перцев, а в третьем не было никого, потому что тетя Ира лишь замочила семена жгучего красного, но еще не высеяла их в землю. Вот туда-то, в пустую подготовленную почву, Петр Ефимович и вывалил липкую кучу семян папайи, съеденной, кстати, без особого удовольствия: папайя как папайя, дыня и то вкусней. Вывалив же семена в рассадный ящик, Петр Ефимович и сам удивился своему поступку: он намеревался выбросить их в зеленую кастрюлю с пищевыми отходами, предназначенными на компост, но, поравнявшись с окном, вдруг остановился, отдернул занавеску и – сделал то, что сделал. Тот факт, что круглые семечки экзотического плода очутились в прогретой и удобренной земле, вдруг поразил его легкостью – если не сказать легкомыслием, – с которой смерть становится жизнью.

– Это что тут за такое еще? – поразилась тетя Ира, заглянув в ящик из-за плеча мужа. – И куда мне перцы теперь?

– В дупло, – сказал Петр Ефимович, но тут же исправился: – Тебе жалко, что ль? У тебя вон же еще коробки. Пусть.

– Нет, ну куда этого говна столько? Их же тыща тут!

– Ну, не все, поди, выживут, – сказал Петр Ефимович и разровнял ладонью горку серых шариков.

Ошибались они оба. Во-первых, семян оказалось одна тысяча пятьсот пятьдесят две штуки, а во-вторых, выжили они все. Так тоже иногда бывает.

Петр Ефимович, никогда не бывший огородником, понятия не имел, что нужно делать с ордой проклюнувшихся ростков: он просто любовался на густую зеленку, шапкой накрывшую рассадный ящик, и ни о чем не думал. Так любуются аквариумными рыбками в чужом аквариуме – их не надо ни кормить, ни поливать, ни пикировать, знай себе води пальцем по стеклу. Но тетя Ира, не сумевшая остаться в стороне – в конце концов, папайю купила и принесла в дом именно она, – подсказала мужу дальнейшую последовательность действий.

– Ты, Петь, хоть бы их рассадил, что ли, – сказала она. – Чего они у тебя как в электричке на работу едут.

Легко сказать – «рассадил бы». Во что рассадил бы? Как рассадил бы?

И Петр Ефимович, который, конечно, сперва немного растерялся и даже чуть-чуть позлился, все же принялся пикировать рассаду. Это было очень трудно, потому что семечки были навалены в ящик как попало, сплошняком, без какой-либо системы рядков и гнезд. Поэтому и взошла папайя так тесно, что орудовать можно было только зубочисткой. Зубочистка дрожала, зажатая в толстых пальцах, не привыкших к ювелирной работе, и поначалу на разделение десятка корешков у Петра Ефимовича уходил час. Пальцы немели, в глазах начинали плавать зеленые и синие вакуоли, и Петр Ефимович бросал работу, приговаривая, что лучше б выкинул он все семечки в компост, и что еще чуть-чуть, и он именно так поступит с ростками. А ростки слушали и перли вверх, и все шире растопыривали ладошки, и вскоре Петр Ефимович заметил, что незначительное повреждение корешков при пикировании никак не отражается на здоровье растений. С этого момента работа пошла значительно быстрее.

Еще одна задача заключалась в том, чтобы найти полторы тысячи небольших посудин: каждое растеньице до высадки в открытый грунт должно было квартировать в невеликой, но все же персональной емкости, а где столько взять, это же кошмар какой-то. Петр Ефимович сначала пустил под нож все имевшиеся в запасе пластиковые бутылки, но их было всего тридцать штук и хватило лишь на три часа работы. Но потом он додумался скручивать из газеты кульки, а кульки оборачивать полиэтиленовым пакетиком из тех, что бесплатно дают в магазине, и насыпать в них землю, и ставить стоймя в картонные коробки, которые тоже дают в магазине бесплатно, потому что все равно в конце дня сжигать.

Двенадцать вечеров провели Евсенки за скручиванием кулечков и пересаживанием в них папайи — это если не считать, что днями Петр Ефимович был занят тем же самым, но только без коллегиальной поддержки жены. В конце концов, у тети Иры были и другие дела, и она не могла сидеть рядом с мужем сутки напролет, бросив на произвол судьбы кур, дом и самого Петра Ефимовича, который должен был отвлекаться на еду как минимум два, а лучше три раза в день, плюс чай с плюшками.

И когда все 1552 растения были расселены по отдельным пакетикам, а пакетики стоймя упиханы в коробки, а коробки поставлены на пол под южными, самыми солнечными, окнами — вот тогда-то Петр Ефимович впервые задумался, что же делать со всем этим добром дальше. Ведь и речи не могло быть, чтобы высадить такое огромное количество папай у себя в саду, а в огород тетя

Ира согласилась пустить не больше десятка растений, толку-то от такой щедрости. И Петр Ефимович пошел по миру.

Папайю удалось пристроить в четыреста дворов. В среднем по две, а то и по одной штуке в каждый. Дело в том, что Евсенко — мужчина мудрый, прекрасно понимающий, что бесплатное приобретение никто не станет беречь и холить, поэтому продавал он рассаду так, будто выдавал ее замуж. Калым был довольно существенным. За каждый корешок Петр Ефимович взимал аж пятьдесят рублей — сумма, должная обеспечить растению заботу. И расчет оправдался полностью: все 743 проданные папайи не только прижились у новых владельцев, но и обеспечили Петру Ефимовичу карт-бланш в его собственном имении.

— Ого, — сказала тетя Ира, когда Петр Иванович заработал на рассаде папайи несколько их совместных пенсий. — Да ты ж тогда и вон туда посади тоже, чего уж.

И пустила было папайю в огород: вместо картошки. Но все равно вся папайя туда бы не вместилась, о чем Петр Ефимович сразу же и сообщил жене:

— Ишь какая, — сказал он, — волшебная вещь богатство.

Он придумал откусить в свою пользу часть заброшенного поля, раскинувшегося позади их участка бесполезным, но обширным, до самого леса, ковром. Когда-то поле было колхозным, и на нем выращивали капусту, но колхоз давным-давно накрылся тазом, а вместе с ним отправилась в небытие и казенная капуста. Поле уже начинало необратимо заболачиваться, богатея все более обильными урожаями комаров, так что Петр Ефимович рассудил очень здраво: если никому не нужно, значит, надо брать.

Евсенко вообще очень рачительный хозяин – культиватор, например, купил на те самые папайные деньги. Не проел их, а вложил в дело.

– С миру по полтиннику, Петру культиватор, – одобрила Евсенок их соседка Прохорова тетя Аня.

– Не завидуй, Анна, – сказал ей Петр Ефимович. – Глядишь, и у тебя чего взойдет.

Дело ведь и вправду казалось более чем сомнительным. После того, как районная газета напечатала статью про чудака-садовода из Южнорусского Овчарова, к Евсенкам не поленился приехать знатный ботаник из Владивостока. Приехал он с единственной целью – образумить Петра Ефимовича и предостеречь его от заведомо проигрышного мероприятия.

– Да вы хотя бы знаете, – сказал он, – что папайе круглый год нужна температура почвы не ниже 24 градусов?

Этого Петр Ефимович действительно не знал. Как не ведал он и того, что растение «папайя» является деревом, причем довольно высоким. А вовсе не длинной ползучей ботвой, к которой крепятся тыквы, дыни и арбузы.

– Дерево? – заинтересовался Петр Ефимович. – Ну так это же прекрасно. Прямо, можно сказать, замечательно.

Петр Ефимович умел обращаться с деревьями.

В конце мая Евсенки вынесли на поле все свои 809 папай и за нескольких дней рассадили их ровными, как прочерченными, рядками.

– Ты у меня смотри, – бубнил Петр Ефимович над каждым ростком. – Не будешь расти, я тебя быстро.

И папайи стали расти.

За экспериментом наблюдали и городские ботаники из университета, и местные скептики. Но папайя выровла не только у Петра Ефимовича, но и у всех, кто покупал у него рассаду. Выросла и заплодоносила, потому что именно так папайя и поступает. Недаром же ее называют деревом нетерпеливого садовода.

Однако Петр Ефимович как раз очень терпеливый садовод. Каждый день он обходил свой тропический сад с угрозами, не оставляя без внимания ни один саженец, все больше и больше делавшийся похожим на дерево.

— Интересно, что там у тебя внутри ствола, — раздумчиво говорил он. — Пишут, что пустота вроде. Посмотреть бы, — и переходил к следующему.

Папайи зацвели таким обильным цветом, какой Полю Гогену и не снился. Прогнозировалось по десятку плодов с каждой пальмы. Так, в общем-то, потом и было.

И все б ничего, если бы фруктовый сад Петра Ефимовича вел себя в тот первый папайный год таким же примерным образом — или, наоборот, не стал бы брать пример с папай. Но яблоням, грушам, сливам и алыче что-то взбрело, и они принесли урожай, который страшно огорчил не только Петра Ефимовича, но и половину Южнорусского Овчарова.

Все, что уродилось в саду Евсенок и чему предстояло стать сырьем для плодового вина, оказалось папайей. Не прямо, конечно, папайей-папайей — это невозможно, — но чем-то вроде нее. Например, яблоки были с виду как яблоки, но со вкусом папайи. Груши — с виду как груши, но со вкусом папайи. Все, что удалось собрать со слив — а собрать удалось пару центнеров, — было со вкусом папайи. И алыча не отличилась оригинальностью, уродив ягоды со вкусом папайи.

— Да ты спятила, что ли! — ругался Петр Ефимович на самую свою любимую антоновку. — Ты чего тут народила мне?

Он стоял под антоновкой и чуть не плакал. Яблоня и другие фруктовые деревья, слышавшие все, не знали, куда деваться от стыда и ужаса.

– Дерево оно и есть дерево, – говорил потом Петр Ефимович. – Оно же дебил. Ни черта не соображает. Увидели папайю до самого леса и решили, идиоты, что мне папайя теперь всех милей. Дураки. Народили мне тут. Дебилы.

Вино, впрочем, у него все равно в ту зиму покупали, тем более, продавал он его всего по десятке за полуторалитровку. Странное это было вино – откроешь бутылку, а там нектар и амброзия. Слишком густое, слишком сладкое. Невозможно пить: пару глотков сделаешь, и все. Разбавляли водой.

Что касается собственно папай, то никто не верил, что они перезимуют. Они бы и не перезимовали, но в августе, за два месяца до заморозков, скептичный ботаник приехал в Овчарово и о чем-то долго говорил с Ефимычем. А потом позади евсенковского сада началось строительство. Оно длилось три недели и завершилось ровно в тот день, когда в обеих овчаровских школах должно было настать первое сентября, но его отменили, потому что на полуостров надвигался страшный тайфун, который, впрочем, удачно миновал и деревню, и ее окрестности: оранжевый змей Гамизова был прекрасно виден с нашего берега в течение всего штормового предупреждения.

Молочного цвета полупрозрачное сооружение выросло на том месте, где овчаровцы уже почти привыкли видеть пальмы евсенковских папай. Сперва вокруг пальм собирали алюминиевый каркас, затем на каркас навешивали карбопластовые панели, пропускающие ультрафиолет, но препятствующие выходу тепла, затем устанавливали дорогущие солнечные батареи и аккумуляторы, чтобы дневной свет накапливался и превращался в ночной подогрев – все было сделано грамотно, по науке. Директором теплицы стал, разумеется, ботаник. Отнеслись к нему в Овчарове по-разному, и человек он действительно сложный, но если бы не он, то черта с два получил бы Ефимыч грант на теплицу, а ботаник получил, и Ефимыч занял в ней должность главного агронома. Подчиненных у него, впрочем, не было.

Папайи, что обосновались в садах овчаровцев, хозяева на зиму заносят в тепло: с одной-двумя пальмами это вообще не проблема, растишь их в больших горшках и горя не знаешь – весной выносишь, зимой заносишь. Мы, например, каждый год так и делаем, и нормально, хороший урожай, нам, во всяком случае, хватает. А вот те, что были высажены Петром Ефимовичем и тетей Ирой в поле, – те совсем другое дело. Те круглый год растут в грунте, и ничего им под карбопластом не делается.

– Ну что, спилить? Спилю, наверное. Заодно посмотрю хоть, какой там ствол внутри, – вел Ефимыч свои агротехнические разговоры под куполом теплицы, когда однажды, уже в марте, приехавший без предупреждения ботаник не ворвался в цветущий папайный сад с перекошенным от ужаса лицом:

– Ефимыч! – от двери заорал начальник теплицы. – Твою мать! Я ж тебе еще в сентябре сказал: подключи батареи!!! С первым заморозком!!! Сказал же!!! Всю зиму!!! Твою мать!!!

С пилой в руке оглянулся на начальника Ефимыч, постоял с минуту, а затем пожал плечами и молвил:

– Ну, забыл.

Говорят, здорово влетело Ефимычу от ботаника, но фруктовым деревьям в евсенковском саду попало гораздо крепче, потому что оставить постоянную клиентуру без кислой бормотухи, да еще и второй сезон подряд, было бы для Ефимыча совершенно немыслимо.

– Спилить? Нахрен мне такие яблоки, а? Да еще, поди, вымерзнешь. Нежная ж яблоня, тропическая, куда деваться.

И гладил виноватые стволы правой рукой, свободной от пилы.

Петр Ефимович Евсенко – это все в Овчарове знают – левша.

АВСТРАЛИЙСКАЯ КВАКША

– Вы русалок лечите?

Сколько б раз мы ни говорили, что уже ко всему привыкли в Овчарове, всегда найдется кто-нибудь, кто взорвет наш мир. К мирообрушению мы тоже привыкли. Когда оседает пыль, просто принимаемся строить все заново, с поправками на ветер. Сперва строили на сваях, затем перешли на воздушные подушки. На подушках наш мир шатается, но уже почти никогда не падает. Почти никогда.

– Кого??!

– Вот, у вас же написано: «Помощь морским млекопитающим». Там русалка.

На нашем заборе действительно висит большой баннер про помощь. Баннер не врет. Пять или даже шесть месяцев в году, иногда с марта по июль, иногда с апреля по август, а иногда и с мая по сентябрь у нас во дворе живут тюленьи сироты: так сложилось исторически. Живут они у нас, пока не окрепнут достаточно, чтобы можно было выпустить их в море. В годы, когда после выпуска остается кусочек лета, мы используем бассейны для выгула водяных черепах. Но баннер про тюленей висит круглый год. На баннере – тканевый принт с изображением тюленя. Принт сделан с фотографии, поэтому перепутать невозможно. Круглое лицо, круглые глаза, ласты: тюлень.

– Русалку там на берег выкинуло. – Наш посетитель крутит в руках железяку, напоминающую втулку от мотоцикла. – Я ее откачал, как смог, но слабая. Вот, за вами приехал.

– А что, скорую нельзя было вызвать?

– Да не поедет к ней скорая, – досадливо отмахивается он. – Не понимаете?

– Извините. – Мы растеряны и не знаем, как себя вести с психом. – Как вас зовут?

– Афанасьев. – Псих глянул на нас удивленно. Мгновенно сложилось понимание, что Афанасьев не привык к тому, что его не знают. – Петр Владимирович.

И добавил:

– Колдун.

Потом нас спрашивали: он так и сказал – «колдун»? Просто «колдун», и все? Он так никогда не представляется, никому. Он всегда говорит о себе: «Афанасьев Петр Владимирович. Самый великий в мире колдун».

– Видимо, решил нас не гробить с ходу, – предполагаем мы.

– Видимо, – соглашаются наши собеседники. – Или решил, что за русалкой не поедете. Поехали бы?

За русалкой – нет. Но мы думали: этот ненормальный приведет нас к раненому тюленю. Мы сели в пикап с тюленьим же лого на борту и поехали на побережье не из желания угодить сумасшедшему. Какой, к черту, колдун – у него даже мотоцикл был без привычного гробика: просто платформа там, где должна крепиться люлька.

Однако на берегу Пятого Бала – там, где широкая полоса ракушечника вытягивается в струнку и исчезает под волнами прилива, – привалившаяся спиной к скале, сидела немолодая голая баба. У нее над головой летал толстый шмель, и его деловитое гудение, слышное даже сквозь угасающий рокот моря, прочно связывало с реальностью увиденную нами картину.

Если б не шмель, мир бы пошатнулся, но устоял. Но шмель летал, и полет его был будничным. Да и в бабе, с первого взгляда, ничего запредельного не было: обычная пьянчужка в одиннадцатом поколении. И ее косматость, и коротконогость, и синюшность кожного покрова – все это являло собой зрелище неприятное, однако не выходящее за бытовые рамки; все, кроме глаз ее и грудей. У бабы были тонкие и длинные, как лапша, груди. И абсолютно сиреневые глаза, транслирующие такую глубинную пустоту, что делалось очень понятно: за этой пустотой стоит самая настоящая бездна.

Кричали чайки, над русалкой летал шмель, наш мир обрушился, и над его обломками взошла торжественная пыльная туча.

– Вот, – сказал колдун, – такое дело. Совсем думал, что мертвая, но гляжу – дышит и глаз открыт. Ударилась об скалу, наверное. С ними это часто в шторм.

Мы надели перчатки, шагнули к русалке, склонились над нею и, не веря самим себе, начали ее осматривать, сгибать в суставах ее конечности, осторожно пальпировать кости черепа и грудной клетки: опасались внутренних повреждений. Костяк у нее оказался целым.

После того как мы втроем с помощью Афанасьева переместили русалку в пикап, Афанасьев сполоснул руки в прибрежной волне, стряхнул с них морскую пену, кивком попрощался с нами, запрыгнул на мотоцикл и, сильно отгазовав, был таков.

А мы остались на пустынном берегу одни, с обморочной русалкой в кузове пикапа. Постояв рядом с машиной и проводив взглядами колдуна, мы молча открыли дверцы, молча заняли свои места в кабине, молча пристегнулись и молча поехали в сторону дома. Ехать нам было всего ничего, и уже через десять минут мы все так же молча открыли дверцы пикапа, молча вышли, молча переложили русалку на простыню и молча отволокли ее в крытый бокс: туда, где мы, не сговариваясь, решили устроить для нее стационар.

Это помещение, предназначенное для начального содержания тюленят, было как раз свободным, потому что двух тюленят уже перевели в бассейн, и они жили в уличном вольере. Бокс показался нам единственно подходящим местом потому, что привезенное нами существо более всего походило на человека, а крытый бокс более всего похож на человеческое жилье. Во всяком случае, в нем есть пол, стены, потолок и окна. Заточение же голой женщины — с этой ее лапшой — прямо посреди двора, да еще и за стальной сеткой, выглядело бы похлеще Гуантанамо. Мы с трудом внесли увесистую русалку в бокс и положили ее на расстеленное одеяло. Под тюленят до их перевода на улицу мы обычно подстилаем полотенца.

Русалка, все это время находившаяся в состоянии полуобморока, едва слышно застонала и свернулась калачиком, подтянув колени почти к самому подбородку.

– Живот болит у вас? – спросили мы. – Холодно? Вас морозит?

Так нам она и ответила. Тюлени, впрочем, тоже обычно молчат, но тюленей мы ни о чем и не спрашиваем. Мы сделали русалке регидрацию, вкололи дексаметазон, снотворное, антибиотик и набор витаминов – и оставили ее на одеяле в боксе. Мы были почти уверены, что она не выживет. Ее смерть была бы для нас более объяснимой, чем жизнь.

Мы кололи ей что положено, благо не сопротивлялась русалка совершенно, в том числе внутривенным, – а наблюдала за всеми нашими действиями равнодушно, и так же равнодушно позволяла перетягивать себе руки выше локтя, и искать вену, и даже не вздрагивала в момент, когда игла касалась ее кожи и прокалывала ее. Она была беспрецедентно аморфным пациентом в нашей практике. Тюленей, например, нам всегда приходится фиксировать полотенцами – даже тех, в ком жизнь удерживается только потому, что смерть проскочила мимо нужного поворота и мы успели ее опередить.

Прошло три дня, а русалка все еще была жива. Несмотря на то, что она почти все время спала, все отчетливей было заметно улучшение ее состояния. На четвертый день у нее исчез носогубный цианоз, а на пятый она поморщилась во время внутривенной инъекции.

И нам пришла пора всерьез задуматься, чем ее кормить, потому что держать русалку дальше на одной глюкозе с витаминами было уже нельзя.

Мы понятия не имели, чем питаются русалки. Ни Гугл, ни Яндекс нам были не помощники. Нет – мы, конечно, пробовали предлагать ей и пар от горячего супа, и свежие мидии, и водоросли, и вечернюю росу, но русалка лишь смотрела искоса на все эти продукты, и в ее сиреневых без блеска глазах проскальзывало брезгливое удивление. А когда мы принесли ей рыбу, русалка закрыла лицо руками и заплакала.

Вечером шестого дня, дождавшись, когда закончится проливной дождь, мы поехали к Афанасьеву.

– Я самый великий в мире колдун!

И все верят. У Петра Владимировича толстое неинтеллигентное лицо, но тонкие длинные пальцы, хотя в прошлом он никакой не пианист, а обычный владивостокский бандит, отнимавший у моряков привезенные из Японии машины. Мы узнали об этом случайно – ведь мир, кроме того, что неустойчив, еще и очень тесен. Нам было интересно представить Афанасьева за бывшей работой: как он вместе с другими пиратами взбирается по штормтрапу на борт судна, как подходит к моряку и говорит: «Ну, давай сюда ключ от тачки». А потом мы действительно взяли и представили – и ничего особо интересного не увидели. Кроме разве того, что Петр Владимирович укачивался на катере. А комаров и слизней у Петра Владимировича не стало не потому, что он колдун, чего б он сам про себя ни говорил; просто в его сад пришли жабы, и пришли они в таком великом множестве, что какие уж там комары, слизняков – и то не осталось.

Жабы же пришли в афанасьевский сад по очень простой причине. Дело в том, что Петр Владимирович единственный человек в деревне, кто косит траву жарким днем, а не утром или под вечер.

— Жаба днем сонная, — говорит Петр Владимирович, — сидит в сырости и никуда не уходит. Зато вечером они радостные все. Прыгают что твой Бубка: скок! скок!

Петр Владимирович демонстрирует бодрую вечернюю жабу, согнув руки в локтях и свесив ладони у груди. Так похмельные актеры ТЮЗов обычно изображают зайчиков. Но, если честно, видового сходства между зайчиком и жабой гораздо больше, чем между некоторыми нашими овчаровскими соседями; так что можно сказать, Петр Владимирович показывает жаб очень похоже, буквально один-в-один.

— Да что я говорю, сами знаете: от радости кто угодно может под газонокосилку попасть. Даже вы.

Мы не соглашаемся с тем, что способны от радости попасть под газонокосилку. Но и не опровергаем.

Весь день на Овчарово лило так, как будто море не только окружает деревню с трех сторон, но и висит, продырявленное, над нею. Под вечер наконец дождь прекратился, и в наглухо застегнутом небе образовалось окно, в которое еще успел вырваться отчаянный, последний луч уходящего солнца. Он с разбегу ударился о край фиолетовой тучи и стек на сады. Верхушки деревьев тут же вспыхнули сусальным золотом, а лопухи у черного афанасьевского забора сделались бронзовыми и торжественными, как памятники великим русским писателям. Под писателями бродили жабы, незаметно для человеческого глаза выхватывая из эфира ужин.

— Важные, как бумажные, — сказал Петр Владимирович. В его голосе прозвучала отеческая гордость, как если б он имел непосредственное отношение не только к созданию жаб, но и к зарождению всего мира, главным украшением которого, безусловно, все-таки были жабы. — Вы только посмотрите.

Как будто в доказательство его слов одна из важных-бумажных перелезла через афанасьевскую ногу и пошла в сад. По лицу жабы растекалось благодушное презрение и к ноге Афанасьева, и к нам, и ко всему миру, украшением которого она являлась.

– Как пахан, – восхитился Петр Владимирович. – Нет, ну вы это видели?

Мы приехали к колдуну как раз по поводу жаб. Дело в том, что, проезжая однажды мимо выкрашенного черной краской забора, были мы вынужден остановиться, чтобы не раздавить жабу. Особь, в свете фар переходившая дорогу и направлявшаяся в афанасьевский сад, была предположительно опознана нами как жаба монгольская. Поймать и разглядеть внимательно мы ее не успели, а жаль: это было б настоящим научным открытием, так как во всех справочниках по земноводным написано, что обитают в наших местах лишь обыкновенные дальневосточные жабы, в то время как ареал монгольских ученые ограничивают Монголией, частью Китая и Забайкалья. И тут вдруг на тебе: монгольская жаба в Южнорусском Овчарове. Практически в субтропиках.

– С полоской? – удивился Афанасьев. – Да они все почти с полоской. Хотя половина – да, без полоски. Вы правы. Половина без полоски, чисто коричневые. А половина с полоской. Заходите.

Во дворе Афанасьева было чисто и очень уютно. Такой дворик легко вообразить, даже если никогда не бывал в деревне, а имеешь представление о ней исключительно по картинкам в «Родной речи». Правда, воображение подсунуло бы вам бабушку. В этом дворике должна была б суетиться добрая старенькая бабушка, а не брутальный колдун с неожиданно тонкими музыкальными пальцами. Афанасьев плохо вписывался в композицию, состоящую из заплетенной виноградом терраски, двух бочек по углам дома — для сбора дождевой воды, — огромного почерневшего пня со следами зарубок, штакетника, отделяющего собственно двор от сада (на штакетнике — перевернутые вверх дном банки), неширокой клумбы вдоль всего забора и растущими на клумбе мальвами, ноготками и настурциями. Бабушкины цветы, бабушкин дворик.

— Жаба какая красивая, — сказал Афанасьев, показывая на клумбу.

Мы не увидели жабу. Заметили только, как шелохнулись календулы.

— Вы не из-за жаб, — сказал колдун. — Не из-за жаб вы.

— Да, — кивнули мы, — нет.

— Ну все равно теперь. — Афанасьев сделал рукой жест в сторону терраски. — Проходите. Там сесть можно.

На террасе было уже совсем темно. Закатное освещение не проникало сквозь лозу.

— Сейчас электричество включу, — сказал Петр Владимирович и, сунув руку в виноград, щелкнул там невидимым тумблером. И сразу же террасу отрезало от внешнего мира. Граница света и тьмы прошла по заросшей шпалере. Там, с обратной стороны лозы, наступила ночь. Резко, как по команде, застрекотали цикады.

— Я вас слушаю, — сказал Афанасьев.

— Чем питаются русалки? — спросили мы.

— Выжила? — удивился Афанасьев. — Ну вы даете.

И добавил, растопырив вдруг руки, как будто собирался нас обнять:

— Вы тогда молодцы, что ли, я не пойму.

На следующее утро, едва рассвело, мы бродили по берегу с ситами в руках и собирали с кромки желтоватую морскую пену. Наверное, издали сита смахивали на бубны, делая нас похожими на шаманов, но мы понятия не имели, чем еще можно собирать пену.

На пене русалка стала быстро крепнуть, а в день, когда к нам приехали журналисты, взяла и выбралась из бокса — почему-то через окно. Хотя и дверь была не заперта.

Разумеется, журналисты приехали фотографировать тюленей, а не русалку. Про русалку мы им ничего не собирались говорить; наоборот, страшно переживали насчет вероятности ее случайного обнаружения. Мы вообще никому не рассказывали о ней, в курсе были только мы сами и Афанасьев, но тот бы точно никому не выдал ни нас, ни нашу пациентку — но вот поди же ты, как бывает: выздоравливающей русалке захотелось прогуляться, как раз когда журналисты уже собирались покинуть тюленятник, но еще не упаковали камеры.

Нам так и не удалось приучить ее к одежде; впрочем, попытки наши были столь ненавязчивыми, что русалка, возможно, просто не понимала их и не принимала оставленный в боксе халат на свой счет. Нам не было никакого дела до ее наготы, мы просто хотели исключить вероятность дискомфорта для самой русалки, но ей, по-видимому, было гораздо удобнее жить голышом. И когда из-за угла нашего дома вышла голая женщина с лапшой ниже пояса и замерла при виде посторонних, фотоаппарат одного газетчика сработал мгновенно и как будто сам по себе — во всяком случае, его хозяин продолжал стоять с распахнутым ртом все то время, пока серийно щелкал затвор его камеры.

— Это кто? — хрипло спросил в конце концов журналист. Русалка к тому моменту уже успела сбежать обратно за угол.

– Где? – уточнили мы.

– Вон там только что была странная баба.

– Мы не видели никого.

И, как ни глупо было продолжать отпираться при наличии только что сделанных в нашем дворе кадров, мы стояли насмерть: «Никаких странных баб у нас нет».

– Пожалуйста, ограничьтесь тюленями, – сказали мы журналистам, желая поскорее проводить их за ворота, – а то, что вам померещилось, удалите с флешек.

Не отнимать же у них фотоаппараты силой. Да и силы были бы явно неравны: журналистов приехало шесть человек, а нас было всего двое, не считая русалки. Но кто бы ее считал.

А напрасно.

Русалка возникла рядом с нами неожиданно, как будто из ниоткуда. Увидев вдруг воду, она издала звук, похожий на клекот, перемахнула через заборчик вольера и прыгнула в бассейн. То, что увидели журналисты, увидели и мы, и увиденное потрясло нас куда больше, чем шмель над русалочьей головой в тот день, когда Афанасьев привел нас на берег Пятого Бала. У очутившейся в воде русалки – только рябь успокоилась на поверхности бассейна – появился хвост. Он был именно таким, каким его рисуют в мультиках о русалках – толстым у основания, чешуйчатым, с раздвоенным оперением на конце, ничего, в сущности, необычного, если бы дело происходило на экране телевизора, а не в живой реальности, в метре от нас и от журналистов, ставших случайными и совсем не желанными свидетелями чертовщины, творящейся в нашем дворе. Безостановочно защелкали фотоаппараты, и кто-то уже включил свою камеру в режим съемки видео. Мы молча смотрели на происходящее, более всего желая отмотать его назад и отменить, но русалка продолжала плескаться, и опешившие было тюлени уже присоединились к ней, и вся троица весело плавала и фыркала в бассейне, и десятидневной давности полет шмеля стал пустой безделицей в сравнении с нынешним светопреставлением.

– Как вы это прокомментируете? – В тоне журналиста, первым вернувшего себе дар речи, было полно торжества. Он просто источал торжество. Оно выплескивалось из всех его отверстий – наверняка даже из тех, что были спрятаны под одеждой. Еще бы: собственными глазами увидеть русалку в частном приюте для тюленей и успеть снять ее на камеру. – Как вы это прокомментируете? – повторил он.

– Как-как, – ответили мы. – Пора переводить ее в бассейн, вот как.

А дальше случилось совсем удивительное, только мы уже не в состоянии были ничему удивляться: случилось и случилось; сперва шмель, потом хвост, теперь русалочья а капелла. Русалка запела, и ее пение загипнотизировало журналистов, а на нас не подействовало никак – скорее всего, после того памятного судного дня, когда в ожидании приговора над Валерием Тимофеевичем мы прослушали его концерт, у нас выработался иммунитет к любым разновидностям вокала. С нашей точки зрения, русалка, поглаживая присмиревших тюленей по круглым головам, лишь негромко чирикала, но журналисты выглядели оглушенными, а их глаза были совершенно нездешними. Русалка чирикала, журналисты стояли, как жена Лота, и мы спокойно, абсолютно не торопясь, методично изымали из их рук фотоаппараты. Аккуратно удалив с карт памяти скандальные кадры и видеофайлы с плавающей в нашем бассейне русалкой, мы возвращали камеры владельцам, которые даже не замечали, что их имущество побывало в чьих-то руках.

Когда с уликами было покончено, русалка замолчала, поцеловала тюленей в затылки, деловито выбралась на бетонный берег и встряхнула хвост. Мы отвлеклись на брызги, которые разлетелись от русалочьего хвоста как от мокрой собаки, а когда брызги осели, она уже стояла на ногах. В следующее мгновение русалка ловко перепрыгнула через ограждение вольера и скрылась за углом дома.

– Спасибо, – проникновенно сказал журналист, который четверть часа назад требовал от нас комментария по поводу русалки. – Вы сообщите нам, когда будете выпускать?

– Да, пожалуйста, сообщите, ладно? – попросил и его коллега, и остальные закивали: и нам сообщите, не забудьте.

Журналисты любят ездить с нами на выпуск тюленей. Мы не против, мы только за: должно же происходить что-то хорошее и за пределами Южнорусского Овчарова.

Русалка прожила у нас еще три недели. Несмотря на то, что была она уже здорова, мы не спешили увозить ее на побережье Пятого Бала – туда, откуда забрали и куда, по сложившейся у нас традиции, мы должны были ее вернуть. Целыми днями она плавала с тюленями, и каждое утро, едва рассветало, мы ехали к морю за кормовой пеной. Пену мы приносили ей прямо в бассейн. Она ела ее из трехлитровой банки руками, жмурясь и облизывая пальцы, а мы стояли возле ограждения и ждали, чтобы забрать пустую тару. А когда ей приходило в голову почирикать, она выбиралась на сушу, усаживалась поудобнее, и тюлени приходили к ней и клали морды на ее колени. Она чирикала и гладила круглые головы, и звери засыпали, убаюканные русалочьим пением. Русалка очень привязалась к ним. И однажды мы видели, как она плачет, гладя их по головам.

Выпускали мы всех троих так: в полночь – русалку, утром – тюленей. Иначе, кроме как разделить их во времени, мы поступить не могли. В наших силах было лишь сократить временной разрыв и сохранить единым пространство. Мы привезли ее туда, где через несколько часов нам предстояло выпускать тюленей – в присутствии студентов-биофаковцев и журналистов, честно предупрежденных нами за три дня до выпуска.

Русалка зашла в море по лунной дороге, явив нам напоследок картинку из тех, что так любят рисовать романтические юные художницы. Перед тем, как нырнуть в пучины, она обернулась, задрала к небу одну свою макаронину (прощальный жест, поняли мы и ответно подняли руки). Постояв так секунд десять, она легла спиной на воду и как будто растворилась в волне. Ни всплеска, ни брызг – ничего. Мы тут же сели в машину и помчались домой – нам предстояло проехать триста километров через сопки, чтобы погрузить тюленей и привезти их сюда же, хотя мы совершенно не были уверены в том, что русалка поняла наш замысел и будет ждать приятелей неподалеку. Хотя тот факт, что она так легко простилась с ними в вольере и так спокойно забралась в пикап, должен был окончательно убедить нас в ее понятливости. Но уж так устроены люди: постоянные сомнения, вечное неверие. И мы такие же, как все.

Когда позади нас было уже 900 километров, сложенных из трехсот с русалкой туда, трехсот без русалки обратно и трехсот с тюленями туда, где должна была ждать их русалка, мы уже мало что соображали от усталости. Тюлени ушли в море быстро и радостно – как уходят они всегда, уходят, будто не помня, что именно в море с ними когда-то случилась беда – нет, никаких сомнений, только морды сперва на секунду в воду: правда ли вода? Не обман ли это зрения — все это счастье, море и свобода до горизонта? — уфф, нет, все правда: вода — вода, море — море, свобода — свобода.

В глазах рябило то ли от дорожного напряжения, то ли от сверкающего под солнцем моря, и мы не можем сказать наверняка, что всплеск метрах в двухстах от берега был рожден русалочьим хвостом, а не примерещился нам; тем более, никто, кроме нас, не обратил на него внимания, хотя один журналист и вглядывался вдаль — слишком внимательно, слишком напряженно — скорее всего, он просто смотрел на горизонт, а наша мнительность нашептала нам бог весть что. Постепенно все стали расходиться: студенты — на биостанцию, журналисты — по своим микроавтобусам; мы — в пикап, в сопки, в тайгу — спать.

Потом, конечно, была осень, потом зима, потом время великой господней срани, когда ни пройти, ни проехать, а только пережидать, пока разливанные моря не схлынут с улиц Овчарова — хоть и увеличивается в деревне количество ливневок год от году, а все равно: как ни весна, так хоть на вертолете летай. Но прошло и это непролазное время, и начался период тюленьих сирот. За двумя мы съездили по звонку МЧС сами, третьего нам привез почему-то налоговый инспектор (он так и сказал: я налоговый инспектор, у меня в багажнике лежит тюлень длиной сантиметров в пятьдесят), четвертого — это был толстый, но обреченный белёк, слишком рано потерянный матерью, — доставили в одноколесной тачке овчаровские рыбаки, а пятого мы нашли однажды утром на крыльце дома — просто вышли во двор и обнаружили его возле входной двери, тощего, умирающего, с рваной раной от загривка до лопатки. Успели, конечно, спасти, потому что смерть опять проскочила нужный поворот, а пока искала дорогу, кто-то ее опередил — так спешил, что даже не обулся, так и шел к нам босиком, прямиком через сад, по мокрой от росы траве, по кирпичной дорожке, по дощатой дорожке, по гравийной дорожке, мимо собак, в обход, к крыльцу, и на крыльце тоже наследил.

А в июле, когда уже можно было начинать планировать выпуски — пятерых тюленят предстояло отпускать на волю в две очереди, — у наших ворот остановился мотоцикл «Урал» без люльки, и в забор позвонили.

— Смотрите, — сказал колдун Афанасьев, когда мы вышли к нему на улицу, — какую я жабу-то в саду встретил.

И протянул нам трехлитровую банку, на дне которой сидела австралийская голубая квакша с надменным и гордым, как у суринамской пипы, лицом.

КОТ С БОЛОТ

— Ветер в харю, — говорит Лена, — а я вся такая в сопку. Там дорога же резко вверх. А дышать-то неееечем, а ножки-то слааабенькие. Еду: ыть, ыть, ыть. Не хочется слезать ведь. Там. Особенно.

Ыть, ыть. Ага.

Марина спрашивает:

— Ну как, получилось вчера?

— Неа, — Лена отвечает, — только до середины.

— Ветер?

— Ну.

Марина сочувственно кивает. Лена очень ценит, с каким уважением мы все отнеслись к ее заскоку.

– Я бы, – говорит Марина, – в такую погоду сроду не.

Ну да. Воздух минус три, море плюс пять, влажность 79%, ветер северо-западный до 24 м/сек.

– Так теперь до апреля теплее не станет.

– Ну вообще-то да.

Ноябрь на ноябрь не приходится. Иногда уже в начале месяца наступают настоящие зимние морозы, превращающие болота слева от трассы в мутные зеркала неправильной формы. Море держится еще долго, дымясь по утрам. Синтепоновые облака пара висят над водой, а в разрывах видно синюю воду с белыми барашками: не море, а котел с закипающей похлебкой. Тот ноябрь был именно таким – снег выпал числа десятого и больше не растаял, но северняк быстро сдул его с ровных мест к обочинам дороги, забив им щели между кустами. Ни одной живой душе в такой ноябрь не хочется высовывать нос из укрытия: ни в лесу, ни на болотах не встретишь иную птицу, кроме разжиревших, а потому устойчивых к холоду фазанов, сливающихся оперением с рыжими колтунами осоки и опавшими лиственничными иголками.

Ыть. Ну еще чуть-чуть. Ыть. Ыть! Ыыыть!!! Ыыыыыыыыыыы!..

Ну вот примерно так мы себе все и представляли. Здесь бегом. Налево не смотрим. Нет, нет, нет, не смотрим налево, и не уговаривайте, нет, нет, нет. Что ж мы, болота не видали, что ли. Фу... Вниз.

Жжжжжжжжжжжжыыыыыыыых!

Уффффффффф.

Лена, конечно, молодец. Да и Марина молодец-молодец. Когда мы только что перебрались в Овчарово, то и общались-то лишь друг с другом. Экс-городские. Увидели друг друга сразу, издалека, как сразу видят друг друга рыбаки и вампиры. Сначала пару раз встретились случайно – в магазине, на почте, – а потом начали улыбаться и знакомиться. У нас в Овчарове все бывшие городские друг друга знают, абсолютно все.

Лена приехала в Овчарово за год до нас. Марина – через два года после. У Лены муж и двое полувзрослых сыновей. У Марины муж, взрослая дочь и толстая задница в анамнезе; муж и дочь Марину устраивали, а задница нет. Отросла, поганка, за два года, потому что в Южнорусском Овчарове нету тренажерного зала. Мы тут все худеем летом, а зимой черт знает что.

– Это потому что зимой мы мало двигаемся и много жрем, – говорит Лена истинную правду. Она у нас немножко кэп-очевидность, милый кэп всегда прав, и данный случай не исключение. Дело в том, что у нас, экс-городских, в домах и бойлеры, и вода в кране, и унитазы, и посудомоечные машины – полная европа. Но летом еще и огороды, и сады, и велосипеды, и море в двух шагах. А зимой ничего у нас нету: бедно живем зимой. И сходить некуда, сидим по своим европам тридцать лет и три года, пять месяцев с ноября по апрель, да печем пироги с блинами.

Марина первая купила велотренажер.

– И далеко ты на нем собралась? – неожиданно пошутила Лена.

Лена обычно не шутит.

– О, – отвечает Марина, – это, кстати, очень даже мысль.

Вот так: сперва Испания, потом Греция, потом Португалия. И однажды Марина показывает жопу в обвисших джинсах: Ммм? Ого! Ну ничего себе, как сильно меньше.

– Я тоже так хочу, – сказала Лена. – Ну-ка, расскажи поподробнее?

Потом Марина съездила по карте вверх и снова налево. Говорит:

– Ну, я уже много где побывала.

Мы заметили. Чем больше документальных фильмов про путешествия смотрела Марина, тем тоньше делалась ее задница. Подъезжая на велотренажере к Скандинавии, Марина полностью сменила гардероб. И тогда Лена тоже решила купить себе велотренажер.

– Только я не в Европу, я тут прям покатаюсь, молча, – сообщила нам она.

Нам показалось, что это будет немного скучно, но мы промолчали. В конце концов, Ленины аргументы были вполне рациональными.

Дорога из Овчарова в Пятый Бал идет кольцом: сперва туда, затем обратно. Обратно хуже, потому что из Пятого Бала в Косой переулок надо ехать лесом, а в лесу – «шел я лесом, видел беса, бес вареники варил» – лесом Лена тоже ездила, хотя за неделю до начала ее тренировок в лесу повесился какой-то городской мужик. Где именно он повесился, Лена не знала и знать не желала, потому что могло статься, что повесился он везде, а Лене потом ездить непонятно как. Лена два или три дня спокойно ездила лесом, пока ей не надоело все одинаковое, и тогда она стала учиться заезжать в горку по дороге из Пятого Бала в Овчарово. Вниз там хорошо: раз – и все, только ветер в ушах и, конечно, не дай бог рот раскрыть – щеки порвутся. А вверх другое дело. Например, можно с разгона: ыыыыыыыыыыыы... ть. ть. ть. Ну ладно, ладно. Все, хватит. Здесь приходилось идти ногами. Так быстрее.

Испания у Лены была под запретом, да и все остальное тоже, потому что Лена хорошо относится к миру.

Она прекрасно относится к разным странам и городам, и ее страшно бесят передачи о путешествиях — Лена всерьез убеждала нас, что снимать их нужно без ведущих.

— Ведущие способны испоганить любую страну, любой город, — говорит Лена досадливо, — потому что совершенно не умеют ходить с закрытым ртом. ...Нет, вы понимаете? Этот треп, этот их ужасающий треп, который можно пресечь лишь жратвой.

И действительно: звукорежиссеры время от времени подкидывают ведущим продовольствия, и те ненадолго умолкают. Ведущие жрут все подряд. Бычатину в Мадриде. Личинок шелкопряда в Пекине. Не особо и позавидуешь.

— Да им без разницы, — говорит Лена, — им абсолютно наплевать, что запихнуть в рот. Им главное пожевать и проглотить — а потом посмотреть на камеру и сказать: «мммммммм».

Марина кивает. Просто так, в поддержку Лене. Марину ведущие не раздражают. Это Лена решила выбрать другой путь. Она торговалась с семьей за покупку домашнего кинотеатра, но ее победили: на полуотапливаемую веранду Лене вынесли телевизор, у которого давным-давно сломался звук. И Лена вполне удовлетворилась. Действительно, зачем нужен непременно кинотеатр, когда тренировки пролегают через такую молчаливую, без ведущих, местность? Новенький велотренажер установили на веранде, и Лена спускалась к нему, чтоб погонять по деревенским окрестностям.

Сперва, конечно, была предпринята подготовка фактуры. Ярким морозным днем Лена проехала по пустым деревенским дорогам на машине, сканируя путь на видеорегистратор. Проехать надо было относительно медленно, но это как раз не проблема: у нас в Овчарове проблема в том, чтобы проехать быстро. Единственный хороший участок находится между Лехиным магазином на повороте в Пятый Бал и гамизовской пирамидой в самом Пятом Бале. Как раз посередине этого пути и расположен крутой спуск – это если ехать «туда» – и тяжелый, невозможный с точки зрения толстого неофита подъем, если возвращаться этой же дорогой из Пятого Бала в Овчарово.

Довольно тепло одетая, Лена включила старый телевизор, запустила демонстрацию новой записи и села на тренажер. Сначала она выбрала скорость для ровной местности. Дорога сперва действительно шла очень ровно, и ехать было легко и приятно, и ветер дул не в харю, а в спину. Лена легко миновала центр с его Домом культуры, площадью, пятиэтажкой, где первый этаж занимает магазин «Ермак» – когда-то это был единственный в нашей деревне гастроном, а теперь под старой вывеской чего только ни гнездится: и строительный, и оплата телефонов, и продуктовый, и лавка с хорошей выпивкой и дорогим шоколадом; затем идут киоск «Канцтовары» и небольшой галантерейный магазин – вот и весь центр. С этого места дорога бежит чуть-чуть под уклон, и Лена переключила скорость, сдерживая педали тренажера перед поворотом (справа на углу – магазин «Лагуна»). Дальше надо было ехать вперед, к Пятому Балу, мимо Суханки, торцом выходящей к трассе, мимо кладбища, мимо, мимо. Задачей было – не останавливаться. Ни здесь, ни – на обратном пути – на подъеме близ болот.

Тренировалась Лена по вечерам, и в тот раз, непоздним вечером 12 ноября, у нее опять не получилось не остановиться. Лена, как честный человек, добросовестно регулировала скорости с учетом встречного ветра и подъема в гору. Глядя в экран, она корячилась изо всех сил, сопела, как паровоз, вставала на педали всем весом, лишь бы не потерять ход — и все равно его теряла. Когда на очередной оборот педалей у нее не хватило сил, Лена слезла с тренажера, как слезла бы с велосипеда. Слезла — и ощутила под подошвой кроссовки снег.

Лена посмотрела себе под ноги, затем огляделась. Она стояла посреди фрагментарно заснеженной дороги. Слева шел длинный бетонный забор предприятия по изготовлению рыболовных сетей, а справа лежали болота, покрытые колтунами и патлами осоки. Держась за руль тренажера, Лена трогала кроссовком асфальт и мечтала проснуться. Синие сумерки прямо на глазах делались темно-фиолетовыми.

— Мама, — сказала Лена.

За то, чтобы все это оказалось сном, Лена в тот момент отдала бы все свои долгие зимние вечера, в деревенской тишине и покое которых отрастает задница; однако, как пишут в книжках, «это был не сон».

Сперва ее потрясла ужасающая глупость ситуации. Лена совершенно не понимала, что делать с тренажером. Тяжелая железная штуковина стояла посреди проезжей части, по которой в любой момент могла промчаться машина. Почему она его не бросила и не рванула домой — наискосок, по Суханке, это десять минут неловкого бега, — а осталась стоять рядом, ногами на заледенелом асфальте? Лена говорила позже, что совершенно не понимает, откуда в ее голове возникла мысль, что боевого коня нельзя бросать в беде, что надо либо пристрелить его, либо до конца оставаться рядом. Так или иначе, потоптавшись рядом с велотренажером, Лена в полной растерянности взобралась на его сиденье и сжала руль. Никто, по счастью, не ехал ни навстречу, ни сзади. И тогда ей стало очень, очень одиноко. Лена поняла, что не сможет позвонить ни домой, ни нам, ни Марине – потому что телефон ее остался на веранде, а она – тут, между забором и болотами, на велотренажере, в сумерках ноябрьского вечера – и объяснить произошедшее она не сможет никому на всем белом свете, а свет прямо на глазах делался синим, и болото, сверкнув закатным золотом, подернулось красным, а затем стало быстро исчезать в фиолетовой мгле. Именно в момент, совпавший с точкой наивысшего Лениного отчаянья, со стороны сгинувшего во тьме болота на дорогу вышел котенок и, громко мяукая, направился к Лене. Увидев котенка, Лена заорала, изо всех сил наддала на педали и въехала на апогей пригорка.

Оттуда, с верхотуры, уже было запросто. Жжжжжжжжжжжыыыыыыыых!

Уффффффф...

Ноги дрожали. Руки тряслись. Обожженные морозным воздухом легкие не справлялись с задачей. Экран показывал синий прямоугольник – даже если бы Лена догадалась снабдить свой фильм титрами, они бы давно прошли. Все кончилось, и только Лена не могла перестать крутить педали.

– Что это было? Нет, ну правда: что это было?!

Лена задавала этот вопрос, не слушая наших ответов. Ответов, впрочем, было немного – все они беспомощно болтались в диапазоне от «тебе, может быть, показалось» до «тебе наверняка показалось», хотя сами мы не верили в то, что говорим; нам просто хотелось успокоить Лену. Не успевшая похудеть Лена так плотно укомплектовала себя в кресле, что даже свободное местечко оставалось на сиденье, можно было присесть рядом. Лена, отличавшаяся от всех нас удивительной прямолинейностью в восприятии мира, не могла сочинить себе ни болотного котенка, ни перемещения себя с веранды на дорогу, ни того ужаса, который мы продолжали видеть в ее глазах; иначе говоря – то, с чем мы имели дело, явно было реальностью, просто эта реальность попала не по адресу. Такое приключение должно было произойти с кем-то из нас, но досталось Лене.

– Дай-ка я, – сказала Марина. – Дай я попробую туда съездить.

Мы гурьбой спустились на веранду. Лена включила экран и поставила запись трассы. Хорошо натренированная Марина оседлала велотренажер. Мы стояли сзади и смотрели на дорогу.

Сперва асфальт бежал ровно и очень резво, и солнечный осенний полдень играл на лобовых стеклах редких встречных машин. Оставив позади себя «Ермак» и галантерейную лавку, дорога пошла под уклон, затем обогнула Лехин магазин и рванула к Пятому Балу. Слева и справа шли домики, огражденные разнокалиберными заборами: от штакетников с шатающимися и даже отсутствующими зубами до солидных краснокирпичных конструкций, сообщающих, что их владельцы не вам чета. Человеческое жилье, расположенное по правой стороне дороги, заканчивается метров за двести до кладбища, а те дома, что идут слева, отступают вглубь, пропуская вперед себя собственные огороды и казенную гвардию дубов и берез. Но одиночество путника не долговременно на этом участке трассы: вскоре в левый ее бок ввинчивается улица Суханка, чьи крайние дома отражают окнами кресты и пирамидки ближайших соседей, обитающих у противоположной обочины. Затем дорога плавно, почти незаметно снижает градус на протяжении как минимум километра – и резко ныряет в низину: так, что перед вашими глазами вдруг раскрывается море; отсюда до него метров пятьсот, не больше.

Разворачивается Марина на берегу, позади гамизовских владений, разворачивается и едет назад тем же путем, по которому и приехала к морю. Теперь болото будет слева, а изготовители сетей – справа. Доехав до взгорка, Марина ни на секунду не останавливается и едет дальше, и осенний полдень, подгонявший ее в спину, теперь сверкает ей прямо в лицо.

Ничего не произошло. Марина слезла с велотренажера, не доехав до Лехиного магазина метров двести. Смысла не было ехать дальше: на экране продолжался документальный фильм про Южнорусское Овчарово, и каждый поворот, каждая кочка были знакомы нам так же хорошо, как если б мы ездили этой дорогой с детства.

– Был котенок, – говорит Лена.

– Так у тебя еще и вечер был, а тут вон аж слепит все, – говорим мы. – Кстати, а что страшного в котенке?

Мы верим и в котенка, и во внезапный вечер тоже верим, но не можем объяснить Лене произошедшее. Лена непременно хочет подробностей. Нам неоткуда их взять.

– Не поеду туда больше, – говорит Лена. – Сниму себе другую дорогу, да и все.

– А котенок? – говорит Марина. – Он же маленький. Выйдет на Суханку, собаки его порвут.

– Я думаю, может, его правда не было? – сдается Лена.

На следующий день, 13 ноября, она запланировала повторить поездку, но попросила нас быть с нею, на веранде. Мы приехали часам к трем дня. Лене показалась опасным дожидаться вечера: в конце концов, день, наложенный на день, в сумме должен был дать удвоенный день. Более солнечный. Более дневной. Но дело оказалось ни во времени суток, ни в нашем присутствии – ни в чем вообще: просто оно жило само по себе и само решало, кого куда и к кому пустить. Лена оделась еще теплее, чем накануне, включила запись и, сильно страдая от страха и боли в мышцах, села на тренажер. «Туда» ей далось легко; а вот «обратно» педали перестали крутиться сантиметрами тридцатью выше давешней точки. Задыхаясь, Лена слезла с тренажера на пол веранды.

– Уф, – сказала она, – проехала, что ли.

14 ноября, без свидетелей в нашем с Мариной лице, у Лены получилось слезть с тренажера в те же сумерки, что были в первый раз. Но теперь она едва успела отскочить к обочине, как ее ослепили фары, и мимо, не снижая скорости, промчалась «Хонда-Цивик». Дождавшись, пока проедет машина, на дорогу вышел котенок. Лена успела его разглядеть: он был полосатым, он открывал рот и беззвучно мяукал.

В гору она взлетела хоть и тяжелой, но все же птицей.

– Больше не поеду, – сообщила она нам.

– Лена, скажи, что страшного в котенке? Чем может напугать котенок взрослую женщину, вооруженную велотренажером? – допытывались мы.

Лена пожимала плечами, разводила руками и не отвечала ничего путного.

– Он не живой, – говорила она. – У него взгляд как у мертвяка.

– Ему просто холодно, Лена, – отвечали мы. – Просто очень холодно.

За котенком съездили мы с Мариной. Поехали на ее машине; предложение Лены отправиться к болотам на ее велотренажере мы отмели, как исчерпавший себя способ обнаружения места.

Точку, в которой Лена каждый раз теряла скорость и вынужденно прекращала крутить педали, мы назначили довольно уверенно и не ошиблись. Котенок появился минуты через две. Он был полосат, он был тощ, он еле слышно мяукал. Марина цопнула его с асфальта как ястреб и сунула в приготовленную на заднем сиденье коробку. Но едва она успела сделать это, как на дорогу вышел еще один котенок. Он был полосат, он был тощ, он еле слышно мяукал. Мы сказали: «Ого», – и второй котенок отправился в коробку к брату. Третий котенок вышел на дорогу, когда Марина включила левый поворотник, давая понять отсутствующим сзади участникам дорожного движения о своих намерениях тронуться в путь. Четвертого кота мы подождали минуты три: он вышел на дорогу буквально в последний момент, когда мы уже готовы были ехать прочь. Пятый появился вслед за шестым. Седьмой отставал на целых пять минут, но мы отчего-то уже знали, что он непременно будет. Точно так же мы четко знали, что котята кончились, когда в коробке их сидело уже десять. Десять полосатых тощих котят, непрерывно мяукающих хриплыми истеричными голосами. Но мы все же выстояли на трассе контрольные двадцать минут, проверяя окончательность числа «10».

Пять котов живут в нашем доме, пять в доме Марины. Они выросли, заматерели и даже были стерилизованы – от греха подальше. Лена категорически отказалась принять свою долю котов, хотя мы были согласны отдать ей меньшую часть, оставив себе по четыре.

Кроме того, Лена больше не дружит с нами. Сперва она прекратила приезжать в гости к нам и к Марине, объясняя это тем, что полосатые наши котята напоминают ей о том котенке, что напугал ее, выйдя на трассу к велотренажеру. Нет, ссоры не случилось: просто мы перестали встречаться даже всяким случайным образом – в магазине ли, на заправке или где-нибудь еще, где чаще всего встречаются односельчане, бросаясь друг к другу с поднятыми руками и возгласом «бааа, кого я вижу». Так само получилось. Иногда нам не хватает ее компании, но даже тогда мы не предпринимаем никаких действий по восстановлению контактов: дороги сами знают, когда кого куда вывести. Тем более, мы с Мариной втайне, не признаваясь друг другу, негодуем на Лену за то, что она не подобрала того котенка, хотя с ним все в порядке.

С ним действительно все в полном порядке. Все наши десять котов совершенно идентичны друг другу. У них одинаковое коричневое пятнышко на зеленой радужке левого глаза, одинаковый микроскопический шрам на правом ухе и одинаково отмороженный кончик хвоста. Наш кот просто очень хотел выжить там, на болотах, и выжить у него получилось немного чересчур хорошо, но это – здесь мы с Мариной совершенно согласны друг с другом – не повод его бояться.

БОРЩ СО ВЗБИТЫМИ СЛИВКАМИ

Ежик деловито бегал по веранде и срал чем-то синим, не синим даже, а лазоревым — красивый цвет.

— Кто ежу чего давал?

Плечами пожимают. Кто ежу давал: да никто, еж сам берет, не маленький. Ел улиток из коробочки, это все видели, чавкал ими как свинья, а потом пришел под стол и съел половинку яйца, оброненного Михасем. Но улитки коричневые, немного сиреневые на просвет, яйцо — белое с желтым, а кал такой, будто кусок мартовского неба под стол уронили, а еж подобрал и сожрал. Чувствовал он себя вроде неплохо, судя по виду. Вид был обычный: недовольный.

И никто не сознаётся. Михась весь в инстаграме: «У нас тут еж бегает по веранде и срет чем-то синим», — сфотографировал планшетом ежа (отдельно), праздничное ежовое дерьмо (отдельно), запостил фотографии и теперь ждет, когда кто-нибудь лайкнет. Елена заглянула через Михасево плечо в планшет и ударила брата яблоком по голове. Михась, не оборачиваясь, пихнул Елену локтем и сказал:

— Отвали.

Тетя Шура убрала за ежом салфеткой и пошла выбрасывать ее в мусорку. Нет, это не она ежу синего дала: наоборот, она бы сказала, если бы видела, что еж ест необычное. Дядя Слава сидел на ступеньках, босыми ногами в траву, и читал бумажную газету. Он тоже не кормил ежа; он вообще вряд ли знает, что в семье есть еж; иногда кажется, что дядя Слава не в курсе, какое нынче время года. Еще есть бабушка и дедушка, но они ушли вздремнуть. Хорошо бы, если в одну комнату, а не в две разные: в доме буквально пустого угла не найти, везде кто-нибудь есть — или спит, или жрет, или торчит в интернете, или торчит в интернете и одновременно жрет, или смотрит телик, или заперся в уборной. Кажется, будто не шесть человек приехало вчера, а тридцать пять.

Но нас тут всего семеро. Седьмой — я. Точнее, я первый, а Петренки приехали. Нет, не совсем ко мне, конечно. Дом, в котором я живу, юридически принадлежит им. Три года назад тетя Шура позвала меня поселиться в их овчаровском доме, потому что они городские. Можно подумать, я такой уж деревенский. Но я согласился, потому что как раз накануне мне стало негде жить. Так получилось. И вот теперь они и сами приехали. Мне сказали: Саша, ты можешь спокойно погулять, мы пока тут побудем. Они это от чистого сердца предложили —

мол, присмотрим за домом, устрой себе каникулы, – но я остался. Мне пока никуда нельзя ехать, и странно, что тетя Шура об этом забыла. В общем-то, они хорошие люди – за стол с собой зовут всегда. Хорошие. Только шумные. И много их сильно.

– Сашка как будто похудел, – сказала тетя Шура. – Тебе не кажется?

– Шура...– Вячеслав Иванович вздохнул тяжело. – Ну перестань, пожалуйста.

– Похудел-похудел. И бледный. Вроде вот на свежем воздухе постоянно, почему бледный? Питается как попало, наверное. За столом пока, смотрю – ничего не поел практически.

– Шура!!!

– Слав, ну ты отрицаешь очевидные вещи же, почему ты такой, а?

– Шура. Шура. Шура. Я не хочу об этом говорить.

Я все слышу. Это моя беда: у меня не уши, а локаторы, настроенные на малейший шорох. Голоса Петренок доносятся до меня отовсюду, и я боюсь, что привыкнуть к этому мне будет очень сложно. Дядя Слава большей частью молчит, зато ходит так, что половицы прогибаются под его ногами, и стон их отдается в моей голове физической болью. Тетя Шура, наоборот, ходит бесшумно, почти не касаясь ногами пола, но говорит таким громким шепотом, что меня почти сносит звуковой волной. За те три года, что я живу в их доме, я совсем отвык от присутствия людей. Иногда мне кажется, что и сам я почти перестал быть человеком. Меня не пугаются лесные коты: приходят во двор и, глядя мне в глаза, ссут на гараж. Может, думают, что я тоже лесной кот, которому надо показать границы ареала? Мол, парень, живешь в доме – живи, а на двор и на гаражные ворота не зарься, это наше? Однажды, когда их собралось во дворе штук пятнадцать, я вышел и демонстративно поссал на гараж. У котов сделались такие каменные лица, будто они все палата лордов, а я, официант, присел к ним за стол и отхлебнул из чьей-то чашки. Мне даже стыдно стало. Честное слово: такой неловкости я не испытывал с тех пор, как лежал в больнице и сестра-практикантка ставила мне катетер, стараясь не смотреть на то, что у нее в руках, и поэтому смотрела мне в глаза.

– Шура, – говорит дядя Слава, – я не хочу об этом говорить.

А придется.

– Мам, почему мы совсем сюда не переедем? – Елена крутится на кухне, уверенная, что помогает готовить ужин. – Здесь так здорово! И у бабушки с дедушкой своя комната есть, и у меня, и у Михасика, а дома мы все друг у друга на головах. Давайте переедем? Не только пока ремонт, а вообще. Давай?

– Подай, пожалуйста, лавровый лист. Он вон там, в литровой банке, за сахаром.

– Мам?

О боже. У них, оказывается, ремонт. Значит, я был прав: только тетя Шура более-менее понимает. И то я не уверен.

– Саша, – говорит тетя Шура, когда дочь вышла из кухни, – ты очень мало ешь и совсем перестал ухаживать за твоим местом, а кто это будет делать?

Все перепутала. Я должен ухаживать за их домом, и я это делаю очень хорошо. При чем тут место? Я уж и найти его не смогу, наверное. Да и зачем.

– Теть Шур, – говорю, – кто еще думает, что у вас в квартире ремонт?

Молчит. Ясно: так думают все. Она им не сказала.

Это значит, ей одной придется поухаживать за местами всех членов семьи. В самом начале важно, чтобы все было в порядке, это потом можно забить. Конечно, я ей помогу в меру сил, если в одиночку ей будет тяжело. Хотел спросить ее о настоящей причине приезда, но передумал. Решил: и без нее уточню. Уточнил, конечно. Тоже мне секреты.

На ужин тетя Шура приготовила сладкие рисовые котлеты, а на гарнир к ним — гречневую кашу. На обед был борщ с малиновым вареньем и взбитыми сливками, на завтрак — яичница, приправленная какао-порошком. Я знал, что чуть погодя все войдет в свою колею, примет более-менее нормальную форму, но пока вот так. Еще бы я это ел, ага. Дернулся было приготовить на всех что-нибудь приемлемое, но подумал, что нет смысла: я просто не знал, что для них приемлемо, а что нет. Пусть уж шоколадная яичница, так безопаснее.

Ужинали на веранде. После ужина (Саша, съешь хотя бы котлетку) пришел еж и нагадил синим. Посмотрев на дерьмо, бабушка засмеялась и сказала:

— Мать моя, ну наконец-то я увидела, как ежики серут, — дедушка сделал ехидное лицо и ответил ей:

— Поздравляю, — Михась хмыкнул и уткнулся в планшет, остальные не отреагировали никак. Я подумал, что бабушка ближе всех, и угадал — через неделю ей предложили путевку в хороший санаторий, но она сказала, что без дедушки ей санаторий на черта не сдался, дедушка сперва заупрямился, но вынужден был согласиться, так как лечиться в разных с бабушкой санаториях ему тоже не хотелось. И они уехали вместе.

Как это происходило, я пропустил: отвлекся на ежа, который снова нагадил синим; я наклонился, собрал ежовое дерьмо пальцем и, повинуясь мимолетному хулиганскому импульсу, намазал на стене знак бесконечности. Получилось красиво и загадочно, а на следующий день я увидел рядом с моим синим знаком бесконечности еще один синий знак бесконечности: его прямо при мне рисовал дядя Слава, так же, как и я, окуная палец в ежовое говно.

После отъезда бабушки и дедушки в доме сделалось посвободнее. Уже можно было без труда найти комнату, где никого нет, но я все равно не мог остаться в одиночестве надолго, потому что за мной, как привязанный, ходил печальный и злой Михась, которого с момента приезда в деревню, с самой первой фотографии ежа, не комментировали и не лайкали в инстаграме.

— Этого не может быть, — бубнил Михась. — Двести семь друзей, и прям чтоб никому ежик не понравился, ага.

Но окончательно он разозлился после того, как разослал друзьям запросы на дополнительную жизнь в какой-то новой игрушке — при мне такой еще не было — и не получил ни одной. «Как это трогательно и символично, — подумал я, — просить игрушечную жизнь в сложившихся обстоятельствах».

Довольной абсолютно всем была только Елена. Мне даже стало казаться, что она все понимает, но я по собственному опыту знал, что это просто невозможно: слишком мало прошло времени после того, как они приехали. Хотя тете Шуре времени для понимания не понадобилось совсем, но она совершенно особенный человек, она все понимала, еще когда до ее приезда сюда оставалось целых три года. И когда к ней приперся я.

— Ах ты ж боже мой, — сказала мне тогда тетя Шура. — Тебя же никуда не пустят, где же ты жить будешь?

И велела мне стеречь этот дом — пока что-нибудь не изменится. И оно изменилось: сперва стали приходить лесные коты, потом поселился ежик, которого я кормил улитками. Коты с приездом семьи приходить перестали, а ежик начал гадить синим, так что изменений случилось уже как минимум два. Даже три: Михась нарисовал синим ежовым говном третий знак бесконечности. И, несмотря на все эти перемены, я не чувствовал, что они как-то касаются моей собственной судьбы.

– Тетя Шура? – Я в конце концов улучил момент, когда Михась где-то замешкался. – А как так получилось, что вы приехали все сразу?

Тетя Шура вопросу не удивилась. Или не подала виду.

– Ты знаешь, Саша, – ответила она, – я этого совершенно не помню. Как отрезало. Понимаешь?

Я сперва промолчал, а потом, конечно, кивнул. Я тоже не помню, почему три года назад выбрал сделать так, как сделал. И тоже – как отрезало.

– Пойдем-ка сходим с тобой, твое место в порядок приведем. Пока Слава спит и дети где-то гуляют.

Я не хотел никуда идти, но перечить тете Шуре не стал. И мы с ней сходили сначала ко мне – и тетя Шура, пока я стоял, как болван, протерла мое имя и повыдергала всю старую траву вокруг него, а потом мы пошли к ним, и еще издали увидели Михася и Елену.

– Мам! – крикнул Михась, обернувшись на наши шаги. – Смотри, какая ржака! – И показал пальцем на шесть мест.

Елена ударила брата яблоком по голове.

– Он так радуется, потому что понятно теперь, почему его никто не лайкает, а то он думал уже, что ежик – фигня, – сказала она и откусила от яблока. Оно у нее всегда с собой.

«Конечно, ржака, – подумал я, – еще бы не ржака».

Отваживаться на более глубокую мысль мне было лень.

Потом мы вернулись домой, где дядя Слава пытался приготовить ужин из рыбы, но не понимал, что должно пойти в пищу: куски рыбы слева или кишки и рыбья голова справа.

— Шур, — сказал он, — что варить, это или это?

— Давай лучше пожарим, — сказала тетя Шура и сгребла обе кучи на сковородку.

От ужина я отказался и, несмотря на раннее еще время, пошел спать — в ту комнату, что выходит окном на гараж. Эту комнату я люблю больше других: отсюда видно почти весь двор и лесных котов, когда им приходит в голову припереться. Их не было с тех пор, как приехала семья, поэтому я даже обрадовался, когда увидел полосатый хвост, мелькнувший и скрывшийся за углом гаража. Это был хороший знак. Я лег и действительно уснул, а когда проснулся утром, то в доме уже никого не было. Я это почувствовал, можно было не проверять. Я вылез во двор через окно, обогнул дом и вошел на веранду, весь пол которой был обгажен синим. Еж как ни в чем не бывало хрустел в углу веранды яблоком.

Тогда я вышел во двор, поднялся насколько смог и посмотрел сверху, чтобы оценить подробности.

Мой дом — крайний, наполовину вдавленный в лес. Он стоит к Косому переулку передом, а к лесу всем остальным периметром. Дом выглядит не страшно, даже приветливо. Наверное, потому, что Петренки никогда в нем не жили постоянно, а лишь использовали как дачу, да и то последние годы не появлялись. Как я и думал, вся семья вышла на катере в море и сперва пропала без вести, а потом нашлась, но дом как стоял, так и стоит, и стекла в нем целые, и труба на месте, и крепкие на вид стены — снизу доверху в синих кляксах, не покосились и не растрескались, и никто в него не суется, хотя участок огорожен легкомысленным штакетником. Я спустился на дорогу – посмотреть на участок с точки зрения проезжающего мимо велосипедиста. Сквозь штакетник видно все, что происходит во дворе. А во дворе у меня происходят сорняки, ржавые качели, беседка с сорванной давним тайфуном крышей и гараж с заржавленными воротами. В нос велосипедисту ударяет запах кошачьих меток – лесные коты считают мой дом своей собственностью, у них тут что-то вроде Гайд-парка: обычно страшные территориалы, коты собираются в нашем дворе стаями, густо метят гараж и долго толкуют о чем-то заунывными, толстыми голосами.

Я вернулся на веранду, обмакнул палец в ближайшее дерьмо и нарисовал на стене еще один знак бесконечности.

КТО ПОКОРМИТ РЫБНОГО ФИЛИНА

— Смерть, — кивает Ася, — почти ж не отличается от жизни, только силы больше, а потребностей меньше.

Ася знает, о чем говорит: у нее два мертвеца в работниках. Муж и жена. Нестарые еще, раннего пенсионного возраста. Зульфия и Самат. Мы не спрашивали, где она их подобрала, но знаем, что они у Аси уже три года, живут в маленьком домике в саду, Ася его сама построила и сама в нем обитала, пока настоящие строители строили большой дом.

Сейчас Ася живет в большом доме, а мертвецы в маленьком. Все там есть, в том домике: вода, туалет. Две комнатки, кухня отдельно. Сперва была одна комната, но Самат перегородку поставил, им с Зульфией так удобнее показалось. Зульфия у Аси по хозяйству, а Самат все снаружи: сад на нем, мелкий ремонт какой-нибудь, стрижка газона. Или снег, если зима. Ася зимой уезжает обычно, и мертвецы приглядывают за домом и собаками. Собак у Аси шестеро, и столько же котов. Сперва все они относились к Зульфие и Самату настороженно, а потом привыкли. Наши мертвецы живут не в таких роскошных условиях: дом у нас один-единственный, и для Энди с Сережей мы купили двадцатифутовый контейнер.

Энди и Сережа разбились в предновогодний гололед на аэропортовской трассе. Парни сидели на обочине такие растерянные — невозможно было не остановиться. Мы и остановились; первым в машину сел более решительный Энди, потом Сережа, но мы еще минут десять никуда не ехали — ждали, когда умрет их пекинес, у него была ужасно долгая агония, мы всю машину выстудили, пока он к ним на заднее сиденье запрыгнул. Сережа тогда сказал:

— Ну все, можно ехать.

И взял собаку на колени.

Мы поехали, а по дороге договорились, что жить они останутся у нас, но не с нами, а как-нибудь отдельно, потому что так всем будет лучше. И тогда Энди сказал:

— Может быть, контейнер купить?

И мы купили контейнер прямо в тот же день — просто позвонили по объявлению, и нам его привезли на большом грузовике с краном, и выгрузили за забор. Контейнер нам достался очень дешево: на терминале была рождественская распродажа, плюс частично можно было расплатиться накопленными бонусами с кредитки. Потом началась череда этих дурацких праздничных дней, когда везде все закрыто, и первое время мертвецы спали прямо на матрасе, брошенном на стальной пол. Но не унывали. Потом, после праздников, мы докупили им в контейнер все необходимое: пенополистирол для утепления, сайдинг для красоты, окна для света, дверь, чтоб входить и выходить. Отдали свою икеевскую кровать, кое-какую посуду, постельное белье. И старое кресло для пекинеса.

Унывать Энди с Сережей начали ближе к весне, и не унывать даже, а как-то меланхолично истончаться: иногда казалось даже, что через них видно. Правда, наваждение быстро проходило, хоть и оставляло после себя неприятный тревожный осадок. Никто из нас не помнит, кому первому пришло в голову спросить их, что с ними не так; но факт, что вопрос был задан, и проблема в конце концов решилась. Оказалось, что у Энди, Сережи и их пекинеса начал подходить к концу ресурс, но ни они сами, ни, тем более, мы понятия не имели, чем обычно поддерживают жизнь в мертвецах. И тогда Энди сказал:

– Надо у кого-то спросить.

– Надо спросить, – повторил Сережа, – в том доме под зеленой крышей, на углу, там надо спросить. А то спать все время хочется.

В доме на углу, под зеленой крышей, жила Ася.

– У Аси спросить? – удивились мы. – Откуда ей это известно?

– Она двух мертвецов кормит, – ответил Энди. – Судя по всему, довольно давно.

Мы чуть в обморок тогда не упали, честное слово. Два мертвеца у Аси? Зульфия, которую мы то и дело подвозим до дома? Самат, с которым обмениваемся саженцами и цветочными луковицами?

– Хорошо выглядят, да, – сказал Сережа. – Как живые. Сходите, а?

Мы, конечно, решились не сразу, хотя понятно было, что идти придется. Но в голове не укладывалось, каким образом начать разговор с дальней соседкой, с которой до этого лишь здоровались, но никогда не имели бесед длиннее вежливого small-talk? «Ася, простите, чем вы кормите своих мертвецов?»

— Ася, — сказали мы, — тут такое дело.

Пока мы рассказывали про аварию на аэропортовской трассе, не сразу умершего пекинеса и наших сонных геев, Ася нас не перебивала, но каждую секунду нам казалось, что она вот-вот встанет и крикнет в окно что-нибудь вроде: «Самат, выпусти собак из вольеров». Но ничего подобного не произошло.

— Кровь из пальца, — сказала Ася.

— Что? — не поняли мы.

— Кровь из пальца, — повторила Ася и показала нам забинтованный указательный палец. — Раз в неделю достаточно. И обязательно чтоб работа у них была.

— И у пекинеса? — по-дурацки уточнили мы.

— Нет, — сказала Ася, — пекинес за их счет.

Возвращались домой мы молча, совершенно не понимая, как будем сообщать Энди и Сереже про кровь и работу. Но получилось все легко и просто.

— Ну, что? — спросил Энди.

— Сказала? — спросил Сережа. У него на руках спал полупрозрачный пекинес.

— Да, — ответили мы. — На вас, говорит, пахать надо.

И дальше рассказали им про палец и бросили жребий на зубочистках, кому из нас первому добывать из себя кровь. Кстати, ее потребовалось совсем немного, но пальцы у нас болели долго; в общем-то они и не заживали, их все время приходилось бинтовать: только перестанут ныть, как снова пора прокалывать.

Несмотря ни на что, вопрос с донорством решился гораздо проще, чем со вторым обязательным пунктом безбедного существования Сережи и Энди. Ни тот, ни другой ничего не имели против работы, но при этом совершенно не могли предложить нам никаких услуг, в которых бы мы по-настоящему нуждались. А услуги понарошку были бы не в счет. Наоборот: они бы сводили на нет всю пользу крови.

Пришлось опять идти к Асе.

Калитку нам открыл Самат.

– Здравствуйте, Самат, – сказали мы. – Ася дома?

– Улетела вчера, – ответил соседский мертвец, – в Лондон. Но скоро будет, через где-то неделю. А вам поди спросить, чем этих ваших занять?

– Откуда вы знаете?

– Опытный... человек все знает.

– Да, – сказали мы, – они у нас уже вон сколько, а толку никакого.

– Это плохо, – согласился Самат. – Вы заходите, а то там дождь.

На улице начинало моросить. Самат провел нас мимо собачьих вольеров в маленький домик в глубине сада. Дверь открыла Зульфия. Она улыбалась, но смотрела слегка настороженно.

– Гости у нас, – сказал ей Самат. – По делу.

– Я тому удивляюсь, – сказала Зульфия, – что мальчики к нам сами не пришли. Стесняются?

– Нас вот попросили, – сказали мы.

– Ну мы видим, да, – сказал Самат.

Мы зашли в дом, и Зульфия закрыла за нами дверь.

– Чай? Сок? У нас, правда, такой сок, вам может не понравиться, – сказала Зульфия. – Свекольный.

– Если с яблоком, то ничего, – сказал Самат.

— Будете свекольный сок? — спросила нас Зульфия. — Полезный. На вкус привыкнуть надо, конечно, но полезный.

— Землей пахнет, — сказал Самат. — С яблоком когда, то не пахнет землей.

— Спасибо, — отказались мы от сока. — Чаю тоже не нужно, мы ненадолго.

— Ладно, — легко согласилась Зульфия, — спрашивайте.

— Парням работа нужна, — сказали мы, — а ничего в голову не приходит. Помогите придумать, пожалуйста.

— С молодыми всегда так, — кивнул Самат. — Умрут, а сами ничего толком не умеют.

— Да, — вздохнула Зульфия, — и образование, наверное, высшее.

— Высшее, — подтвердили мы.

— Трудно, — опять вздохнула Зульфия. — Когда высшее, то почти всегда никакой мелкой моторики.

— А обязательно, да? — спросили мы.

— В первую очередь, — подтвердил Самат. — Можно кровь не пить, свекольный сок пить без яблока, а без мелкой моторики все, элим кетты. У меня тоже высшее.

— Но вы же придумали? — растерялись мы.

Самат отвернулся от нас и выглянул в окно.

— Спицы, шерсть, пусть вяжут чего-нибудь, — сказала Зульфия. — Пусть приходят, научу.

— А Ася сказала, чтоб такая работа, которая нам нужна, — усомнились мы.

— Вам нужна, — уверенно сказала она. — Очень вам нужна эта работа. Вы же уедете.

— Куда мы уедем, у нас филина кормить некому, — сказали мы. — Рыбного.

– Вот я и говорю, – сказал Самат.

– А вы-то как без мелкой моторики обходитесь? – спросили мы. – Сад, снег, газон, пылесос – где тут моторика-то?

Вместо ответа Зульфия встала из-за стола, шагнула к закрытой двери в комнату, распахнула ее и кивнула: гляньте-ка.

Мы глянули. Стены, потолок, пол, мебель, оконные рамы – все, абсолютно все в этой комнате было обвязано светло-серой и белой пряжей. Своеобразный интерьер, даже приятный вполне.

– А как надоест, распускаем и другим цветом вяжем, – сказала Зульфия.

– Это чтоб не просто так, – сказал Самат, делая пальцами, как будто это спицы. – Надо, чтоб труд был видимый.

– Тем более когда для здоровья, – конкретизировала Зульфия.

– А потом все остальное, – сказал Самат.

– Любое, – уточнила Зульфия, – но потом.

Потом, спустя много времени, мы с ужасом вспоминали о тех первых месяцах, которые наши мертвецы провели без крови и вязания. По нашей и их собственной неопытности они могли попросту исчезнуть, превратиться в какую-нибудь фигню вроде праха или тлена. Перестать быть. Как бы тогда мы ходили мимо опустевшего контейнера, который стал бы для нас вечным укором? Хотя, возможно, мы бы так и не узнали никогда, куда делись Сережа, Энди и их пекинес. Подумали бы, что уехали куда-нибудь, не простившись. И, главное, кто бы тогда кормил филина в наше отсутствие?

Сережа за месяц обвязал все деревья в саду. Энди обвязал деревья вдоль лесной тропы, по которой мы все обычно ходим к морю. Потом они вместе обвязали несколько старых дубов на спуске к лагуне, и только тогда до нас дошло, откуда и почему в Европе возникла мода на обвязанные деревья.

К концу лета мертвецы так окрепли от тренировки мелкой моторики, что начали использовать крупную: Энди починил старую тачку, а Сережа взял лопату и нечаянно выкопал яму – пришлось его хвалить и на скорую руку назначать яме применение, чтобы она была не зря; решили, что будем складывать в яму компост, вот, например, целый ворох свекольной ботвы – кстати, никто из нас не помнил, чтоб мы сажали свеклу.

– Это мы посадили, – сказал Энди.

– Нам свекольный сок нужен, – сказал Сережа.

– Мы его уже заготовили.

– Сорок литров.

– Фу, – сказали мы, – какая гадость.

– Если с яблоком, – возразил Сережа, – то ничего.

– Вы же уедете, – сказал Энди.

– На всю зиму, – сказал Сережа.

– Да? – удивились мы.

– Ну да, – кивнули мертвецы.

– Вы уедете до весны, а мы тут останемся.

– Собак кормить и котов.

– И рыбного филина.

– И за домом следить.

– Вы же всегда этого хотели, чтоб кому-нибудь можно было доверить.

– Много лет.

– Много лет вы хотели иметь возможность уехать на зиму, но совершенно некому было поручить следить за домом и кормить рыбного филина, – сказал Энди.

– Для кормления собак и котов можно было нанять специальную службу за деньги, но рыбный филин – совсем другое дело, – сказал Сережа.

– Рыбного филина абсолютно невозможно никому поручить, – сказал Энди.

– Рыбный филин не выносит незнакомых, – сказал Сережа.

Они говорили нашими фразами, которых не могли слышать, так как задолго до их гибели на аэропортовской трассе мы прекратили обсуждать тему филина и отъездов. Поставили на ней крест.

– Ну хорошо, – сказали мы, – а при чем тут свекольный сок? Сорок литров.

– Ну как при чем, – сказал Сережа. – Вы же пальцы нам не оставите?

Ну да, точно не оставим.

И пекинес такой:

– Тяв, тяв.

Шумный до ужаса, сроду не скажешь, что мертвый.

КАЖДЫЙ ОХОТНИК ЖЕЛАЕТ ЗНАТЬ

Что запомнилось про этот год:

1. Квадрат света на полу, точно по центру квадрата спит кот, над котом, ломая геометрию и физику света, тянется из окна палка золотой пыли, прямая, толстая, безопасная, глупая — хотела погладить кота и идти дальше, но ничего у нее не вышло, запуталась в коте, завязла в его мехах, стекла по котовой спине, по бокам, разлилась квадратом по полу, перестала быть; это октябрь.

2. Вклеенная в картину неба лошадь: вышел однажды заполночь (надо было вынести мусор) — пересек двор,

калитку, ступил в казенную уличную тьму (контейнер сразу за забором) и столкнулся лицом к лицу с лошадью; лошадь возвышалась над ним трагическим силуэтом, заслонившим звезды, лошадь, — сказал, — ты чья, хочешь хлеба? — лошадь кивнула, он положил пакет на крышку мусорки, метнулся в дом, вынес буханку — лошадь вежливо отъела половину, а от второй, поблагодарив, отказалась и пошла прочь, и он увидел, что лошадь в попоне, и с облегчением понял, что она не сирота, а просто полуночница и интроверт; это был ноябрь.

3. Сорока, унижавшая крысу: шел из магазина, задрал голову на звук самолета, тут же поскользнулся — снегу намело, прикрыло вчерашнюю злую гололедицу, передвигаться нужно было ювелирно, какие там самолеты — упал навзничь, но в мягкое, вдобавок получил утешительный приз, так как прямо под самолетом, на десять километров ниже, пролетала сорока, а в клюве у нее был зажат крысиный хвост, а на противоположном конце хвоста смиренно болталась его обладательница, живая и здоровенная как кабан — сорока сделала два круга над сугробом возле высокого красного забора с портретом собаки, прицелилась и разжала клюв, и крыса спикировала в снег, воткнулась в него ножичком, а сорока села на забор и захохотала, и он хохотал вместе с сорокой, глядя на то, как крыса выбирается из сугроба, как садится на него толстой задницей, как отряхивает свое матерое коричневое пальто от снега, как злится на сороку и на человека, валявшегося рядом, а потом удаляется куда-то в сторону калитки, важно, гордо, как будто это ее дом, ее собака во дворе и ее счет за электричество на столе в кухне, как будто замыслила написать петицию в ООН (Уважаемый господин Пан

Ги Мун, хочу сообщить вам о фактах беззакония и унижения — ну и так далее); это был уже декабрь, две недели до дня рождения, оставалось пережить его — и все: свобода. Оставалось пережить.

В декабре, 27-го, ему исполнится сорок, и можно будет возвращаться к большой жизни, которой, правда, больше нет, но вдруг. Год назад, 26 декабря, он переехал в Южнорусское Овчарово, забрав с собой кота, ноутбук и какие-то одежды — потом пришлось докупать нужное в местном магазине, в город не поехал, потому что машину загнал в гараж и ни разу за весь год не выгнал ее попастись: заходил иногда, прогревал двигатель, и все. Никто из тех, троих, не уточнил, чего ему опасаться в тридцать девять, это он сам решил — и даже не решил, а почувствовал, — что смерть будет подкарауливать его в дороге; дорогу он вычеркнул. А вместе с ней и все остальное.

4. Скрип кедра: в ту ночь налетел ураганище, кедр скрипел под ударами ветра, дом вибрировал, и стонала крыша, — а может быть, и не в дороге дело, думал он, может быть, вот оно, пришло, и некуда мне деться, вот он я — не забирай меня, слышишь?

Не забирай меня, эй, ты, слышишь? — валялся в температуре, — кто будет кормить кота? (это тоже был декабрь, за девятнадцать дней до дня рождения, накануне прочитал где-то в интернете, что собака, оставшись в запертом доме с умершим хозяином, начинает жрать его труп через две недели, а кот на второй день; слышишь, скотина, вставай, просыпайся, я покажу тебе, как открывается мешок с твоей сухомяткой, а кран на кухне я заменю завтра же, знаешь какой поставлю? — лапой нажмешь сверху, и все, я потом покажу тебе, не пропадешь, потом тебя спасут, а срать, если я все, можешь где угодно).

Хотя большей частью совсем о ней не помнил. Даже удивлялся: о чем еще думать в каждый из этих 365 дней, любой из которых мог стать последним? Но вот поди ж ты: не думал, и все. Только однажды: когда простудился и схлопотал 39,5 – подумал, что же будет с котом, если вдруг это она и есть. На следующий день встал и, как обещал, сходил в «Антонию», купил другой кран на кухню. Попытался научить кота отжимать лапой рычаг смесителя, но кот повторить маневр отказался.

– Ничего, – сказал коту педагогическим голосом, – нужда заставит, нажмешь.

Какая нужда? Такая-сякая нужда.

5. Фазаны. Их было десять или больше, они слетелись к зарослям калины в углу сада, он долго смотрел на них в окно, и кот тоже смотрел, и челюсть его дрожала мелко, и издавал он звук, похожий на блеянье овцы, и вожделел фазанов – ты дурак, дурак ты, они ж выше тебя в холке, они тебя порвут и затопчут, ты посмотри, сколько их и какие они здоровенные – фазаны обрывали ягоды, снег вокруг калин весь был покрыт кровавыми брызгами – фазаны выедали из ягод семена, пренебрегая мякотью – кот не слышал его убеждений, кот дрожал челюстью и блеял; это тоже был декабрь, но еще тот, прошлогодний, почти неопасный.

Вместе с дорогой оказались вычеркнутыми: малые намеки на личное, работа, еще раз работа, и еще раз работа, а также поездки в бассейн и на баскетбол по пятницам. А больше, кажется, и ничего: ну, просто жизнь, и все.

В Овчарово переезжал, будто спал. Дом купил, как потом довольно быстро понял, втридорога, но тогда ему и в голову не пришло ни поторговаться, ни изучить рынок деревенской недвижимости, схватил первое, где не надо было топить печку углем и таскать воду из колодца, но не потому, что лень было или не умел, а просто из вежливости: хотелось продемонстрировать смерти, что не считает ее дурой и готов усложнить задачу (хер тебе, смерть, а не угорание мое от несвоевременно закрытой вьюшки; хер тебе, смерть, а не утопление меня в обледенелом колодце). По этой же причине (хер тебе, смерть, а не ломание моей шеи при падении с лестницы) дом выбирал одноэтажный. Это были ритуальные телодвижения, почтительная игра в ладушки — он действительно был уверен, что ни печной угар, ни неловкое падение с верхней ступеньки, ни колодезная вода не грозят ему; только дорога, только путь.

6. Путь от дома до почты. Две параллельные линии, вытатуированные в памяти цветной китайской тушью — синяя линия дороги, сиреневая линия заката. На почту ходил всегда под вечер, чтобы наверняка не стоять в очереди — забирал посылки из интернет-магазинов, избегая ездить в город за нужными вещами. Весной, летом и осенью дорога на почту была другого цвета, и он не обращал на нее внимания.

Он не обратил внимания даже на второе пророчество, не говоря уж о первом. Первое было в первом классе, когда старшая сестра, старая дура-восьмиклассница, не прогнала его, салабона, спать, а разрешила сидеть вместе с ними, четырнадцатилетними дурами, и пялиться на блюдечко, которому дуры задавали вопросы и сами же себе по слогам отвечали — он и знать не знал, что они читают ответы, а не придумывают их из головы, он удивлялся дурацкой игре, смысла которой не понимал, и когда дошла его очередь, спросил, кривляясь:

— Когда я умру, — и старая дура-сестра ответила:

— Три, девять, в тридцать девять, долго еще.

Обеспечить коту доступ к воде догадался по-другому: просто стал оставлять дверь в туалет открытой, а с унитазного бачка снял крышку. Бачок всегда полон воды, хоть обпейся. Ходил и напевал два дня подряд:

– Эй, чувак, не пей из унитаза, ты умрешь, ведь там одна зараза.

Мешок корма, труп хозяина да унитазная вода – продержишься, кот.

7. Труп младенца, закутанный в одеяло. Его везли на санках девочки в ярких комбинезончиках, таких ярких, что в глазах рябило. Четыре тропические птички и труп младенца посреди синей линии дороги (сиреневая линия заката была выше и левее); он встал как вкопанный – девочки, что это?! А они:

– Нам мама разрешила. – И только вглядевшись в стеклянные (силиконовые?) глаза мертвого ребенка, понял, не до конца веря себе: кукла. Их стали делать очень реалистичными, просто невозможно реалистичными, непонятно, как можно с этим играть, это надо скупать и массово хоронить за пределами кладбища, а они играют. Мама им разрешила.

Мама разрешила ему не ехать с ними на дачу – с условием, что непременно приедет через три дня и привезет ту большую кастрюлю, в которой – «ну, та, зеленая, на балконе стоит, мы в ней капусту еще солили» (кастрюля не влезла в машину, еще бы). Оставила семнадцать рублей: пятнадцать – царский подарок по случаю поступления в университет, два – на сахар, хлеб и электричку. Он купил себе гитару – та стоила шестнадцать, пришлось занять рубль из хлебно-сахарных, а оставшийся рубль у него прямо возле магазина выманила цыганка – такой красивый, молодой, дай погадаю на любовь, на жизнь погадаю, на смерть погадаю – а когда он кинулся спасать исчезнувшую бумажку и вцепился в цыганкин рукав, та ткнула ему в лоб коричневым пальцем и протараторила:

– Все вижу, все скажу: путь человека имеет начало и имеет конец, конец пути начало бесконечности, что потеряешь, то обретешь, что обретешь, то оставишь, умрешь в тридцать девять лет.

Ну и блюдце, конечно, он тогда сразу вспомнил, но как вспомнил, так и забыл. Было бы о чем думать: тридцать девять лет – нормально, пора; где денег взять на электричку? – поехал зайцем. Бегал от контролеров, как сайгак: раза три билеты проверяли.

8. Лето, море, центральный овчаровский пляж, устал загорать, встал, пошел в воду, окунулся, поплыл с закрытыми глазами – солнце сверкало нестерпимо, и блики от воды усиливали солнечную атаку – плыл, плыл, плыл, плыл – пока не ткнулся лицом во что-то нетяжелое, твердо-мягкое; открыл глаза: синий пакет, в нем квадратная вещь. Открыл, заглянул – кусок сала в укропе. Что обретешь, то оставишь; шмат сала килограмма на полтора, оттолкнул его рукой, пакет захлестнуло, и добыча пошла ко дну – так ржал, что едва не захлебнулся, и только вечером вспомнил, что до сорока лет еще почти полгода и что путь по воде все-таки тоже путь.

Третья встреча произошла через двадцать лет после цыганки, два года назад, в Китае: работал по контракту. У него вообще была хорошая работа, жалко было уходить вот так, как он это сделал – на пике карьеры, с отличным бэкграундом и прекрасными отчетливыми перспективами. Ушел-то, собственно говоря, потому, что сходил к китайской гадалке: случайно получилось, подошел в даосском храме к уборщице, а она и не простая. Нет, она не подбрасывала монетки и не рисовала линии (о «И-Цзин», ты никогда не врешь, но в умелых руках всегда подаешь надежду тому, кто в ней нуждается), она смотрела выше глаз в переносицу, трогала голову и говорила стихами — твои числа три и девять, они влияют на твою жизнь, а больше я тебе ничего не скажу.

И еще целый год после этого он умудрялся не строить планов по спасению.

9. «Никому не говори». Эту фразу, накаляканную на бетонном заборе вдоль синей линии, он увидел в первый же раз, когда выбрался из своего нового жилья прогуляться и купить корма для кота. Шел и думал: «Само собой, не скажу». Приличного корма, кстати, ни в одном деревенском магазине не оказалось, пришлось возвращаться ни с чем и делать заказ в интернет-магазине: слава богу, заказы из зоомагазина привозил курьер, это выходило чуть дороже, но хотя бы не нужно было закладывать время на почтовую доставку. И когда шел обратно, увидел, что бетонный забор сплошь исписан всякой фигней, и самыми крупными мессиджами были вовсе не «никому не говори», а «на суханку свернешь гондон найдешь» и «максим ты мне не нужен». «Никому не говори» терялось среди букв и примитивных непристойностей; странно, что он вообще увидел эту фразу. И не только увидел, но и уверен был, что она на заборе единственная.

Невозможность рассказать кому-либо о числах «3» и «9» не угнетала его, хотя несколько раз за последний год он как будто предчувствовал возможный соблазн проболтаться; только переехав в деревню, испытал облегчение: чем меньше коммуникаций, тем выше безопасность, как будто предсказание только и ждет, когда он облачит его в слова — тогда оно получит полную власть над ним; а до тех пор, пока он молчит, оно ничего не сможет сделать. Или почти ничего. Он даже коту не рассказывал подробностей, если не считать инструктажа по унитазной воде, сранью и пакету с кормом.

Кот все-таки вырвался наружу. Блеял, блеял, тряс челюстью, а потом взял и выломал оконную сетку, подкараулив оставленное открытым окно — декабрь, а теплынь какая на дворе, надо же: +4 на солнце, с крыш течет, с кедра течет, с калины течет прямо на фазанов. За день до спасительного сорокалетия сложил истекающего кровью кота в машину — кто б сказал, что фазан способен выдрать коту глаза, не поверил бы — и рванул в город.

10. Сверкающий асфальт удивительно похож на море.

В ветклинике коту умыли рожу, зашили порванные веки и сказали:

— Теперь как Вий. — Глаза оказались целыми: видать, зажмурился, когда получал от фазанов.

Обратно ехал в крайнем правом, шепотом, включив аварийку — извинением за малую скорость.

Доехал, припарковался возле забора, вынул кота из машины, занес домой и, как был в куртке, лег на диван и натянул на голову плед. До сорокалетия оставалось семь часов.

Проснулся в шесть утра. Рядом с ним на диване спал кот.

Встал, подошел к окну. Вгляделся в утреннюю зимнюю темень. Присвистнул. Хмыкнул. Протер глаза, еще раз вгляделся в улицу, обернулся к спящему на диване коту и сообщил ему — весело, огорошенно:

— Кот, у нас машину угнали.

ОСТРОВ СОВЫ

Обычное июньское утро – это когда холодно, серо, мокро.

Холодное июньское утро всегда туманное и какое-то притихшее: в час, когда ночные птицы уже умолкли, а дневные еще не проснулись, кажется, что утро присело на корточки и что-то замышляет, а что именно – поди разбери. Июньский туман такой тяжелый и толстый, что идти сквозь него – все равно что плыть с завязанными глазами: двигаешь перед собой руками, и непонятно, есть от этого толк или нет. Наверное, есть; обычно-то всегда приплываешь, куда надо.

Сова любит июньские утра. Не пропускает ни одного. Сова живет в самом конце Приморской улицы, через дорогу от моря — ну, пусть не самого моря, а внутренней его лагуны, эстуария, где вода почти пресная и никогда не бывает волн, лишь отливы и приливы — в прилив вода поднимается до самой дороги, в отлив раздевает дно догола, отступая метров на триста от берега, — черно-коричневое дно выглядит немолодо и не очень симпатично, сплошные морщинистые складки, жидкие на вид выпуклости и неопрятные вогнутости, в которых копошатся мелкие ракообразные твари, желудочная услада множества птиц, прилетающих сюда днем, чтобы как следует набить брюхо. В утра отливов Сове приходится несладко, байдарка «сит-он-топ» хороша всем, кроме веса, она не переворачивается и не тонет, но ее не кинуть на плечо, а тридцать кило умножь-ка на триста метров, да по обманчивой твердости морщин, да в тумане, да почти без надежды доплыть-добрести до кромки отступившей воды... Тяжелая это работа — тащить за собой четыре метра литого композита. Сова сперва таскала байдарку, вцепившись в нее руками, но потом догадалась впрягаться в шлею, как репинский бурлак; стало намного легче.

Но как раз в то утро — самое обычное утро первой половины июня — был прилив, и Сова забралась в байдарку практически с дороги: сперва на колени, затем подтянуть весло, оттолкнуться им от берега, потом от дна... поплыли. Туловище само раздает команды и само же их выполняет, все происходит без участия Совы: ноги выпрямляются как положено, задница усаживается как приказано, весло взлетает над водой и тихо, без всплеска, в нее погружается, — а Сова просто сидит в байдарке и просто плывет, и если бы ее было видно с берега, каждый бы хотел оказаться на ее месте, чтобы так же легко и быстро от него удаляться; но Сову, как обычно, никто не видит: во-первых, слишком ранний час, во-вторых, туман, в-третьих, какая-то слишком наглая для июня-месяца холодина: вон — Сова недоверчиво слизнула с запястья снежинку — снег пошел. Но не возвращаться же из-за всякой ерунды.

Сова гребла всего ничего — четверть часа, вряд ли больше: она вспоминала после, пытаясь реконструировать события поминутно, — но восстановить хронологию удавалось только по главным пунктам: 1. Оттолкнулась веслом от дна; 2. Вплыла в туман над водой; 3. Слизнула снежинку; 4. Нос байдарки уткнулся в берег. Не то было удивительно, что берег настал через четверть часа плавания, а то, что какого черта он вдруг оказался в этой стороне? Теоретически Сова могла пересечь лагуну: если плыть никуда не сворачивая, поперек, довольно скоро окажешься под улицей Набережной — Набережная и Приморская проистекают из одной сухопутной точки и расходятся победительным знаком V, обтекая лагуну с противоположных сторон, — но кто бы туда плыл, когда это надо налево, а Сова сразу берет вправо, на выход из лагуны, в открытую соленую воду; вот и в тот раз она точно также направила байдарку прочь из пресного мелководья, никаких твердей на семнадцать миль пути — а через пятнадцать минут воткнулась в камыши, выдвинувшиеся из тумана сразу-вдруг, руки в боки, вид у них был наглый и вызывающий: мол, ну что, давай-давай, пойди-ка сюда, очкастая женщина с веслом, посмотрим, не найдется ли у тебя закурить.

От изумления и неожиданности Сова опустила весло; байдарку развернуло и впечатало в камыши правым бортом, из шуршащих зарослей выскочила сонная цапля и сразу легла на крыло. Сове стало неудобно перед нею —

вломилась в чужой дом, перебудила хозяев, без всяких оснований нарушила чужой покой — а главное, какого черта приперлась сюда, уснула, что ли?

Сова была уверена, что впечаталась в оконечность мыска, на материковой части которого находится Набережная, а где-то здесь, на окончании тверди, вмонтированы в берег лодочные гаражи с их сходнями-трапами — гаражи должны быть уже вот-вот; Сова проплыла метров четыреста вдоль берегового изгиба, но гаражей все не было, а туман не выдавал перспективы; зато камыши справа кончились, уступив место скале, вертикально уходящей в воду. Туман клубами скатывался по красноватой скальной породе в море, делался плоским и не тонул — приходилось протыкать его веслом, но тут уж ничего не поделаешь.

Сова осторожно гребла вдоль скалы, чувствуя себя странно настолько, насколько может чувствовать себя странно человек, который тысячи раз ходил по знакомой тропе на остановку городского автобуса, а на тысячу первый обнаружил, что тропа ведет к электричке неизвестного направления. Никаких вертикальных скал, теряющих вершины в тумане, в деревне не было сроду, Овчарово расположено на почти ровной местности, пологими сопками напоминающей рельеф Среднерусской возвышенности. Вертикальные скалы гораздо, гораздо дальше — миль пятьдесят к западу, до скалистых островов плыть и плыть, сперва из лагуны, потом открытой водой до длинного полуострова Песчаный, потом вдоль него до упора, потом направо и уже никуда не сворачивать, но грести почти целую вечность по большому судоходному фарватеру, там будут ветер и волны размером с дом, не всякий катер сунется, а уж Сова и подавно не стала б соваться на своей байдарке, дура она, что ли. Сова гребла между красной скалой и толстым туманом, отсекающим диаметральную панораму, и теперь уже совершенно не понимала, где находится. В таких ситуациях человеку ничего другого не остается — только грести вперед вдоль красной скалы.

По Совиным ощущениям, которые, как она прекрасно осознавала, могли трансформироваться постфактум как угодно, она плыла параллельно скале не менее двух часов, но туман висел, как прибитый гвоздями, даже не думая рассеиваться. Скала кончилась раньше — Сова заподозрила обрыв красной стены за несколько десятков метров, хотя ничто не предвещало, и оказалась права: скала, образовав мыс, открывала путь в ровное, без просветов, молоко — это если смотреть вперед и влево — и вдоль себя самой, только с обратной стороны, если смотреть вправо. Сова обогнула мыс и поплыла вдоль обратной стороны скалы.

Подковообразная форма скалы обнаружила себя довольно скоро. Внутри подковы были собственный залив и прекрасная, без всякого тумана, видимость, лишь полупрозрачные его клочки висели над гладкой и тихой водой, истончаясь и исчезая прямо на глазах. Скала, вдоль которой Сова гребла так долго, с изнанки оказалась такой же вертикальной и неприступной, зато противоположный рог подковы выглядел вполне гостеприимно и приветливо. Туда Сова и направила байдарку, и вскоре пересекла залив и выгнала лодку на песчаный пляж, и, ничуть не раздумывая, высадилась на твердь. Затащив байдарку на явно необитаемый берег, Сова обернулась на скалу и ахнула: взошедшее солнце окрасило ее в сиренево-розовый цвет, отражение скалы почти дотягивалось до пляжа и было таким плотным и стабильным — на ровной, без зыби, воде заливчика, — что Сова немедленно достала из-за пазухи телефон и принялась щелкать виды; и вдруг догадалась, что может определить свое местонахождение. Сова включила геолокацию, телефонный навигатор долго размышлял и сомневался, а потом выдал результат, который, конечно, и не мог быть другим, но, тем не менее, оказался совершенно неожиданным и никак не умещался в голове: «Южнорусское Овчарово». Сова увеличила карту и выругалась: не просто Овчарово, а улица Приморская. Локационный значок был воткнут в акваторию лагуны неподалеку от берега.

Никакой мобильной телефонной сети не было. Часы в телефоне показывали без четверти семь. Поздновато для недавнего восхода, но Сова списала припозднившееся солнце на общую пасмурность: нечего придумывать небылицы, усиливая и без того явные странности, — солнце взошло как положено, просто увязло в тумане и низкой облачности, а как чуток развиднелось, так и покрасило красную скалу в сиреневый.

Сова решила обследовать сушу насколько это возможно, но, поднявшись на пологий берег и оказавшись на вершине сопки, поняла, что обследовать почти нечего: сопка спускалась прямо к морю, а по береговой линии переходила в знакомую скалу. Не только заливчик был подковообразным: весь остров имел форму подковы, утолщенной в точке изгиба, но все-таки вполне пропорциональной и совсем невеликой, так что совершенно непонятно, почему пришлось плыть вдоль скалы так долго, вот же она, вся на виду.

Маленький остров был прекрасным, как мираж, оставаясь при этом совершенно осязаемым и не уходящим из-под ног. Наоборот, он заявлял о себе при каждом шаге — то выпрыгнувшим из травы перепуганным лягушонком, то бакланом, взлетевшим с расстояния вытянутой руки, то дурной спросонок дикой пчелой, с размаху влепившейся Сове в щеку. Сова почти услышала, как пчела обругала ее, поправляя помятый хоботок.

— Сама смотри, куда прешь, — ответно нахамила Сова и через секунду покрутила себе пальцем у виска: спятила?

За неполный час Сова обошла остров вдоль и поперек, не считая, конечно, вертикальной скалы, затем спустилась к байдарке, быстро разделась, побросала одежду в лодку, забежала в воду и поплыла на середину заливчика. Вода была не то чтобы теплой, но вполне сносной: градусов восемнадцать, отметила Сова машинально и разрезала ладонями отражение скалы.

Она была уверена, что находилась в воде не более пяти минут — все-таки 18 градусов, не 26, — но, одеваясь на берегу, выронила из внутреннего кармана куртки телефон, а когда поднимала, то глянула на часы: было без четверти десять. И почему-то этот факт неприятно Сову задел — как будто неведомый собеседник, улыбаясь и доброжелательно глядя в глаза, без всякой нужды обманул ее. Сова еще раз включила телефон: нет, показалось — на часах было 08:20, и Сова извинилась вслух, так и сказала:

— Ой, извини, — а кому сказала, сама не поняла. — Пока, — это уже было адресовано острову, когда Сова села в байдарку и оттолкнулась веслом от песчаного пляжа. Сиреневое отражение скалы дрогнуло и распалось надвое: Сова направила байдарку к выходу из залива.

По всем правилам жанра, Сова должна была вернуться в Овчарово спустя десять лет, или сто лет, или никогда: приплывает, а Овчарова-то и нет, и никогда не было, как не было никогда и самой Совы, пятидесятилетней горожанки с двумя высшими образованиями, к тому времени всего два года как переехавшей из города, потому что там не имелось никакой возможности решить квартирный вопрос, зато вдруг этот дом в Овчарове — откуда ни возьмись — и от дальних незнакомых дядюшек бывает польза, особенно когда они умирают; то есть Сова была и есть, она здорова и прекрасно выглядит, потому что проводит уйму времени на свежем воздухе, каждое утро плавая на байдарке с апреля по ноябрь; и Южнорусское Овчарово есть, никуда не делось, вот оно, и на карте, и на местности, и в телефонной геолокации — все есть, все на месте, только прекрасного острова нету, и даже фотографий сиреневой скалы, отражавшейся в подковообразном заливе, нету: Сова на обратном пути утопила телефон, потому что, сверившись в очередной раз с пространством и временем, сунула его не во внутренний карман, а в обычный боковой, и край куртки свесился за борт и долго плыл, не замечаемый Совой, а когда Сова заправила его, вымокший, в лодку, было уже поздно.

По тем же правилам жанра, Сова, коли уж было ей предписано вернуться в никуда не девшееся Овчарово в тот же день, должна была уснуть в байдарке, а проснувшись, понять, что остров приснился ей, но:

— Хуй-то там, — говорит Сова, — ага.

И это чистая правда.

Потому что остров — был. Сова в этом уверена абсолютно, поэтому уже десять лет каждое июньское утро выходит из дому без четверти пять, садится в байдарку и плывет туда, где — Сова точно это знает — рано или поздно уткнется в красную скалу, по которой скатываются в море рваные серые космы.

В тот раз, выбравшись из залива, Сова больше всего удивилась тому факту, что туман рассеялся только внутри подковы — если он вообще туда затекал; по траверзу же скального мыса серая мгла продолжала лежать на воде как ни в чем не бывало, и была эта мгла толщиной до неба или даже выше, а в ширину скрывала из виду все, что находилось дальше байдарочного весла. Но именно туман, плотный, непроницаемый, глушивший размеренное дыхание Совы и всплеск воды от весла, помог Сове привязать пространство к реальности: Сова просто повернула налево и два часа плыла вдоль красной скалы, а потом повернула еще раз, на девяносто градусов, и, оставив остров по корме, через пятнадцать минут вспорола байдарочным носом зону мокрого песка по улице Приморская.

– Хуй-то там, – говорит Сова, – ничего мне не приснилось, он правда был.

Хотя какой смысл доказывать кому-то в Овчарове существование крохотного скалистого островка в акватории мелководного эстуария – непонятно: все и так о нем знают. Да его и видно с любого берега – если, конечно, не туман: хоть с Приморской, хоть с Набережной, хоть с Фёдоровских сопок. Вот он, прямо посредине тихой воды, торчит в небо красноватой дулей, там того острова-то – всего ничего: крупный булдыган-кекур и небольшая россыпь камней поменьше, часть в воде с головой, часть по пояс, обычная каменистая отмель – орланы там часто ночуют, они любят, когда камни. И все ее видят, эту отмель, а Сова – нет; ей показываешь – ну вот же, вот он, ну смотри же, вот же он, остров-то твой, – а она вылупится сквозь толстенные свои очки прямо на него, смотрит, смотрит, а потом говорит:

– Да где?

Не видит в упор.

Жмых по доброте душевной однажды на своей лодке привез ее к этому островку, так Сова даже выходить не стала:

– Не он это, – говорит.

Не он так не он. Спорить, что ли. Все как-то быстро поняли, что спорить нельзя.

Ну, никто и не спорит.

СТАРАЯ МАШИНА

Древний, из последних сил сверкающий боковыми зеркалами «скайлайн» долго парковался у обочины между почтой и милицией, то подаваясь вперед и влево, то сдавая назад вправо. Было очевидно, что после завершения этих не слишком оправданных маневров из машины выйдет восьмидесятилетний дед, купивший «скайлайн» в свои юные пятьдесят или даже сорок пять и доехавший на нем до возраста почтенного самурая. Таких машин больше нет. Водитель синего грузовичка с надписью «ПОЧТА РОССИИ», припаркованного вплотную к дверям почты, не без зависти посматривал в зеркало заднего обзора: да ты абсолютный мастер парковки, дед, хехех. Правда, много лишних движений, хехе. Но это же фигня, дед, кто там считает, сколько раз ты туда-сюда это самое, ну. Мне б такую тачку.

Больше было не на что и не на кого смотреть: пустая дорога, пустой тротуар. Последняя, купированная декада февраля три дня выбирала подходящий ветер для прощальной гастроли — хватала то северный, то пахнущий водорослями и лососем южак, колебалась, примеряла на себя зашкаливающий ультрафиолет и тут же напяливала невзрачную серость оттепели, рядилась во все погоды по очереди и наконец выбрала: губительное для глаз солнце и бескомпромиссный, как бритва, северо-западный ветер, срезавший с улиц все живое.

В кабине было тепло. Водителя почтовой машины звали Виталиком, ему было сорок шесть, он думал словами и звукоподражаниями, потому что человек, которому часто и подолгу приходится ждать, привыкает думать словами и звукоподражаниями. В нестерпимом уюте кабины Виталику хотелось спать — и он бы непременно вздремнул, пока идет приемка-передача почты, Виталик уже подложил под затылок сдутый баскетбольный мяч, который всегда возил с собой и всегда подкладывал под затылок в моменты нестерпимого уюта, — но тут как раз подъехал и начал парковаться этот прекрасный рыдван, будто сошедший с поляроидных фотографий его, Виталика, пароходской юности. И Виталик пресек ту стадию сонной одури, когда человек уверен, что досмотреть кино сможет и сквозь закрытые веки.

Наконец «скайлайн» угомонился. Виталик следил за ним в зеркало, ожидая, когда откроется водительская дверь, и из салона выберется старый, но прямой и гордый дед. Или — ладно, пусть откроется левая пассажирская дверь и оттуда ветром высосет... ну, например, прямую и гордую бабку. Или горбатую и гордую. Или горбатую и скромную. Или прямую, ровную, с дерзким подбородком внучку, которая, конечно, тут же перейдет на рысь и устремится – куда? На почту? В милицию? Но хоть кто-нибудь в конце концов пусть уже выйдет из «скайлайна», чего они там, в самом деле, и начнет бороться с ветром и солнцем, прикрывая козырьком ладони глаза. Но никто не выходил, и ожидание делалось неприятным, каким-то непомерно раздражающим – как попавшее в дырку от пломбы смородиновое зернышко: вроде и ерунда, но поди перестань шастать туда языком. Может, в «скайлайне» все умерли?

Виталик сказал внутри собственной головы собственным голосом: «Ну пойдем, сходим», – вытащил из-под затылка баскетбольный мяч, бросил его на экспедиторское сиденье, надвинул капюшон и солнцезащитные очки, открыл дверь и спрыгнул на асфальт. Ветер-бандит тут же полоснул бритвочкой по лицу и рукам, но Виталик не отдал ему ни капюшона, ни накопленного под курткой тепла. И все то время – и пока вытаскивал мяч, и пока спрыгивал из кабины на звонкий, без снега, тротуар – Виталик не отводил глаз от «скайлайна», в котором, как выяснилось буквально через одиннадцать шагов, никого не было.

Виталик провел пальцем по лобовому стеклу, оставив на нем длинный чистый след. Обошел вокруг машины и уперся взглядом в отсутствующее правое заднее колесо. Вместо колеса – кирпичи. Один силикатный, два красных. Хорошая машина. Не ржавая, ничего. Прекрасная. Виталик наклонился и заглянул ей под подол: стойки нет. Лет тридцать семь машине, она уже тогда легендой была, когда он матросом на «ро-ро» плавал; где теперь такую стойку возьмешь?

Виталик потрогал нижний кирпич носком ботинка и быстро, не оглядываясь, почти побежал к почтовому грузовичку, но не остановился, а обогнул и грузовик, и угол почты. Тем же спешным шагом он вошел в продуктовый магазин «Стекляшка», оглядел витринные коробки с красными, желтыми, зелеными и розовыми шарами, но не смог вспомнить их имя и предназначение; посмотрел на другие коммерческие вещи и с большим облегчением опознал на одном из ценников слово «капуста».

— Капуста, — сказал Виталик продавщице.

Вышел, обеими ладонями сжимая вилок, мгновенно ставший источником неудобства и тревоги. Ветер сорвал капюшон и, кажется, заодно скальп. Страдая от появления капусты в своей жизни и в то же время жалея бросить ее замерзать ни за что, Виталик хотел было пристроить ее на порог почты, но там она продолжила бы иметь к нему отношение, потому он сделал еще несколько шагов и положил кочан на крышу «скайлайна». Приободрившись, не удержался напоследок:

— Свари себе щей. — Развернулся и побежал в тепло кабины, когда услышал себе вслед совершенно отчетливое:

— Спасибо.

Понимаешь, я купил кочан капусты незнакомому автомобилю, у него нет одной ноги. Как же он ездит? А вот прямо так, кирпичами, и ездит: цок, цок, цок.

Оставаться возле почты — хоть в грузовике, хоть вне его — теперь было невозможно, тем более, мимо промчался автобус «Южнорусское Овчарово — Владивосток», чья остановка находилась за углом почты, прямо напротив магазина. Виталик выхватил из кабины сумку с бумажником, телефоном и документами, успел запрыгнуть в автобус одним из первых пассажиров и упал на переднее, по диагонали от водителя, сиденье. Пассажиров было немного: он сам, прямая гордая бабка, прямой, длинный сухощавый дед лет восьмидесяти и их внучка с дерзким подбородком — вот и все: обычно автобус заполняется людьми в райцентре, а если ты сел в Южнорусском Овчарове, то еще четырнадцать километров можешь спокойно пересаживаться с места на место, выбирая, где поудобнее. Виталик пересел дважды — просто так, потому что была такая возможность, — а потом уткнулся в окно. Ему ни разу никто не позвонил. Даже брошенная на почте экспедитор Лилия Сергеевна.

Во Владивостоке Виталик вышел на конечной остановке, возле железнодорожного вокзала. Что следует делать дальше, он не знал. Вся ситуация — с внезапным «скайлайном», с покупкой капусты, подаренной затем «скайлайну» же, с побегом подальше от этого места, хотя никакой страх не гнал его, а только лишь непонимание происходящего — казалась ему теперь нарочитой, надуманной, даже придуманной почти от и до: зачем бросил грузовик? Зачем подался в город? Дурак. Психопат. «А, ну да. Я же хотел поехать в Хабаровск», — понял Виталик и пошел покупать билет на ночной поезд. До отправления оставалось еще два с половиной часа. Виталик сделал вид, что провел их в ресторане «Гудок».

Когда он вошел в купе, там уже устраивались на ночлег трое попутчиков: старик, старуха и их внучка — прямые, длинные, молчаливые, похожие друг на друга не только внешне, но и общей медлительностью движений. Виталик почему-то знал, что они не ответят на его приветствие, но все же поздоровался, и они ответили — все трое сказали «добрый вечер» нестройным, как в детском саду, и чуть более громким, чем нужно, хором. Виталик занял свое верхнее, напротив внучки, место, натянул на голову одеяло и уснул. Когда проснулся, поезд подъезжал к Хабаровску. Три соседние места в купе были пусты, и свернутые в колбасу матрасы лежали на внучкиной полке. «Вышли ночью», – подумал Виталик словами. «Думай, как тебе удобно, – подумал он себе в ответ, – думай, что они вышли в Бикине».

Из Хабаровска Виталику нужно было срочно лететь в Пекин, и он чуть не опоздал на самолет, но, конечно, успел, потому что следующий самолет в Пекин был только следующим утром, а так долго ждать Виталик не мог. Уже приземлившись в китайской столице и, без всякого соображения по поводу своих ближайших перспектив болтаясь в зоне прибытия, заметил в толпе пассажиров тех троих, что вышли ночью – бросился к ним, догнал, хотел рассказать им смешную историю про то, как они нечаянно перепутали Пекин и Бикин, окликнул словом «извините»... Они обернулись, но не узнали его.

Только с этого момента Виталик стал приходить в себя по-настоящему. Он уже мог честно признаться себе в том, что стал жертвой странного наваждения – «будто наваждения могут быть не странными», тут же поправился он; что самым верным решением – тогда, возле почты – было бы выкинуть капусту в мусорку, раз уж не мог просто оставить ее себе; вернуться в кабину и заставить себя думать, что ничего не произошло, что мучительно парковавшийся «скайлайн» никуда не парковался, а стоял себе и стоял, судя по грязи на лобовом стекле – месяц, не меньше, – а тот факт, что днем накануне, когда они приезжали за почтой, «скайлайна» еще не было, ни о чем не говорит: привезли да поставили, подумаешь. «Да, – думал Виталик, – мог бы додуматься и решить, что уснул, и не пришлось бы сейчас сидеть в пекинском аэропорту. А где пришлось бы сидеть?» Виталик посмотрел на время в телефоне: ну как где, в кабине почтового грузовика, за рулем, и, может быть, с мячом под головой.

Но о чем Виталику больше всего не хотелось думать — так это о том, что какой-то непонятный, неосязаемый, неуловимый разумом барьер не давал ему позвонить ни на работу вообще, ни напарнику-экспедитору в частности, ни кому-либо из приятелей. Еще более странным казалось отсутствие звонков на его собственный телефон, и на этом обстоятельстве Виталик тоже не мог сосредоточиться: почти восемнадцать часов — и ни одного звонка, ни принятого, ни пропущенного, — но стоило хотя бы на миллиметр приблизиться к размышлению на эту тему, как воля и разум падали жертвами озверевшего северо-западного ветра, который бритвами полосовал их в лоскуты. Время посмотреть — это да, это можно; но и только.

Что нужно делать дальше, Виталик по-прежнему не понимал, хотя способность мыслить вернулась к нему почти в полном объеме. Например, он мог детально осмысливать «скайлайн», вращая его в воображении, как голографическую модель. Конечно, следовало не только поставить недостающую стойку, но и сменить три имевшиеся, так как они давно утратили способность амортизировать. Двигатель имело смысл перебрать и почистить, но менять его было бы преступлением. Состояние механической коробки передач устроило Виталика полностью. В общем и целом, материальных вложений «скайлайн» требовал не так уж и много, зато на выходе получалось немыслимой красоты птицеподобное транспортное средство. Один кузов без признаков коррозии стоил того, чтобы... — чтобы что?

Виталик ловил себя на том, что думает о «скайлайне» как о предмете возможной — и желанной — сделки, одновременно понимая, что таким образом отвлекает себя от размышлений над куда более насущными задачами. Такими, как план действий по перемещению собственного туловища в пространстве. Или такими, как гигиена собственного туловища. Или, как минимум, кормление и поение туловища, удивительным образом до сих пор не напомнившего о том, что неплохо было бы пожрать. Однако есть совершенно не хотелось. Виталика смущало другое: как он мог так ошибиться с пунктом назначения? Не в Пекин же нужно было лететь, господи. Не в Пекин, а в Токио. Кому сдались аналоговые китайские стойки на раритетный, почти коллекционный японский автомобиль, спрашивается?

Ближайший вылет в Токио значился в расписании пекинского аэропорта только через пять часов, а слоняться по залам ожидания Виталику не хотелось. Можно было прямо сейчас купить билет на самолет Пекин – Макао, куда уже объявили посадку, а уже из Макао без задержек вылететь в столицу Японии. Почему, прокладывая себе этот спонтанный маршрут, Виталик оперировал категориями столиц, он не понимал, хотя прекрасно знал и помнил, что лучшие лавки подержанных автозапчастей находятся у японцев на географических задворках и выглядят как гадюшники. «Электричкой доберусь, из Токио куда хочешь электрички ходят», – сказал Виталик в своей голове и полетел в Макао.

В самолете он пил предложенный стюардессой томатный сок и с изумлением наблюдал, как в бумажном стакане с логотипом китайских авиалиний не понижается уровень жидкости. Но стоило ему сосредоточиться на этом явлении как следует, стакан опустел, и лишь красные потеки на его стенках остались доказательством, что сок в нем был. Или кровь – никакого особого вкуса Виталик не почувствовал, поэтому отказался от соленого и сладкого арахиса; подумал: «Поем в Макао нормально», — но позже, после приземления, не смог придумать, что входит в понятие «нормально поесть».

«Скорее всего, я умер, — эта мысль пришла в Виталикову голову ровно в восемь часов вечера — Виталик машинально вытащил телефон и глянул на цифры. — Я не хочу есть, я не хочу пить, мне не надо в туалет, у меня не воняют и не чешутся подмышки, я скоро третий день в пути, мне никто не позвонил, я никому не звоню, я в Макао, Макао-какао, если я умер, то зачем мне в Токио?»

А главное — зачем покупать билет, если можно попробовать пробраться на борт самолета бесплотным зайцем?

Когда объявили посадку на рейс NX862 «Макао — Токио», Виталик принял независимый вид умершего человека и попытался пройти в зону контроля так, как прошел бы на его месте любой умерший человек, однако номер не удался, и ему пришлось напускать на себя смущенный и виноватый вид человека живого, но очень рассеянного. Что, видимо, ему вполне удалось, так как юноша в форме аэропортового служащего заботливо сопроводил его до ближайшей кассы, где Виталику очень быстро оформили билет. Тот же юноша проводил Виталика на посадку в аэробус, и уже через четыре с половиной часа Виталик шагал по аэропорту Нарита, абсолютно ни в чем не нуждаясь, просто шагая по аэропорту Нарита — из зоны прибытия прочь, вместе со всеми остальными людьми, покидающими в этот час аэропорт Нарита, который, как известно, закрывается на ночь.

В Токио Виталик решил ехать на электричке. Вопроса, какую именно выбрать, у него даже не успело возникнуть: до столицы из Нариты ходят два скоростных поезда. Один называется «Нарита-Экспресс», а второй — «Скайлайнер».

– Она не удивилась даже. Велела только железки убрать с сиденья. В этот момент, когда она меня увидела и не удивилась, я чуть по-настоящему с ума не сошел. А не тогда, когда «скайлайн» оказался без никого, с кирпичами вместо колеса. И не тогда, когда понял, что умер, потому что три дня не ел, в туалет не ходил, никому не звонил и мне никто не звонил. Понимаете, по большому счету нет ничего удивительного, когда с тобой случается что-нибудь удивительное. Оно же не каждый день, а иногда только. Странно кое-что по мелочи, но не сам факт. Например, странно, что в аэропорту Макао меня на посадку без билета не пропустили. По моим ощущениям, меня все-таки не совсем было. Точнее, меня преимущественно не было, а они меня за билетом. Как настоящего. Понимаете?

Виталик приехал к нам на отреставрированном «скайлайне». Мы мало разбираемся в машинах, но Виталик сказал, что этой машине цены нет, что такие машины не доживают до старости, потому что им гораздо прикольнее разбиться, чем заржаветь, а тут вдруг смотрите-ка, а? И что «скайлайн» сам к нему пришел, когда он скучал в кабине почтового грузовика, ожидая, пока Лилия Сергеевна закончит оформлять приемку почты. Черный «скайлайн» пришел к Виталику и попросил сгонять в Японию за стойками, которых здесь уже не найти. В том фрагменте мировой композиции, где наш приятель Виталик трое суток не мыл подмышек, но так и не начал вонять, нас смущал только один момент: в его паспорте были проставлены печати о пересечении границ в соответствии с теми датами, о которых он нам и говорил. И вместе с тем он отсутствовал в кабине почтового грузовика не более получаса.

– Я, когда из Токио прилетел, то сразу на аэроэкспресс до Угольной, там на маршрутку пересел, а стойки же с собой, четыре штуки, надо было такси, но что-то ума не хватило после всего. А в Овчарово когда приехал, вышел из маршрутки, за угол захожу — а эти дуры тяжелые, упаковку всю прорвали уже, ветер к тому же, смотрю: наш грузовик возле почты, а «скайлайна», конечно, нет. Ну и понятно, что уже не «наш» грузовик — меня-то, поди, за прогулы поперли, но я решил, что стойки в грузовик положу, а сам сейчас позвоню кому-нибудь, чтоб приехали меня забрали. Сижу с краешку, на пальцы дышу, тут Сергеевна такая: «Виталик, вы бы свои запчасти куда-нибудь сдвинули». А потом: «Виталик, что с вами? Мы едем или нет?»

— Виталь, а как ты «скайлайн» нашел потом, если его там не было?

— А по объявлению. Написал: «Куплю «Ниссан-Скайлайн» черного цвета без правой задней стойки». Ну мне и позвонили.

— А кто, бабка или дед?

Виталик посмотрел на нас немного настороженно.

— Внучка. Дед умер в прошлом году, а бабка вообще десять лет назад.

— А внучка?

На самом деле, мы не задали этот вопрос. Ни к чему было.

— Виталь, а Виталь? А расскажи, как ты в Японии стойки искал? Там же без местных черт ногу сломит, как ты разборку нужную нашел?

— А я и не искал. Мне их в гостиницу привезли. Я ночью почти прилетел, аэропорт у них закрывается, я в интернете посмотрел, где гостиница недорого, чтоб не в самом центре. Поехал, приехал, заселяюсь, а мне бланк дают. Заполнить, мол. А там «пурпоз ов ё визит». Как в аэропорту! Ну, я взял и написал, что стойки к «Ниссану-

Скайлайну» 1976 года выпуска. А через час мне их привезли. Вот и все.

И действительно, все. Это была наша последняя встреча с Виталиком, чей «скайлайн» буквально через неделю после этого вылетел с трассы на одном отроге Сихотэ-Алиня и пересек полнеба, прежде чем рухнуть в ущелье и перегородить какой-то безымянный ручей глубиной сантиметров пятнадцать.

Труп водителя в искореженной машине – да и вообще нигде – обнаружен не был.

МЕСТО, ВРЕМЯ

Том очень не любил ночевать в кустах. Иначе говоря: он не любил спать там, где его заставал нетрезвый час, совпадавший с темным временем суток. Это было сродни idée fixe – в любом состоянии добираться домой и проводить ночь в собственной постели. Хорошее, ценное правило. Особенно если учесть, что зима не являлась для Тома причиной сохранять трезвость; именно из соображений безопасности Том перемещал зимнее пьянство на первую половину дня (это во-первых) и ближе к дому (во-вторых). Теперь же было лето, практически никакого риска. В ту ночь Том был так пьян, что дорога домой стала для него чем-то вроде покорения Эвереста.

Ему действительно казалось, что иногда она почти вертикальная: тогда он опускался на четвереньки и полз по ней вверх — цепляясь правой рукой за бордюр, подтягивая туловище, словно бордюр являлся перилами. Том был крепким мужчиной, способным преодолеть любое внезапное бездорожье, он даже был сильнее, чем пятнадцать лет назад, — и делался сильнее год от года: почти ежедневное устремление к дому тренировало его, не позволяло хиреть мышцам. Но в этот раз дело шло трудно. Крутой подъем был еще не всей бедой; главная беда началась, когда Том наконец вскарабкался на площадь перед Домом культуры. Объемные тени от фонарей и деревьев лежали на растресканном асфальте торжественно и грозно. Увидев плато, заваленное буреломом, Том даже заплакал от отчаяния. Повиснув на бордюре и вытирая слезы свободной левой рукой, Том прислушивался к внутреннему голосу: пропадать? не пропадать? Голос молчал. В конце концов, Том решил взять ответственность на себя и нырнул в схватку с древесными богами, чтобы, если повезет, вынырнуть победителем на противоположной стороне.

Матерясь — то громко, то неразборчиво, — он начал перелезать через тени.

Из всех раздражающих факторов, присущих, с его точки зрения, любой деревне, больше всего Захарова бесило, что в Южнорусском Овчарове явно существовали собственные правила решения деловых проблем. Из каких пунктов эти правила состоят, что за шифр оберегает их от непосвященного человека, где хранится и как звучит то волшебное слово, что способно прорвать атмосферу взаимного непонимания, — сперва у Захарова было очень много вопросов, а к концу недели остался лишь один: что они делают со временем?

Захаров сходил с ума. Он чувствовал, как увязает в Овчарове, будучи не в состоянии сдвинуть заурядное, в сущности, дело с мертвой точки. Он приехал сюда искать подземные минеральные источники, а все, что ему удалось свершить за семь дней, — это заправить машину на местной бензоколонке и поселиться в бывшем доме колхозника, сделавшем головокружительную карьеру: на дверях старинного, длинного, как пакгауз, пристанища висела табличка с надписью «Hotel». Но поселился он здесь в первые пятнадцать минут пребывания в деревне, а после этого не произошло ничего. Не был решен ни один вопрос из того списка, с которым он сюда прибыл. И кому только скажи, почему так случилось, — не поверят. Захаров и сам понял причину своего надвигающегося сумасшествия, лишь когда оно угрожающе приблизилось, наклонилось над ним и заглянуло в глаза, то ли холодно, то ли ласково. В какой-то момент ему стало казаться, что местные жители обитают в ином, недоступном ему временном континууме. Они назначали встречу и не являлись на нее, они звонили по его объявлению, радостно соглашались с богатыми условиями и больше не перезванивали. Такого не случалось ни в одной местности из тех, где Захарову доводилось работать прежде.

В представлении Захарова местный континуум начинал выглядеть тяжелым верблюжьим одеялом, накрывающим деревню: население либо застревало в его складках, либо проваливалось в конверт пододеяльника, пропадая там навсегда. Захаров стал подозревать, что координатами времени здесь являются не цифры, а что-то совершенно другое, очевидное каждому школьнику или забулдыге, но недоступное чужаку. Или, что еще хуже, все сговорились дразнить и разыгрывать его. И делали это так артистично, с такими искренними лицами, с такими доброжелательными улыбками, что ожидать от этих людей можно было чего угодно.

Впрочем, в версию с троллингом Захаров не верил, но это не имело значения: время уходило безвозвратно. Для него-то оно еще оставалось стремительным, неслось, как река в ледоход, — через неделю бессмысленного пребывания в Овчарове он почувствовал себя островком в середине фарватера. Сроки выполнения работ проносились мимо, вспарывая берега острыми краями. На восьмой день командировки, окончательно разозлившись, Захаров угнал у здешних энергетиков экскаватор, приехал на нем к центральной площади возле Дома культуры, на глазах у всей автобусной остановки выкопал яму в дороге, обвесил ее заградительными ленточками и сел в кабину — ждать приезда местного начальства, неуловимого, как ящерица.

Не забывая ориентироваться на Дом культуры, который должен будет остаться сзади и чуть справа, Том перебирался через площадь. Высоко забрасывая ноги, балансируя руками — преодолевая метр за метром, — он приближался к промежуточному пункту победы: бордюру на противоположной стороне плато. Оставалось совсем чуть-чуть, а там вниз по склону, прямо, никуда не сворачивая, третий от краю двухэтажный дом, первый этаж, черная дверь, черный коридор, черная комната, черная кровать. Когда-то давно, когда он только-только приехал в Овчарово на практику и еще не знал, что останется навсегда, Тому рассказали страшилку про черного человека. Как он тогда смеялся! Страшилка так полюбилась ему, что он перекрасил свою квартиру в черный цвет. Всю, от пола до потолка. Как он говорил, «под себя». Том был негром. Единственным негром на всем побережье по эту сторону Тихого океана; не говоря уж о Южнорусском Овчарове.

До бордюра оставалось подать рукой. На нем тоже лежало бревно, но, во-первых, нетолстое, а во-вторых, это было уже не так важно: Том сосредоточился, прицелился, собрал силу в ноги, перешагнул через препятствие и в следующий момент полетел в пропасть. Еще через секунду наступила темнота. Удара не было.

Захаров просидел в экскаваторе до ночи, но так и не дождался, когда внезапная яма кого-либо удивит и вызовет вопросы. Тогда он сходил в магазин, купил лимон и коньяк, вернулся к яме, спрыгнул в нее, устроился поуютнее и распечатал бутылку. В небе висела полная луна, ее свет богато изливался на всю округу и наполнял собой привольную, глубокую яму. Захаров глотнул коньяку и вдруг понял, что не выберется наружу без посторонней помощи. Стены ямы вздымались вертикально, а края находились выше человеческого роста. Это была очень глупая ситуация. Захаров не хотел сидеть в яме до утра, но если у него и был выбор, то лежал он не между ямой и не-ямой, а между коньяком и не-коньяком. Захаров успел выпить треть бутылки, когда сверху зашуршало, посыпалось, и к его ногам – как-то уж слишком легко, изящно и кинематографично – упал мертвый негр. Захарова поразил лишь тот факт, что он, Захаров, негру не удивился.

Он сделал еще глоток коньяку, визуально измерил труп, затем, кряхтя, посадил его спиной к стене, буркнул что-то типа: «Прости, бро», – вскарабкался на удобные плечи и был таков. Оказавшись на воле, запоздало пожалел об оставленном внизу коньяке, несильно пнул трек экскаватора и пошел в hotel за вещами. Идти было недалеко: странноприимный дом располагалась на задворках Дома культуры.

Через полчаса Захаров неспешно покинул деревню. За ним никто не гнался. Время теперь было на его стороне.

Уже больше суток в главной дороге Южнорусского Овчарова зияла дыра, обвязанная по периметру заградительными ленточками. В принципе, яма никому не мешала: ее можно было объехать по левому, нетронутому краю дороги, протиснувшись между экскаватором и автобусной остановкой. Так все и делали. К вечеру второго дня поднялся ветер. Его порывом сорвало ленту с одного из четырех колышков, и она трагично, как выброшенный на помойку серпантин, шелестела над ямой, не имея возможности улететь в те края, где всегда Рождество.

Шелест ленты был первым контактом между Томом и его новой действительностью. Когда Том пришел в себя, он сразу понял, что не слишком долго находится (где бы сейчас ни находился): над шелестевшей лентой (каким бы целям та ни служила) висела все та же лунная ночь, которая застала его на краю плато. Но во всем происходящем было какое-то противоречие. Том собрал разрозненные пункты и догадался, в чем подвох: он, Том, был странно трезвым.

Болели ладони и плечи. Смутно вспоминались горы и пересеченная местность, на которой почему-то стоял овчаровский Дом культуры. Полета в пропасть Том не помнил, а о том, как оказался в яме и где она расположена, думать не желал: это было и не интересно, и не важно. Огорчало лишь нарушенное правило обязательной домашней ночевки — ведь только начни не соблюдать ритуалы, как вся жизнь покатится кубарем. Но Том быстро договорился с внутренним голосом считать ночевку в яме форс-мажором: было слишком очевидно, что без посторонней помощи наружу не выбраться. Том оглядел сначала вертикальные стены, затем верхний периметр, граничащий с лунным небом, и только после этого перевел взгляд на почву вокруг себя. За что и был вознагражден огрызком лимона и почти полной бутылкой коньяку. В ту секунду, когда Том отвинчивал пробку, сверху зашелестело, и на дно ямы упал человек в милицейской форме.

Том бросился на помощь упавшему, но тот, покряхтывая, уже вставал и сам.

– Здорово ушиблись? – спросил Том.

– Да не очень, – ответил милиционер, глянул на Тома и закатил глаза.

Том еще довольно долго хлопал милиционера по щекам, но тот был в глубоком обмороке. Тогда Том пододвинул его к стене ямы, усадил понадежнее, взобрался на его плечи и, забыв на дне ямы коньяк, был таков.

Свиридова назначили в Овчарово внезапно: родители надеялись, что будет хотя бы Уссурийск. С другой стороны, Овчарово расположено ближе к Владивостоку, а это приятный штрих. Кроме того, в Уссурийске Свиридову светило лишь общежитие, а в Овчарове, где целых два года не было своего участкового, предоставили сразу целую квартиру. Форму выдали тоже. Новенькую, довольно противную на ощупь, но было сказано: первые пару месяцев не вздумай наряжаться по гражданке, коли находишься на службе. Свиридов нарядился в форму и поехал кататься по ночной деревне на велосипеде. Машину ему не дали, но попозже обещали дать мотоцикл. В яму Свиридов упал совершенно по-дурацки: подкатил привязать оборванную ленту заграждения, слезать с велосипеда не стал, руль вывернулся, колесо стало перпендикулярно, вся конструкция начала сползать вниз по куче сухого грунта, в последний момент Свиридову удалось соскочить с велосипеда, но уже не получилось удержаться на краю — и вот он уже валяется на дне то ли ямы, то ли ада, и вот уже над ним склоняется то ли черт, то ли негр, а откуда взяться негру в яме Южнорусского Овчарова?

Свиридов сам от себя не ожидал, что способен валиться в обморок от таких вещей, как логическое противоречие. Но, скорее всего, сознание он потерял все-таки действительно от удара при падении, а не от того, что в первый же свой служебный вечер, нечаянно угодив в яму, повстречал там негра.

Захаров был уверен, что выкопанная им посреди Овчарова яма до сих пор не вызвала ничьего интереса. Он многое понял об этой деревне, пока сидел на дне и пил коньяк. Беспокоил только спасший его кадавр. Захаров чувствовал, что труп неизвестного ему негра будет сидеть на дне ямы, пока не начнется процесс разложения, который, быть может, привлечет внимание людей на остановке — а может, и не привлечет. Он не исключал и той вероятности, что из-за неприятного запаха перенесут в другое место автобусную остановку, но в яму так и не заглянут. Захарову было очень неудобно перед мертвым негром. И становилось все неудобнее и неудобнее — пока он не кинулся одеваться и распихивать по карманам документы.

К овчаровской яме Захаров подъехал уже поздней, но все такой же светлой ночью: над миром царило полнолуние.

Экскаватор стоял там же, где он его и оставил. Что и требовалось доказать. Ограждающая ленточка тоже была на месте. Поднырнув под нее, Захаров подошел к краю ямы, для верности подсвечивая себе фонариком, хотя, по большому счету, в дополнительном свете не было никакой нужды. Заглянул вниз, себе под ноги, и встретился взглядом с юным человеком, одетым в милицейскую форму. Человек откашлялся и сказал почему-то:

— Ваши документы.

— А где негр? — спросил Захаров.

— Убежал, — сказал человек, секунду помолчав. — Он смог вот как-то, а я не могу. Ваши документы.

— Да пошел ты в жопу, — сказал Захаров и, резко развернувшись прочь, фатально поехал вниз по грунтовой насыпи. Поймать равновесие он не сумел.

Том не мог уснуть. Во-первых, его мучил вопрос собственной трезвости, взявшейся непонятно откуда. Том ворочался на своей скрипучей от возраста черной кровати и склонялся к мысли, что разгадка таится в той бутылке, из которой он — видимо — пил на дне ямы. Как он это делал, Том не помнил, зато четко зафиксировал все последующие события: и то, как в яму упал юноша, переодетый в милиционера, и то, как он пытался привести юношу в чувство, и как выбирался из ямы по милицейским плечам, и как с удивлением обнаружил себя на площади перед Домом культуры, и как огибал сперва велосипед, потом экскаватор, и как шел домой, и как вспомнил — уже возле подъезда — о забытом в яме отрезвляющем коньяке, и как не стал возвращаться, в чем сейчас уже сильно раскаивался. В конце концов, он встал и начал одеваться, морщась от боли в содранных ладонях. Через десять минут он уже подходил к яме, а еще через минуту, охая и потирая спину, сидел на ее дне.

— Ваши документы, — сказал ему юноша, наряженный в милиционера. Второй находившийся в яме человек был Тому не известен. Незнакомец удобно привалился спиной к глиняной стене, пил из горлышка его, Тома, бутылки и с интересом следил за развитием событий.

— Сынок, пошел бы ты в жопу, — ответил Том милиционеру и обратился к неизвестному человеку: — Извините, я ни в чем не уверен на сто процентов, но не исключаю, что эта бутылка — моя.

Человек замер, хотел что-то ответить, но передумал, а вместо этого протянул бутылку Тому.

— Простите, я не знал. Она тут валялась, а господин полицейский, — Захаров кивнул в сторону милицейского юноши, — утверждает, что алкоголь в яму не брал. Я подумал: а вдруг хороший коньяк? И правда неплохой.

— Спасибо, — кивнул Том, — я его примерно часа два назад сюда обронил. — А вы давно здесь сидите?

— Да по-разному, — ответил Захаров, — по-разному. А кстати, что у вас тут со временем вообще?

— А что со временем? — удивился Свиридов. — Я не знаю, я не местный. Что со временем?

— Что со временем? — переспросил Том и глотнул коньяку. — А что с ним не так? Лежит себе и лежит — там, сверху.

Захаров молчал. Юный милиционер думал о чем-то своем. Том продолжал исследовать коньяк, приходя к выводу, что отрезвляющее действие тот оказывает на уже набравшийся организм, а на трезвый — наоборот. Но разочарования не было.

— Знаете что, — сказал наконец Захаров, — я, пожалуй, пойду.

— Куда? — спросил Том. — Поздно же еще.

— Сойдет, — сказал Захаров, — нормально.

— Я вам подам плечо, — сказал Том.

— Спасибо, — кивнул Захаров. — Я вам руку.

Последним вытащили Свиридова. Оказавшись на поверхности, милиционер хотел сказать «спасибо», но получилось опять про документы. Смутившись, он сел на велосипед, кивнул на прощание и уехал. Захаров и Том почему-то долго смотрели ему вслед.

— Вы тут в гостях? — спросил Том.

— А вы? — спросил Захаров.

— Вы не в гостях, — сказал Том, — и вы не здешний.

— Сколько сейчас времени, интересно, — сказал Захаров.

— Лето, — указал Том на клумбу перед Домом культуры, — ночь.

«Ноги моей здесь больше не будет, — думал Захаров, мчась к федеральной трассе, — никогда здесь не будет больше моей ноги».

И вдруг резко, с заносом оттормозив, развернулся в сторону только что покинутой деревни — у самого в нее въезда мельком увидел указатель с надписью «Южнорусское Овчарово», гостеприимно перечеркнутый красной линией — и, сбавив скорость до шестидесяти, въехал на главную улицу, куда, кажется, уже начал опускаться предутренний туман.

ПРОВОДНИК

— Я нарисую самое большое в мире ретабло, только давай уже хватит, — бормотал Соник, — давай уже выведи меня отсюда, пожалуйста, будь другом.

Судя по цифрам на телефоне, было три часа ночи. Еще минимум три часа до начала рассвета — и уже четыре, как он бродит по этой местности вообще и по лесу в частности. По лесу, в котором невозможно заблудиться ни днем, ни ночью, никогда: потому что не лес это вовсе, а просто заросшая деревьями небольшая сопка позади Давидовки. Позади, а не перед нею; между Давидовкой и Овчаровым сопок нет, а есть лишь грунтовка посреди заброшенных полей, всего-то пути три километра, выходишь сразу на Восьмой, а там пять километров сквозь деревню, полчаса быстрым шагом — все время по асфальту, а в центре вообще фонари горят, словно в Европе где-нибудь, уже не потеряешься, там рукой подать до дома. Но Соник уже почти перестал верить, что когда-нибудь попадет домой. И что когда-нибудь настанет утро.

В наших краях очень часто кружит и морочит. Никто не знает почему: в общем и целом место вполне благополучное, не проклятое, тысячу раз проверяли. Тем не менее то и дело слышишь, как кто-то опять заблудился в трех кедрах, чуть не сгинул в пяти дубах, едва не пропал в болотце полтора метра диаметром и глубиной лягушке по пояс, потерялся на сопке между Третьим мысом и Косым переулком, не вышел на связь в районе Лагуны — и так далее. И ладно бы происходили все эти истории с горькими пьяницами, так нет — все сплошь люди трезвые. А как начнут рассказывать, по каким чащобам их носило, так слушаешь и не веришь. Думаешь: врут для красоты. Но Соник точно не врал. Ему ни к чему, он не настолько любит общество людей, чтобы приукрашивать для них действительность еще и вербально.

— Я взрослый здоровый мужик, мне скоро полтос. — Соник говорил вслух, потому что тишина вокруг была невыносимой. — И росту во мне... Стоп машина. Опять эти железные заборчики.

Никто, впервые увидев Соника, не верит, что он художник. Сразу переводят взгляд на его руки — ищут подтверждения. А что руки: какое туловище, такие и руки. В Сонике росту больше двух метров, два ноль семь, если точнее; и — нет, в баскетбол Соник никогда не играл, даже в юности. И как же его замучили этой шуткой про НБА или шуткой про вворачивание лампочки сидя —

хоть в деревне, хоть в городе люди обожают шутить одинаково и цитировать одно и то же, но каждый, конечно, полагает, что именно его шутка свежа, юна, не знавала других пользователей и что именно он у нее единственный автор.

Считается, что на художника Соник действительно не очень похож — несмотря на то, что у него сивая, трехцветной седины, коса до лопаток, и серебряное кольцо в ухе, и никто в мире не знает, как должны выглядеть художники. Но зато все знают, как выглядят баскетболисты: как Соник. Несмотря на сивую косу. Ну, коса. Но зато руки — оглобли, и ноги — ходули, и туловище длиной 207 — мужик, ты как ездишь в плацкартном вагоне на верхней полке, ты ж, поди, весь коридор перегораживаешь ножищами? В ответ вежливый Соник с почти неслышным скрежетом оформляет рот в улыбку: я не езжу в плацкартном вагоне, я вообще не езжу поездами, я люблю самолеты и всегда бронирую места у аварийного выхода, у меня золотые карты трех авиакомпаний и масса бонусов, не езжу я поездами, не-ез-жу, и сроду не играл в баскетбол.

Еще одна популярная — до Сониковой тошноты — шутка: обращенный к нему вопрос, не в жанре ли миниатюры он работает. Обошлось пока без убийств, хотя иногда чувствуется, как опасно шутник балансирует на краю жизни. Соник улыбается скрипящей улыбкой железного дровосека и в очередной раз дарует пощаду очередному ничего не подозревающему юмористу.

Работает Соник монументально. Никогда не режет холсты вдоль, а только поперек — отрезает от рулона нужную длину, метра три или четыре — или, был случай, семь. А ширина обычно устраивает его стандартная: два десять. Или два сорок. Или два семьдесят. Иногда — не очень часто — он берет две ширины и сшивает их, сгорбившись, на допотопной швейной машинке с ручным приводом. Со стороны это выглядит так, будто проштрафившегося пирата усадили в трюм чинить паруса. Какое там НБА – Соник был бы совершенно органичен бушпритам, мачтам и стеньгам, ему бы очень подошло стоять на пертах, почти не держась за рею, но и в своей мастерской, рядом со спинакерами и генакерами полотен, он тоже выглядит уместно. На их фоне он даже не кажется слишком высоким.

– Ты жалкий маленький трус. Заткнись, достань лучше телефон. Ну на. Опять подсветить фоточку?

Именно потому, что подрамники нужного Сонику размера не вмещались в стандартную городскую квартиру, Соник и стал жителем Южнорусского Овчарова. Дом в деревне он удачно купил в странное, непонятное время – в 2001 году, когда цены на квартиры во Владивостоке назначались как попало из головы, а дома в шестидесяти километрах от города не стоили дороже пяти тысяч долларов. В голове Соника тогда возникло сразу несколько цифр, он выбрал среди них самую графически красивую и композиционно уравновешенную, агент кивнул, а уже через пару недель бригада северокорейских строителей рушила под присмотром Соника внутренние стены и перекрытия в почти жилом кирпичном коттедже на берегу овчаровского лимана. Оставшихся от квартиры денег Сонику хватило не только на покупку и реконструкцию дома, но и на несколько лет вполне безбедного существования, включая путешествия, а также, под занавес, – на приобретение хромой лошади, которую он выкупил у забойщиков. «Недвижимость за недвижимость», – констатировал он, имея в виду обмен последних квартирных денег на кобылу, предпочитающую всем аллюрам единственный: стоять. Лошадь стояла под сливой в Сониковом саду, слегка поджав правую заднюю ногу, и благодарно трогала Соника губами в щеку, когда он подтаскивал ей очередную охапку скошенной травы. Наклоняться ей для этого не приходилось, наоборот — она слегка тянулась вверх. Соник еще построил лошади зимнее стойло, и тут деньги иссякли уже полностью. Впрочем, после их окончания вдруг начали продаваться Сониковы парусоподобные картины — хоть и редко, зато метко: дорого и сразу по несколько штук. Соник считал, что коммерческий прорыв произошел благодаря хлопотам Франциска Ассизского, оценившего его, Соника, заботу о хромой кобыле. «Если бы не Соник, быть бы кобыле кониной», — шутили соседи Соника. У нас тут вообще многие любят пошутить, Соник уже начал опасаться, что у него лицо когда-нибудь заржавеет держать улыбку, настолько часто приходится быть вежливым.

— Ну и подсветить. Ну и подсвети. Ну и подсвечу.

В Давидовку он пошел, потому что в тамошний круглосуточный магазин привезли «Беломор», а в Сониковом саду еще в июне обнаружился внезапный кустик особого сорта лебеды, в августе доросший наконец до своего часа. Держать его дальше Соник счел слишком рискованным: макушка растения уже переросла крышу веранды и стала заметна со стороны улицы, хотя, конечно, кто бы там чего разглядывал — у всех в огородах что-нибудь да растет. У некоторых даже дыни вызревают, и ничего, никто не крадет.

Но Соник, косивший в тот день траву для лошади, почти нечаянно махнул триммером лишку, свалил куст и вечером отправился за «Беломором» в соседнюю деревню. Пошел пешком, хоть и поколебался некоторое время в выборе между велосипедом, машиной и собственными ногами. Ноги победили: у велосипеда оказалось спущенное колесо (кто-то из собак откусил ниппель), а машина проиграла тендер, потому что движение – жизнь, здоровье и все такое. Если бы победила лень, уже бы давно лежал дома на полу и смотрел «Ледниковый период»: сколько лет было интересно, как это дело пойдет под лебеду, да все не удавалось собрать ингредиенты в одну тарелку – то, например, Амстердам есть, но нету «Ледникового периода», то «Ледниковый период» вот он, да местность вокруг неурожайная. Наконец сложилось. И Соник пошел за папиросами.

Когда он вышел из Давидовки с нетяжелым грузом пачек, рассованных по карманам, на линию горизонта тяжело и важно взгромоздилась почти полная луна. Было светло и даже ярко – грунтовая дорога просматривалась далеко вперед, поблескивая вкраплениями кварца. Ветра не было, вокруг стояли тишь да гладь, но идти было неприятно. Сонику все время казалось, что он идет не в ту сторону, и он несколько раз экзаменовал дорогу на соответствие ориентирам: расщепленный дуб есть? – да, вот он, справа; шина от «КамАЗа» перед развилкой? – да, вот шина, вот и развилка. Что не так? – все так. Все не так.

Вдруг брызнуло дождем, кварц погас, застигнутая врасплох луна еще сопротивлялась, пыталась отбиться от туч, но все было бесполезно – тучи сожрали ее как миленькую. Соник завороженно следил за гибелью луны, остановившись и задрав голову. Видимо, сразу после этого и сбил направление, пошел в обратную сторону, хотя трудно было утверждать наверняка: огней Давидовки он тоже не видел – но, возможно, обошел деревню по дальней, полевой петле дороги и деревня оказалась закрыта от него перелеском. «Беломора» купил зачем-то десять пачек, и вскоре стало очень неудобно идти – до тех пор, пока не растерял пачек пять; оставшиеся как-то утряслись и больше не мешали. Или Соник просто перестал обращать на них внимание, потому что неудобство при ходьбе постепенно отступало — и отступило — перед куда более сильным чувством. То был страх: сначала осторожный, затем уверенный и тоскливый, а чуть позже — грозящий перерасти в панический ужас. Соник был прекрасно осведомлен о свойствах местности загуливать народ. И больше всего он боялся в сложившейся ситуации двух вещей: провалиться в болото, которых полным-полно на заброшенных полях, или выйти к Давидовскому кладбищу, которое, судя по тому, что шел он, явно поднимаясь вверх, было уже где-то рядом.

— Вот иду по Уругваю, ночь хоть выколи глаза, — пропел Соник и нервно хмыкнул: голос был хриплым и жалким. Голос труса.

— Я здоровый взрослый мужик, — сказал Соник и продолжил: — Ага, расскажи это своей мамочке.

Голос зазвучал чуть лучше. Соник откашлялся и привел аргумент:

— Во мне два метра семь сантиметров росту. Если бы я ехал в плацкартном купе на верхней полке...

— Ты маленький трусливый мудак, — перебил Соник Соника. — Таких не берут в НБА.

Говорить лучше, чем молчать.

«Надо просто молоть что попало, — подумал Соник словами в голове, — любую чепуху, нести что на язык попадет, лишь бы не тишина».

— На этих полях могли бы быть бахчи, — сказал он, — и расти арбузы. А где ты тут видишь поля? Нигде я не вижу поля. Я вообще ни хрена не вижу, по чести сказать. Я тоже. Ты знаешь, а ведь болота лучше. Да. Я знаю.

Соник очень не любил Давидовское кладбище. Старался даже на велосипеде не ездить мимо. Почему? —

ответить на этот вопрос Соник мог, хотя меньше всего стремился формулировать истинную причину своего страха: в конце концов, нелюбовь к погостам более нормальное явление, чем тяга к ним. Соник не любил погосты. Особенно давидовский. На нем, даже если просто проходишь мимо, ощущается присутствие жизни. В природу которой не хочется вникать даже при свете солнца, а уж в черном освещении отсутствующей луны и подавно.

– Не надо про кладбища, давай про арбузы. Арбуз это ягода. Тебе не кажется, что для ягоды у него слишком жесткая кожица? Мне кажется, что мы с тобой приплыли не туда, друг мой Соник. Расскажи-ка мне какое-нибудь стихотворение. Ты помнишь наизусть какое-нибудь стихотворение? Да, я помню наизусть какое-нибудь стихотворение. Трусоват был Ваня бедный раз он позднею порой весь в поту от страха бледный чрез кл... Заткнись. Хорошо. Ты идешь вверх. Я знаю. Не надо идти вверх. Надо идти вниз. Я знаю.

Видимость была нулевой. Собственный голос вяз в темноте, уже почти не достигая ушей.

Соник собрал нервы в кулак, сосредоточился, заставил себя остановиться, развернулся на 180 градусов и пошел вниз. И буквально через несколько шагов наткнулся на железную оградку.

– О боже мой.

– Не обоссысь.

– Сам не обоссысь.

– Дай телефон.

– На телефон.

Соник включил телефон и приблизил его к помехе спереди. Голубоватое неяркое облако вытащило из тьмы передний план: бурьян, а над ним висящее в воздухе, ни к чему не приделанное бородатое безглазое лицо. Соник не выронил телефон только потому, что пальцы свело судорогой. Через пару секунд понял, что таращится на вылинявший портрет какого-то старика, похороненного в этой самой могиле, на которую он, Соник, практически залез ногами.

— Прости, дед, мы сами не местные, мы из НБА, мы уже уходим.

Соник попятился прочь, но поскользнулся на влажной траве и приехал обратно, больно ударившись коленкой о край оградки.

— А вот и снова мы, дедушка, мистер сноу мистер сноу вы придете в гости снова через час даю вам слово вот спасибо мистер сноу, простите извините, простите извините, я был бы рад вас не тревожить, но ничего не получается, вы же видите.

Соник бормотал и пытался оценить при слабом свете телефонного экрана расстояние до конца кладбища, но облако света ловило только мелкую, почти микроскопическую сечку дождя. А если опустить телефон к бедру, то все равно ничего, кроме портретов ближайших мертвецов, не видно.

Соник погасил экран и прошел сколько-то метров на ощупь, в глухой тьме, пытаясь понять, что хуже: видеть или не видеть. Хуже было и то, и другое. Нащупал плечом дерево, проверил руками: точно, дерево; пошарил вокруг — вроде только трава; стараясь не выпускать дерево из тактильного контакта, опустился на корточки, а затем сел на землю и закрыл глаза.

— Ты зачем сел, дурак? Потому что устал. Ты нашел место сесть. Тебе не все равно? Мне не все равно. Встань и включи телефон. Сейчас. Да, сейчас.

Вставать Соник не стал: просто включил экран и сделал рукой дугообразное движение. Из темноты тут же выступили вертикальные ребра оградок. Они были и слева, и справа, и спереди. Сам Соник сидел на могиле, утратившей персональный забор: только высоченный, уходящий в черноту, покосившийся крест.

– Вставай, мудила. Зачем? Домой пошли. Ну пошли. Веди.

Соник наконец встал, выставил телефон вперед и побрел на его свет как рыба-удильщик, заблудившаяся в останках затонувшего корабля. Он плыл по кладбищу, то и дело утыкаясь светом в препятствия, заставляющие менять курс наугад, до очередного препятствия. От портрета к портрету, между взглядами сквозь бурьян или железные прутья.

– Я нарисую ретабло, если ты меня отсюда выведешь. Ты к кому обращаешься? Не знаю. К кому они обычно обращаются? К Деве Гваделупской. Нет, она по проституткам. Да, невежливо отвлекать. Вспоминай, кого еще знаешь. Деву Сан-Хуанскую. Нет, девы тут не помогут. А кто поможет? Вспоминай. Я не помню, кого они просят, когда скелеты. А причем тут скелеты. Ну как же. Заткнись и вспоминай, кого еще знаешь. Из католических? Из любых уже давай. Любых не помню тоже. Да ладно, а Магомет. Еще Будду скажи. Кому из них ретабло? Да я их в двух шагах не отличу. Ты помнишь, как креститься по-католически? Не очень. Святых вспоминай. Я пытаюсь. Вспомнил. Франциск Ассизский. Молись Франциску, животное.

– Дорогой Франциск, выведи меня отсюда, я нагулялся.

Когда вдалеке между деревьями мелькнул луч фонаря и погас, Соник почти равнодушно подумал: молния, что ли? Снова мелькнул и снова погас луч. Кто-то шел: то ли по тропинке сквозь кладбище, то ли по дороге параллельно ему. Соник метнулся к свету, опять налетел на оградку, чуть не упал, чертыхнулся, поймал равновесие и, ни секунды не раздумывая об ирреальных и реальных опасностях, крикнул на весь погост:

– Эй! Люди! Посветите мне! Я не вижу, куда идти!

Фонарь вдали некоторое время не отзывался, а затем вспыхнул и перешел в режим мигания. Соник попытался бежать к нему, но в короткие промежутки света не успевал разглядеть путь.

– Я не вижу! – крикнул он.

Кладбищенские обитатели настороженно молчали. Фонарь погас.

– Кто здесь?

Живой человеческий голос отозвался в ушах Соника сладостным эхом.

– Это я, – сказал Соник. – Я заблудился и не вижу ни хрена.

– Я вас тоже не вижу, – сказал живой человек. – У вас есть телефон?

– Да!

Соник включил экран и поднял руку над головой.

– Стойте на месте, сейчас я к вам подойду.

Луч фонаря запрыгал по макушкам памятников, то приближаясь к Сонику, то отдаляясь от него. Путь держателя света показался Сонику бесконечно долгим: топчась среди надгробий и оградок, Соник даже начал ощущать, что у него замерзли ноги. Наконец луч обшарил пространство рядом с ним и мазнул по его лицу – Соник инстинктивно прикрыл глаза, сделав ладонь козырьком. Человек опустил фонарь, остановился и сказал:

– Следите, покажу выход.

И посветил между оградками.

Казавшийся хаотичным некрополь вдруг приобрел некоторую упорядоченность. Соник увидел узкую тропинку, освещаемую фонарем неизвестного благодетеля, и пошел по ней, временами буквально протискиваясь между оградками.

– Не сворачивайте, – посоветовал благодетель. – Тут действительно как-то все... без архитектора.

Поравнявшись со своим спасителем, Соник еле удержался, чтобы не вцепиться в его рукав. Уже довольно продолжительное время он слышал странный ритмичный звук, но все не удосуживался задуматься о его источнике.

– У вас зубы стучат, – сказал спаситель. – Замерзли?

– Д-да, – кивнул Соник. – Я тут уже четыре часа шастаю.

– Почему же вы не позвонили никому? – удивился его нечаянный кладбищенский собеседник. – Здесь все телефоны берут нормально.

– Как-то невежливо людей ночью на кладбище звать, – пояснил Соник. – Ладно бы еще ногу сломал, не дай бог, конечно.

– Да уж, – нейтрально отреагировал человек. – Не отставайте, идите прямо за мной. Можете держаться за меня.

Соник опять чуть не вцепился в рукав неизвестного, но сдержал порыв. Буквально через три минуты небыстрого шага оба уже стояли на твердой грунтовке, ведущей прочь от погоста – к заболоченным полям.

Соник перевел дыхание.

– Спасибо вам.

– Да не за что, – слегка усмехнулся собеседник. – Как вас зовут?

– Сс... Александр. А вас?

– Фф... Фёдор. Вы, наверное, в Давидовку шли и поворот проскочили?

– Из. Не знаю, как так вышло. Я в Овчарове живу. Гулял, решил в магазин зайти, раз уж близко. Зашел. Вышел. Пошел не в ту сторону. Не знаю как.

Соник решил не вдаваться в околобеломорные подробности.

– Бывает, – кивнул Фёдор. – А если вам в Овчарово, то нам частично по пути.

– А куда же вы? Тут больше некуда же, – удивился Соник.

– Я к болотам сверну. Мне к болотам надо.

– Ночью?!

– Ну, до рассвета часа два, а мне еще устроиться и притихнуть.

Соник потрясенно и молча шагал рядом.

– Сейчас цапли пролетные сели, я к ним, – пояснил Фёдор.

– Зачем? – спросил Соник.

– Завтраком кормить! – расхохотался его собеседник. – Считать. Я орнитолог.

– А, – обрадовался Соник. – По пяти?

– Ну, умеючи можно и по два десятка. В общем, ничего сложного, навык только нужен. Ну, вот здесь я и сверну. Всего доброго!

– И вам. Удачи и всего доброго. И спасибо огромное. Я бы там сдох до утра.

– Сдохнуть бы не сдохли, – серьезно ответил Фёдор, – но умом бы рехнулись. Нельзя живому человеку ночью на кладбище.

– Да уж, – согласился Соник.

Орнитолог на прощанье поднял правую руку, согнутую в локте. Соник повторил жест.

– Извините, – сказал вдруг птицевед. – А кто вы по профессии?

— Художник, — ответил Соник.

— Я так и подумал. Ну, удачи вам! Творческих успехов.

— И вам удачи. И — спасибо еще раз.

Через двадцать минут Соник вошел в дом: на Восьмом удалось тормознуть машину, и оказалось, что по пути — мужик ехал рыбачить на лиман.

— Привет, — сказал Соник своему отражению в зеркале, — а я вот тут за папиросками сбегал. А ты чем занимался?

И через минуту рухнул спать — не раздевшись, не приняв душ, не покурив ни лебеды, ни даже обычной сигареты.

Проснулся в обед: помят, ленив и разбит. Болели все 207 сантиметров туловища, саднили ладони рук-оглобель, ныли синяки на ходулях-ногах. Не возьмут в НБА, ой, не возьмут.

— Вставай, ленивая скотина, ты обещал ретабло. Выбирай. Или ретабло, или в табло. Встаю. Выбрал. Уже встаю. Не видишь? Уже встал. Иди корми лошадь и собак, а потом сразу за ретабло. Тебе еще сюжет придумывать, композицию, кофе пить, курить и все такое. Чего там придумывать, все уже придумано. Да ну, ты брось, когда успел? Да тогда и успел. Ну-ка, расскажи. А чего рассказывать: семь на пять метров. Святой Франциск считает цапель.

— Не кормит? Точно?

— Да точно, считает.

САНАТОРИЙ УСТАВШИХ АНГЕЛОВ

Владыч смотрел в окно и ругался вслух – растерянно, безнадежно и безрезультатно:

– Вашу мать. Я так не играю. Только этого мне не хватало. Только этого и не хватало. Вашу мать. Вашу мать. – Морок не рассеялся, и строительная площадка на месте привычного пустыря за его забором не обернулась обратно в пустырь. – Вашу мать.

Да нет, какое волшебство, ничего такого вообще: никаких пока фундаментов, никаких котлованов – откуда бы им взяться сейчас, в полдень, если вчера их не было. Пока только экскаватор. Маленький зеленый экскаватор на пустыре за забором, по самые окна в прошлогодних бодылях. Но и его достаточно, чтобы понять: сегодня утром пустырь умер. Там, где появляются маленькие зеленые экскаваторы, пустырям больше нет жизни. Вашу мать.

Владыч стукнул кулаком по подоконнику и добавил:

— Ёб. — Как будто услышав и приняв это за команду, экскаватор дернулся, развернулся на месте и обнаружил поднятое забрало, оказавшись еще и бульдозером. Что совершенно не меняло ситуацию в лучшую сторону. Экскаватор-бульдозер опустил нож и приступил к работе. На расстоянии это было похоже на бритье чьей-то большой головы. Мне под ноль, пожалуйста. Вы уверены? Да, конечно. Ну хорошо, под ноль так под ноль. Вашу мать.

Владыч спустился на кухню, налепил тарелку бутербродов с колбасой и сыром, сварил большую кружку кофе и с полными руками завтрака вернулся к окошку, откуда было удобно следить за деятельностью зеленой машинки для бритья приговоренных пустырей. Жевал, запивал и думал: «Нет, ну не вашу ли мать, а?»

Мало кто любит, когда на место отсутствующих соседей въезжают соседи присутствующие. Как будто прямо к тебе в огород приехали, да еще с бумагами, подтверждающими право ездить экскаватором по твоей моркови и смотреть на закат вместо тебя. «Хоть бы одноэтажный, — думал Владыч, — ну хоть бы одноэтажный». Никакой моркови у Владыча в огороде не росло. У него и огорода не было: вся территория, шесть лет назад побритая таким же бульдозером — только, кажется, голубеньким, — была убрана под газон, по которому Владыч самолично, не призывая никаких контрактных садовников, с мая по ноябрь дважды в месяц разъезжает на четырехколесной косилке — играет в газонокосильщика; так ему нравится.

Ему вообще нравится играть: в счастливо разведенного бездетного мужчину; в учредителя и директора проектно-архитектурной мастерской; в волонтера пары-тройки экологических организаций; в наблюдателя за четырьмя открытыми горизонтами. Игры — сперва в счастливого холостяка, а затем и в наблюдателя за горизонтами — подтолкнули его сделать ставку на пустырь, расположенный на отшибе Овчарова: Владыч поставил и выигрывал целых шесть лет. Пустырей было два, но у второго — Владыч тогда хотел купить оба — оказался в наличии собственник, точнее, собственница, вступившая в права совсем недавно, а следовательно, не пожелавшая идти на новую сделку; встретиться и обсудить возможность перепродажи участка она отказалась вежливо, но категорично.

За шесть лет, проведенные в окружении горизонтов, на соседском пустыре никто не появлялся. Зеленый экскаватор стал первым пришельцем — и сразу таким фатальным. Хоть бы они строили одноэтажный. Вашу мать, прошу тебя, пусть будет одноэтажный.

Владыч дожевал завтрак, допил кофе и поехал играть в директора. А когда, забыв о ландшафтных неурядицах, разыгрался как следует и даже немного устал, пришла пора игры «надо ехать домой». Эта игра размеренная, не очень длинная, но приятная. Можно было, конечно, проехать чуть дальше и посветить фарами на пустырь — посмотреть на степень его разрушения, — но Владыч вспомнил о нем, лишь когда загнал машину во двор и замкнул ворота.

— Вашу мать, — пробормотал он, — вот же вашу мать.

А наутро увидел в окно квадратную коричневую лысину с удивительным хайром по периметру: они вчера не только побрили пустырь, но и успели вкрутить опоры под будущий забор. Интересно девки пляшут. А главное — быстро-то как.

В последующие дни на бывшем пустыре воцарились строители. Это была бригада узбеков, переговаривающихся громко, отрывисто, по-птичьи. Владыч поймал себя на том, что готов наблюдать их целые дни напролет, настолько умиротворяющее зрелище они собой представляли — но мог торчать у окна только с одиннадцати утра и до полудня: он поздно ложился и рано не вставал, а в полдень уезжал туда, где был нужен другим игрокам. Владыч компенсировал свое неучастие в игре узбеков тем, что стал завтракать на подоконнике в коридоре второго этажа, откуда лучше всего было видно стройплощадку. И снова не проиграл: ни разу не застал строителей за работой. Они всегда, все время, пока Владыч ел бутерброды и пил кофе, курили. Сначала курили на деревянной опалубке будущего фундамента — фундамента длиной с Транссиб, если развернуть и расправить углы: «Будущие соседи разошлись не на шутку, уж не пятиэтажку ли они строить собрались, вашу мать, — нервничал Владыч и сам себе отвечал: — Да нет, это невозможно, сваи заглубили максимум на полтора метра, свай немного, фундамент ленточный, какая пятиэтажка, успокойся».

Затем он застал узбеков, куривших уже не на опалубке, но собственно на ростверке фундамента. Они сидели на серой железобетонной ленте, как воробьи, нахохлив воротники спецовок: на дворе была поздняя осень с обманчивым солнцем и пронизывающим северным ветром. Затем Владыч видел, как узбеки курят, сидя на еще невысокой, но уже стене. Затем — свесив ноги из оконных проемов. После этого они опасно курили на обвязке перекрытия первого этажа, потом — наращивая обороты и увеличивая риски — на стропилах, и наконец, в завершение программы, смертельным номером – на коньке крыши. Дом вырос сам по себе, под присмотром азиатских агрономов, умеющих взглядом, под сигаретку, выращивать пустынные миражи – так что вырастить дом им было ерундовой задачей: управились за пару месяцев. Слава вашей матери, дом у них получился одноэтажный. И ужасающе похожий на сарай, на который кто-то небесный уселся большой задницей и расплющил его в аккуратную квадратную лепешку. Никакой архитектуры; впрочем, плевать.

Однажды Владыч задержался у окна дольше обычного и увидел разгрузку отделочных материалов: узбеки взваливали на себя упаковки ротбанда и павермента – видимо, не умея управлять тяжелыми мешками так, чтобы те самостоятельно слезали с грузовика и заходили в дом; и Владыч вдруг понял, что может очень легко узнать, что за назначение у этой громадной приплюснутой коробки, построенной по соседству с его домом. Конечно, эти знания ничего не изменят, они необязательны, как и любая игра, но внезапное любопытство потребовало удовлетворения. Владыч взял телефон и позвонил приятелю, бывшему однокашнику, а ныне председателю сельского поселения «Южнорусское Овчарово» – делов-то, вашу мать.

– Олегыч, я спросить звоню. Ты не скажешь, что это такое построили со мной рядом? Да, Маркса-Энгельса, 72.

– Привет, Владыч, – ответил начальник деревни. – Маркса-Энгельса, 72? А, знаю. Дурдом.

– Что??

– Психиатрическая клиника. Частная. Да ты не переживай, она для тихих.

– Вашу мать. Вашу мать. Вашу мать.

Сказать по чести, психиатрическая клиника в Овчарове была не худшим вариантом. В соседней деревне, в Привольном, построили тюрьму для женщин пенсионного возраста, и никто даже не спорил, а наоборот, все обрадовались: тюрьма стала градообразующим предприятием, все туда пошли работать, некоторые даже свою работу в городе бросили, чтоб было поближе к дому. Дурдом же в Овчарове просто обязан был появиться рано или поздно, потому что где ему быть, если не здесь, где пятьдесят процентов населения странные, а вторые пятьдесят — странноватые.

Так рассуждал глава овчаровской администрации, человек в деревне относительно новый — десять лет назад приехал, но зарекомендовал себя до такой степени хорошо, что на последних выборах жители единогласно свалили на него обязанность ездить по Овчарову в допотопном советском «уазике» с брезентовым верхом.

«Вот взять Октябрьскую, — продолжал рассуждать Олегыч сам с собой, сворачивая на Октябрьскую, — дом через дом буквально странные люди. Одна сумасшедшая Смирнова с четной стороны стоит всей нечетной, а ведь и там...» Олегыч не успел додумать: споткнулся мыслью о многоголосый собачий лай и вынужденно остановился. Вот и Смирнова, легка на помине. Везет свою телегу с говном, даже по сторонам не смотрит.

Бабка Смирнова действительно никогда не смотрела по сторонам. Даже на собак не оглядывалась — привыкла. Собаки же сопровождали ее всегда. Она идет, толкая самодельную телегу, полную картонок, пластиковых бутылок и жестяных банок. Все это упаковано в брикеты, стопки и связки, сложено аккуратно, обмотано веревками, чтобы ничего не упало со скорбного транспорта, созданного каким-то неведомым умельцем явно под перевозку подобного праха и тлена. Прах и тлен —

бабкина добыча за день. Сама старуха, еще до переезда в деревню впавшая в старческое убожество, всегда, тем не менее, смотрелась празднично и даже стильно. В этот раз на ней были недорогой, но вполне добротный китайский пуховик приятного оливкового цвета и оранжевые штаны-гамаши. Обута Смирнова была в тяжелые матросские ботинки черной кожи. На руках – велосипедные перчатки без пальцев: под цвет гамашей оранжевые митенки, вооруженные с тыльной стороны резиновыми шипами для лучшего сцепления с рулем. На голове у бабки была оранжевая же шерстяная повязка с надписью «Sky» – в Китае часто ошибаются на одну-две лаовайские буквы. А в общем и целом сумасшедшая старуха выглядела как хипстер. В двух шагах не отличить. Если, конечно, не обращать внимания на телегу и собак.

Деревенские псы следовали за Смирновой всю дорогу до самой калитки, и в свиту разномастных и разноразмерных псов вливались все новые и новые участники, так что к финишу прибывало тридцать-сорок собак, а то и больше. Зимой, когда повозка Смирновой увязала колесами в снегу или скользила по черной гололедице, издали казалось, что собаки бегут в упряжке – только странно было, отчего каюр не сидит сзади, а движется во главе, вместо вожака, да еще и нарту толкает перед собой. Летом же зрелище было без похожестей на что-либо, но все равно довольно экзотичное. Собак воодушевляла не Смирнова, но ее сухогруз, корабль-санитар, фантастическая техника, колесная говновозка будущего. Эта повозка, действительно, была способна поразить не только собачье воображение, но и потрясти любое живое существо, встреться оно на пути. От него всесезонно разбегались коты, в теплое время года разлетались куры и гуси, а коровы с телятами обращались в соляные столбы, надеясь, что сольются с травой или пыльной дорогой и сделаются незаметными. Повозка была удивительной. Ни один человек в мире не смог бы опознать в ней детскую коляску, каковой она являлась когда-то. Ее истинный цвет давно смешался в господней палитре с теми кляксами, что еще оставались после раскрашивания воды и тверди. В модернизацию коляски при ее техобслуживании шли совершенно неожиданные вещи. Сидя в «уазике», овчаровский мэр успел разглядеть, что одно из четырех колес — кстати, совершенно разных по диаметру и толщине — когда-то принадлежало швейной машинке, а вместо ручек торчали две оглобли с остаточным блеском никеля. Если бы Олегыч пригляделся, смог бы опознать в оглоблях рукоятки зонтиков. Они крепились к бортам веревками, продетыми в дыры обшивки, и лишь слегка выступали за габариты корпуса. Вся конструкция была крива и кособока, при езде припадала на швейное колесо, зонтики норовили выскочить из уключин, и все это, нагруженное брикетами хлама, каждую секунду грозило рассыпаться, но хромоногая арба держалась молодцом. Олегычу казалось, что она ездит по дорогам Овчарова с тех самых пор, как переселенцы из южнорусских степей воткнули в местную почву первый дрын. Но он знал, что это было не так: Смирнова появилась в деревне годом позже его самого — правда, уже спятившая, но с той поры не изменившаяся даже внешне. Как и ее родственница, которая и присматривает за бабкой, да хорошо присматривает! — вон она какая ходит, не в рванине, приличная. Родственница то ли дочь, то ли сестра. Тоже не меняется с годами, но меняет — время от времени — автомобиль. Когда они сюда переехали, у них был красный «джемини». Потом белая «камри». Сейчас возле их забора стоит салатного цвета «витц»: вон, его даже отсюда видно, из «уазика». Вполне обеспеченные люди; но достаток, как известно, не влияет на состояние мозгов.

Олегыч сидел в «уазике» и смотрел, как пижонистая сумасшедшая бабка управляет своей ладьей. Привычно и очень ловко — незаметным тычком ладоней в зонты — придавая ей остойчивости, маневренности и нужной скорости. Лай восторженной свиты не смущал ее; кажется, она и не замечала, что за нею увязался целый поезд. Мерно давит снег матросскими ботинками, поглядывая на колышущуюся поклажу: не растерять бы.

«Вот, кстати, и пациент, — подумал Олегыч, провожая взглядом собачьи зады с задранными хвостами, — вот и первый пациент».

Но Олегыч не угадал. Когда психушка достроилась, на ее воротах засверкала оранжевая, с синими буквами, табличка. «Санаторий уставших ангелов», — было написано на ней. Но это пусть, ладно; главное же — ни одной души на территории. Ни одной.

Нелюбимых игр у Владыча почти не было, он уехал от большинства из них в Овчарово, оторвался, запутал след. Но некоторые — он даже не думал о них, поэтому потерял бдительность — настигли его уже здесь, в деревне. И одну из них он не выносил всем своим организмом. Это игра в быт. Он ненавидел все, что связано с ежедневным бытоустройством и бытотечением, и постоянно проигрывал. Мог забросить в стиральную машинку грязное белье, насыпать порошку и нажать кнопку, но затем по нескольку суток уговаривал себя извлечь постиранное и переложить его в сушилку, а когда наконец побеждал свою печаль и открывал дверцу, белье уже воняло, и непонятно было, то ли стирать его заново, то ли выбрасывать; почти любил пылесосить, но умирал от скуки при одной мысли почистить аквафильтр у пылесоса, и в следующую уборку непочищенный пылесос вонял, как забытое в стиралке белье, только уже на весь дом; ставил грязные тарелки из-под бутербродов в посудомоечную машину, а потом неделями доставал из нее чистые плошки по одной, по мере надобности, а грязные, чтобы не загаживать раковину и столешницу, тут же помещал в посудомойку, на освободившееся место — а потом пытался угадать, разглядывая очередную посудину: я уже из нее ел или она так плохо помылась? Думать о найме приходящей домработницы он, хоть и морщась, мог, но собрать волю и обзвонить фирмы, которые специализировались на уборке квартир, был не в силах. Да и кто из городских уборщиц будет ездить в Овчарово, чтобы расставить чистую посуду по шкафчикам?

Список этих сложных обстоятельств не сильно, но все же отравлял Владычу остальные, хорошие игры. Слегка отравлены были все шесть лет после счастливого развода с прекрасной женщиной, пожелавшей выйти из совместной с ним игры, которая, пока они были вместе, следила и за бытовой стороной вопроса, и за многими другими. Он так пробовал, и у него не получилось.

Однажды, уже на повороте к Овчарову, он остановился и посадил голосовавшую пассажирку. Пожилую, но не старую женщину. Одетую даже по городским меркам ярковато, хотя и стильно. Такая европейская мадам, склонная к путешествиям автостопом.

— Спасибо, — поблагодарила она, снимая оранжевый рюкзак, — а то моя машина в ремонте, думала, сегодня же и сделают, а они сказали до завтра оставить.

— А какая у вас? — зачем-то спросил Владыч.

— Да маленькая, — отмахнулась пассажирка, — девчачья. «Витц».

Владыч кивнул.

Остальной путь проехали почти молча, обмениваясь лишь незначительными фразами о состоянии дороги, погоде и о том, как быстро темнеет зимой – не то что летом. Владыч подвез пассажирку до продуктового магазина, где, по ее просьбе, и высадил:

– Мне здесь уже близко, спасибо вам, – сказала она, – кефира зайду куплю.

– Да не за что.

– Да есть за что. Денег вы, конечно, не возьмете, но если у вас есть какие-нибудь проблемы, я, может, помочь смогу, – сообщила вдруг мадам.

Владыч скептически глянул на собеседницу:

– Вы что, фея?

– Да какое, – отмахнулась она, – просто мало ли.

И Владыч вдруг ляпнул:

– Домработница нужна мне. Не знаете, может, кто из ваших местных знакомых согласится? Я не свинячу. Кот свинячит, но не сильно. Ну, только чтоб нормальный человек. Ну, вы меня поняли, наверное.

– Конечно, поняла, – серьезно ответила пассажирка, – и кандидата прямо сейчас могу вам представить.

– Вы?! – ошарашенно предположил Владыч.

– Я, – подтвердила мадам. – Или я не кажусь вам нормальным человеком?

– В том-то и дело. В том-то и дело. Что нормальным. Даже слишком.

– Спасибо. Однако ничего такого несовместимого с образом, смею вас уверить. Вам нужна домработница, и вы не свинячите. Мне нужна подработка, и я справлюсь. По рукам? Называйте адрес и говорите, во сколько мне завтра приехать.

– Маркса-Энгельса, 70, – как под гипнозом выговорил Владыч.

– Маркса-Энгельса, 70? – почему-то удивилась пассажирка. – Как интересно. Ну, однако, до завтра. К одиннадцати тридцати я буду.

Так, очень легко и неожиданно для себя, Владыч выиграл игру в быт. Стоило лишь перестать играть.

С момента окончания строительства прошло уже полтора месяца, но ни единого постояльца не появилось под идиотской, простой, как шалаш, двускатной крышей дурдома. С тех пор, как оттуда убралась строительная бригада, на территорию не ступала нога человека. Ни персонала, ни владельцев заведения, ни чья-нибудь еще. Во всяком случае, следов не было точно. Казалось, судьба этой странной, без изысков, коробкообразной недвижимости перестала интересовать кого-либо на этом свете. Санаторий для ангелов. Вдобавок, уставших. «Может быть, это исключительно летняя психушка? – думал Владыч, привычно завтракая на подоконнике в коридоре второго этажа, – а может, кто-то просто отмыл денег, и на этом все? Хорошо бы. Хорошо, когда нет соседей. Хорошо, когда тихо».

Допивая кофе и пялясь на пустующую новостройку, Владыч скосил глаза вправо, на дорогу, и увидел легковушку салатного цвета. Машина ехала или к нему, или в дурдом, больше тут некуда. К нему. «Витц». Глянул на часы: 11:29. Ну надо же, какая точность. Поздороваемся ровно в 11:30.

– Вы очень пунктуальны, – сказал он, открывая двери перед мадам уборщицей.

– Да. Играю в королеву.

Владыч слегка дернулся.

– В королеву-дочь, конечно. Хотя одевается она не в моем стиле. Да и мать тоже. Я люблю, чтоб немножко дико, но на мою пунктуальность это никак не влияет, — сообщила мадам.

— А вы помните, что мы с вами даже не познакомились? — спросил Владыч, принимая сиреневое пальто.

— Разумеется. Но это будет мешать скорее вам, чем мне. Поэтому, конечно, мне следует представиться: меня зовут Елена Борисовна. Лучше просто Елена.

— Очень приятно, Елена. Проходите сюда, это гостиная. А зовут меня...

— Анастас Владович, — опередила Елена, — вас зовут Анастас Владович, вы архитектор, переехали в Овчарово шесть лет назад после того, как похоронили... Что с вами? О господи. Простите меня.

Владыч почувствовал, как резко похолодели руки, хотел сунуть их в карманы, но не нащупал их и тогда просто сжал пальцы, поднес кулаки к лицу и подышал, согревая. Чисто автоматически.

— Она умерла, — кивнул он. — Взяла и умерла.

— Простите, я не хотела. Не думала, что вам так... Простите.

— Откуда вы все это знаете? — спросил Владыч. — Про меня? Про жену?

В голове вдруг отчетливо прозвучало: «Гони-ка ты ее нахер».

— Вы назвали адрес. По адресу узнала фамилию. Она у вас довольно редкая для наших мест. По фамилии нашла вас в интернете. Прочитала. Все. Было интересно, чей дом мне предстоит пылесосить и за кем посуду мыть.

— У меня посудомоечная машина, — сказал Владыч. — Мыть не нужно. Только вытаскивать. Я забываю.

— Понятно.

— Не успеваю ни черта. Вообще.

— У вас чисто.

– Свинячить не успеваю тоже. Кот иногда. Шерсть. Лоток на пол выворачивает, засыпку. Иногда прям с говном. Бумагу туалетную может по всему дому размотать.

– От скуки, – кивнула Елена. – Это он от скуки.

– Да, наверное.

Владыч участвовал в диалоге, но в то же время слышал его как будто со стороны. Немного издали. Руки, кажется, согрелись, но напал озноб. Вроде бы кружится голова. Не сильно. Чуть-чуть. Или не кружится. Не очень понятно.

– Анастас Владович...

– Если можно, зовите меня тоже просто по имени.

– Конечно. Анастас, вы очень устали. Оставайтесь сегодня дома. Сыграйте, как будто вы в третьем классе и у вас отменили уроки.

Владыч медленно, как киношный герой, опустился на стул.

– Откуда вы знаете? – Голос был сиплым, как при ангине в стадии абсцессов.

– Что? – удивилась Елена Борисовна. – Что я знаю откуда?

– Про игру. Что я играю... во все.

– Господи, да ничего такого я не знаю специально. Честное слово. Просто все люди во что-нибудь играют. Так легче.

– Да, – кивнул Владыч. – Легче так.

– Так что просто совпало. Понимаете?

– Да. Конечно. А во что играете вы?

Вместо ответа Елена Борисовна вдруг всплеснула руками и расхохоталась. Удивительно приятный смех, отметил Владыч, чисто как у ангела.

– В королеву, я же вам сразу сказала. Но еще, конечно, много во что. И в кого. Как и вы. Наверняка вы много во что играете. И в кого.

– Да не так чтоб, – пожал плечами Владыч. – Когда мне?

– Ну так и поиграйте сегодня в прогульщика. А я буду играть в домработницу. Или – хотите? Сыграем, будто я ваша бабушка?

– По возрасту не подходите, – буркнул Владыч. Ему внезапно очень захотелось спать. – В матери еще куда ни шло.

– Нет, в матери не хочу, а в бабушку с удовольствием, – сказала Елена Борисовна. – Какая вам разница, подхожу или нет, если вы в третьем классе и не пошли в школу.

– Никакой, – согласился Владыч.

– Стасик, ты совсем засыпаешь, – ласково сказала бабушка, – давай я тебя укрою. Лапочки сюда, вот так, подушку поправим сейчас. Спи. Спи.

Мэр Южнорусского Овчарова Николай Олегович Четвергов сидел у себя в кабинете и играл на планшете в старомодный «Тетрис». Из головы не выходила старуха Смирнова. Как они там живут, в гадюшнике? Каждый божий день хлам по всей деревне собирает. Сестра, или кто она там ей, наверное, все руки себе ухайдокала, выбрасывать столько. Хотя, может, сжигает? Картон на растопку хорошо. А банки жестяные? А бутылки? Главное, сама старуха-то, хоть и возится с говнищем, всегда в чистое одета. По-дурацки, конечно, – как напялит чего, хоть стой, хоть падай. Но чистое все на ней, это факт. Ни пятен никаких, ничего. Сестра следит. Или кто она там ей. Непрописанная живет, посмотрел вот специально. Один человек по тому адресу прописан. Сестра наверняка по городу осталась. Или, наоборот, бабкину прописку в городе сохранили, а дом на сестру. Или кто она. Поди их разбери. Обеих жалко.

Внезапно глава деревни замер — геометрия в «Тетрисе» стала валиться без присмотра и вскоре забила экран планшета под жвак — и, вскочив из-за стола, стал быстро напяливать куртку, шарф и шапку. Господи, да это же так просто. Так просто, а я тут парюсь, идиот. Надо просто узнать у гаишников, на кого зарегистрирован «витц». Ясно же, что не на бабку. Вот и выясним, кто там кому и кем.

И, выскочив из администрации, мэр оседлал «уазик» и, толком не дав ему прогреться, поехал на Октябрьскую, чтобы списать регистрационный номер с приметной машинки салатного цвета.

Владыч спал так сладко, как не спал, кажется, если не с детства, то со студенчества точно. А проснулся всего через два часа. В доме пахло ванилью. Булки печет, что ли? Бабушка, ну надо же.

Владыч потянулся и встал с дивана. Ничего себе: буквально отключился. Прямо на ходу практически. Сроду такого не было. Но какая же она все-таки странная, а? Бабушка. Нет, ну надо же. Бабушка-королева. Муки в доме не было, это точно. Что там еще в пироги кладут? А, не важно, все равно этого тоже не было. Сгоняла, значит, в магазин, пока спал. На машине же, быстро. Но все равно. Зачем? Про булки не было разговора. Это ее игра. Чисто ее, не моя.

Когда он вошел в кухню, там никого не было. На столешнице стояло блюдо с булками. Теплые, почти горячие. А бабушка — тю-тю. Посуда чистая расставлена, посудомойка негромко бормочет — работает на длинном режиме. Владыч выглянул в окно. «Витца» не было. Только собрался налить себе чаю, как увидел, боковым уже зрением, выруливающий к дому «уазик».

– Тащит нелегкая, – проворчал Владыч. – Главное – без звонка. Деревенщина.

И пошел открывать дверь мэру деревни.

– Владыч, ты чего вне доступа? Я звонил, абонент недоступен. Я вообще в психушку ехал, но твою машину увидал, подумал – значит, ты дома. Разговор есть.

– В психушку ехал, а разговор ко мне, – хмыкнул Владыч. – Как-то у вас, психов, сложно все.

– Может, и у психов, – согласился мэр. – Тут такое дело, что правда спятить можно.

– Говори. Садись.

– Я стоя, – сказал Олегыч и принялся бегать по гостиной. – Не могу сидеть. Насиделся в кабинете. В «уазике» еще жопу отморозил практически. Слушай.

– Слушаю.

– Не перебивай только! Помнишь, я тебе про бабку рассказывал? Чокнутую? Которая хлам собирает? Да ты ее, поди, сам видел тыщу раз, ее все знают.

– С коляской-то?

– Ну да. Она. Ну так вот. Слушай. Не перебивай. Я сам сейчас чеканусь. Короче, все думают, что она с сестрой живет. Что сестра за ней присматривает. Сестра на «витце» ездит, такая хипповская тетка, ты ее тоже видел наверняка.

– На «витце»? – переспросил Владыч. – Салатного цвета?

– Ну, я ж говорю, ты ее не мог не видеть, приметная тетка.

– Елена Борисовна звать, – сказал Владыч. – Она сестра этой, которая по помойкам? Ну ни фига себе.

– Ни фига – не то слово. Садись. А то упадешь, что сейчас скажу.

— Йо, — сказал Владыч, — ты меня не добивай, я и так сегодня еле теплый. Погода, что ли.

— В общем, эта Елена Борисовна, которая на «витце», фамилия у нее Смирнова...— Мэр набрал воздуху и выпалил: — Короче, она никакая не сестра, понял?

— Ну и что? Какая разница? А кто?

— Да она сама и есть Смирнова. Понял?

— Ни хрена не понял. Елена Борисовна Смирнова и есть Смирнова. Ты сам понял хоть?

— Елена Борисовна Смирнова и есть эта самая бабка, которая с коляской, — сообщил мэр. — Ясно теперь? А никакой сестры нет и не было никогда. Девять лет всей деревне мозги этсамое. Девять лет. Ты понял, да?

Владыч отступил на шаг, впечатался спиной в стену гостиной и вдруг захохотал. Бывший однокашник смотрел на него с недоверчивым изумлением, как будто Владыч не засмеялся — пусть и истерично слегка, — а, например, запел.

— Хватит ржать, ты меня пугаешь, — попросил Олегыч. — Не ржи. Выпей чего-нибудь. Не ржи!

— Вашу мать, вашу мать! Королева! Бабушка моя! Вашу мать!

— Владыч!!! — заорал мэр. — Успокойся!!! Заткнись немедленно!!! Слышишь?!!

— Все. Все. Все. Вашу мать!

— Владыч, ты не спятил сам-то часом? Какая королева?

— Забудь, — сказал Владыч, — забудь.

В голове было удивительно светло и радостно. А может, и спятил.

— Это еще не все, — пробубнил Олегыч. — Ты готов дослушивать или ну его в жопу?

— Господи, и еще не все?!

– Не совсем все. В общем, самое теперь главное. Для тебя. Специально.

– Что еще?!

– Она твоя соседка. Тихо, не ори. Хозяйка этого бардака, который у тебя из окон видать, Смирнова Елена Борисовна. Она тут бывает вообще? Ты ее хоть раз видел? По-моему, там никогда...

– Аааааааааааа!!!!!!

– ...никогда никого не бывает. Я слежу. Ты-то в городе на работе, а я-то тут.

Санаторий уставших ангелов гулок и пуст. В нем нет мебели, сантехники и даже электропроводки. В нем нет комнат: одно-единственное громадное помещение со столбами опор посередине. В доме такой величины и при отсутствии внутренних несущих стен столбы, подпирающие перекрытие, – единственное разумное решение. Во всяком случае, из доступных. На этом, сыграв в архитектора, Владыч и остановился: рассматривать в доме было больше нечего. Стены. Пол. Потолок. Окна. Столбы. Все.

– Зачем вам это? – спросил Владыч, и голос его, усиленный пустотой, прогремел вдруг сурово, неотвратимо. Как будто Владыч не спрашивал, а вопрошал.

– Да просто так. Я бы сказала – «по приколу», но я так не выражаюсь, – ответила Елена Борисовна и рассмеялась.

Ее смех отразился от стен сверкающим водопадом.

– Кто вы? – спросил Владыч. – Кто вы, в конце-то концов?

– Я-то? Я сумасшедшая старуха, страдающая синдромом убожества, он же синдром Диогена, он же Плюшкина, он же черта в ступе. Рыскающая по помойкам королева точности, сама себе младшая сестра, твоя бабушка, Смирнова Елена Борисовна. А ты кто?

— Я конь в пальто, — признался Владыч, — натуральный конь в пальто, могу играть, не могу не играть, давайте сыграем в вопрос и честный ответ? А то я свихнусь тут с вами, ей-богу.

— Давайте, Анастас Владович. — Она перестала смеяться. — Давайте, спрашивайте.

— Зачем вы играли в мусор и куда его девали?

— Вопрос принят с единственной поправкой: не «играли», а «играете». Мне пока не надоело. Соответственно, не «девали», а «деваете». То есть, поправки получилось две, и мне, как королеве, неловко. Извините меня.

— С легкостью.

— Спасибо. Вы хороший человек, и я вам отвечу на первые ваши два вопроса. Я играю в мусор потому, что больше в него не желает играть ни одна зараза. Вы бы видели, какой тут срач — Господи, ты этого не слышал — был по лесу, когда я сюда приехала. За грибами сходить противно было. А сейчас? Вы где-нибудь замечали, чтоб в лесу нагажено?

— А-хре-неть, — сказал Владыч, — вот просто охренеть на месте и не встать. Вы девять лет чистили лес в одиночку?

— Ну, скажем так, последние лет пять с этим стало легче. В том смысле, что тяжелее. Прям уже чуть ли ни целый день с телегой таскаюсь, чтоб полную набить. Раньше-то за пару часов битком.

— А деваете-то куда?

— В утилизацию сдаю. Картон сюда, алюминий туда, с пластиком было трудно, но сейчас тоже принимают. Поди плохо? Я им дерьма, они мне денег.

— А как нищенка почему ходили? То есть ходите. Коляска эта, вид безумный — зачем?

— Коляска для игры, да. Честно. А что вид безумный, так это у вас у всех в голове. Я сперва прятаться не собиралась, а увидела когда, как на меня смотрят с телегой, так и решила: а, пусть меня будет две штуки. Так проще. Одна сумасшедшая старуха, зато вторая при памяти, машину вон водит. Вот бы я смеялась, если б кто нас сразу одновременно увидел! — И Елена Борисовна расхохоталась так, как будто это знаменательное событие уже произошло.

— Елена Борисовна...

— Анастас, мы же договаривались с вами: по именам.

— Да, Елена, извините меня. Еще такой вопрос. А этот дом вам зачем?

— Анастас, вот честно — не знаю. Были деньги — купила участок, опять деньги случились, решила: а построю какой-нибудь сумасшедший дом. Не для жизни, для игры. Вы в детстве любили играть в домики? Хотя вы же мальчик, вам, наверное, лучше игралось в шалаши. — И Елена Борисовна снова расхохоталась.

— Какой-нибудь сумасшедший дом, — повторил Владыч, — какой-нибудь сумасшедший дом... Это отсюда и выросло, что ли?

— Вы имеете в виду частную психиатрическую клинику? — Хохот не дал Елене Борисовне говорить дальше, она просто зашлась в смехе, согнулась пополам и лишь кивала. — Да, да, да. Люди — великие интерпретаторы.

— О мой бог, — простонал Владыч, — вашу мать! Вашу мать!

— Не ругайся, внучек, — хохотала Елена Борисовна. — Бабушка-королева этого не любит.

– А название? Что это значит – «санаторий уставших ангелов»?

– Господи боже мой, да первое буквально, что на ум пришло.

– Елена, слушайте, а деньги-то откуда на это вот безумие? Неужто с продажи картона с банками?

– Ну прямо, – ответила Елена Борисовна. – Это я случайно клад нашла. Правда, действительно, на свалке в лесу...– Она перешла на шепот: – Пивная банка, а в ней битком бумажки, выковыриваю, куча евро, представляете? Я же банки сминаю перед сдачей, а так бы, конечно, не увидела.

– А-хре-неть. Слушайте... Простите меня, но я еще спросить хочу. Почему такая паршивая конструкция? Квадрат с нахлобучкой сверху, это разве здание?

– Ну, я же не в архитектора играла. Как сумела, так и нарисовала. А потом, вы же слышите, какая тут получилась акустика? Я сюда прихожу в певицу оперную играть, потом как-нибудь придем опять, я вам спою. Не сейчас. Потом. Как будто вы будете публика, хорошо?

– Ладно, – кивнул Владыч, – договорились.

– Пойдем, я тебя домой отведу и чаем напою. Ноги не замерзли?

– Нет, бабушка. Не замерзли.

– Но все равно пойдем, здесь уже хватит быть.

– Пойдем.

– Знаешь, Стасик, что я тебе скажу по секрету? – сказала Елена Борисовна, когда они уже подходили к дому Владыча. – Когда там пою я, и то хорошо получается. А представляешь, как звучит, когда поют ангелы?

НАТАШИНЫ ГОСТИ

– Наташа, дала б из той бочки хоть раз, что у тебя там, котята малосольные? – говорит Вова и заходится от смеха над шуткой про котят. Шутка кажется ему удачной, а Наташе кажется, что Вова дурак и пора бы его отвадить; все равно толку нету.

Вова ходил к Наташе уже четвертый месяц. Ему нравилось бывать у Наташи, нравилось выпивать за круглым шестиногим столом, нравилось закусывать жареной репой с резкими, как удар в челюсть, бочковыми Наташиными огурцами – а потом дремать на старой оттоманке возле печки, подобно коту. Вове исполнилось сорок два года, он девять раз сидел в тюрьме за хулиганство, а той осенью сказал, что в тюрьме хорошо, но уже надоело; и тогда кто-то посоветовал ему поужинать у Наташи.

У Наташи в сенях пять дубовых бочек в ряд, а в бочках Наташина экономическая безопасность. В одной бочке квашеная капуста, в другой огурцы, в третьей помидоры, в четвертой грузди, а что в пятой, того никто не знает. Еще у Наташи есть погреб, а в погребе картоха рядами — мешков пятнадцать — Наташе столько не съесть, но она не только себе из мешков берет, поэтому каждую осень толстые ряды картохи уютно устраиваются на зимовку в Наташином погребе. Справа от мешков деревянные ящики — такие были раньше в овощных магазинах; в них у Наташи хранятся морковь, свекла и репа. Над ящиками висят длинные косы чеснока и лука. Напротив, повыше картофельных мешков, идут полки, широченные, как полати, на полках банки, в банках баловство: компоты и варенья, а сбоку отдельно банки с перцами, банки с благородными грибами, да еще банки с чем-то темным — «баклажановая икра», говорит Наташа и отодвигает банку с икрой вглубь, как если бы случайным движением — и так каждый раз. Наташа никогда не угостит вас баклажанами: грибы пожалуйста, перцы пожалуйста, компот какой хотите, хоть даже самый трудоемкий, из облепихи. Но не баклажаны.

Все знают, что у Наташи нельзя ни на чем настаивать: Наташа от этого горбится больше обычного, нехорошо бледнеет, поджимает губы и уходит в дальнюю комнату, оставляя настырного гостя наедине с едой. Это очень плохой признак: если дважды оставленный расстроит Наташу в третий раз, все останется как есть: ни туда, ни сюда. Но Наташа очень добрая, а терпение ее почти безгранично.

Своих гостей Наташа всегда зовет с собой в погреб, и в этом кроются не столько широкое Наташино хлебосольство и желание похвастать припасами – хотя и это тоже, – сколько, наоборот, трезвая расчетливость: Наташа предоставляет гостям свободу в выборе закуски, чтобы минимизировать вероятность промаха и снять с себя ответственность, если кому-то не понравится угощение. Сам выбрал, сам и съешь; не съешь – больше не приходи; а если не приходить больше, то катастрофа – ну, не так, конечно, категорично, но в общем и целом все-таки так.

Дело в том, что ужинать у Наташи требуется не однажды. С одного раза даже колдун не может сделать так, чтобы все стало по-другому, а Наташа – обыкновенная старуха, довольно слабосильная, и слабосильность ее сказывается и в том еще, что ходить к ней надо месяца три, да дважды в неделю, а лучше трижды, и только тогда что-то начинает меняться. А когда уже начинает, бросать очень обидно; и когда еще ничего не сдвинулось с места, а только одна молчаливая еда, все равно обидно: вдруг бы что и получилось? У многих ведь получилось; так говорят.

Наташин дом – единственный в своем роде на все Южнорусское Овчарово. Во-первых, он старше деревни на тридцать пять лет, а во-вторых, построен из цельных бревен-кругляшей. У нас так никогда не строили, предпочитая кирпич или, на худой конец, заливной шлак, или, если уж приспичит дерево, то тесаный брус. Несмотря на свою древность, дом со всех сторон крепкий и ровный: шиферная его крыша давно почернела, но конек по-прежнему параллелен горизонту, осанка у стен прямая, узкие высокие окна, будто бы иконы, смотрят вперед чистым и честным взглядом, деревянная дверь с накладными коваными углами строга и торжественна, что твой царь, а крыльцо с четырьмя ступеньками словно отлито из железа, такое оно крепкое и надежное.

Наташа выглядит полной противоположностью своему дому. Она очень сутулая, почти горбунья; она крива на один бок и хрома на обе ноги; у нее глазной протез и не хватает трех пальцев на левой руке. Если бы у Наташиного дома было столько физических недостатков, он бы уже давно рухнул, а Наташе хоть бы хны. Она всегда была такой. Единственное сходство между домом и его хозяйкой — в том, что никто в деревне не помнит их другими. Родственников у Наташи нет; когда-то давно имелась дальняя племянница, но она умерла от старости. Племянница умерла, а Наташа все такая же: горбатая, хромая, кривая, гостеприимная и ничем не болеет.

Несмотря на готовность накормить любого, Наташу в Овчарове любят не все. Поговаривают, что перемены, происходящие с ее гостями, не всегда получаются такими, как хотелось бы; вряд ли в этом Наташина вина, но люди не склонны погружаться в суть проблемы, предпочитая скользить по ее поверхности. Люди также любят посплетничать о том, в чем совершенно не разбираются; мы знаем много других случаев, когда стало лучше, чем было. Даже в ситуации с Ирой, которая после двух с половиной месяцев еженедельного гостевания у Наташи вдруг заговорила мужским голосом. В остальном-то у Иры все сложилось как нельзя лучше; до еды у Наташи Ира пять лет подряд в канун Нового года пыталась повеситься — каждый раз ее спасало неумение вязать скользящий узел, но рано или поздно она бы научилась. Жареная ли репа, отварной ли картофель с постным маслом, благородные ли грибы, облепиховый ли компот сделали свое дело, но Ира превратилась в жизнерадостную девицу с легкой придурью и мужским голосом, чью загадку не смогли разрешить ни отоларинголог, ни эндокринолог в частной городской клинике. Ире на голос было плевать, а Наташа не тот человек, чтоб рассказывать направо и налево о баночке баклажанной икры, исчезнувшей с полки в погребе ровно в тот вечер, когда Ира скромно выбрала себе три морковки, сославшись на диету.

С Вовой в итоге тоже вышло не так уж и плохо: могло быть несравненно хуже.

Вова про Наташу говорил: «Смешная старуха».

Вова через два раза на третий забывал сказать «спасибо».

Вова слишком сильно стремился поесть из пятой бочки.

Настолько сильно, что Наташа уже дважды горбилась сильнее обычного и оставляла Вову наедине с жареной репой. Что мешало Вове, выспавшемуся на оттоманке и уходившему восвояси, в один прекрасный вечер заглянуть в пятую бочку? Да ничего. Вова и пытался заглянуть, но оба раза не смог снять крышку: сидела, как гвоздями прибитая. «Приду с топориком, – решил Вова, – а то непонятно вообще».

Наташа могла воскликнуть в сердцах: «Ах ты хулиган!» – и Вове бы пришлось идти садиться в тюрьму восьмой раз.

Наташа могла сказать: «Чтоб тебе пусто было», – и Вове сделалось бы пусто, а что может быть хуже.

Наташа могла проклясть Вову, крикнув ему: «Как ты лезешь в бочку, так пусть бочка залезет в тебя», – и Вова бы скончался на месте, даже не успев сообразить, что произошло.

Наташа могла сделать с ним все, что угодно, но был канун Нового года, и со старческих Наташиных уст слетела фраза, предопределившая Вовину судьбу всего лишь на один день из трехсот шестидесяти пяти; правда, пожизненно.

Вова, придя с топориком, даже не стал заходить в дом, а тихонько, как тать, прокрался в сени — к пятой бочке. Чтобы Наташа не разглядела его в окно, Вова нарядился в белую простыню и слился со снегом. Белым привидением Вова перемахнул расстояние от калитки до крыльца и, потянув царь-дверь за ручку, проник в холодное помещение сеней. У Вовы стучали зубы, потому что простыню он надел на голое тело: пробовал не на голое, но одежда постоянно высовывалась и выдавала его целиком. Топор, прижатый к голому животу, прожигал ледяным огнем до позвоночника. Вова почти с ненавистью просунул его в зазор между краями бочки и крышкой и как следует поддел.

Все остальное произошло одновременно.

Крышка упала на пол и покатилась, как в кино.

В сенях образовалась бледная горбатая Наташа.

Вова сунул руку в бочку, вытащил оттуда огурец и задал Наташе самый неуместный в сложившейся ситуации вопрос:

— Две бочки с огурцами у тебя, почему? — и в этот же момент с него слетела простыня, которую он забыл придерживать.

— Ах ты ж Снегурочка бесстыжая, — сказала Наташа, ахнув. — Чтоб тебя в лесу странные люди нашли.

И сделалось частично по-Наташиному, а частично само по себе: Ира и Вова поженились.

Ира больше не ворует и не вешается, а Вова не хулиганит, и целый год у них все нормально, только вечером 31 декабря происходит черт знает что. В этот вечер Вова теряется голый в лесу и ничего не помнит, зато тем, кто его найдет, весь год счастье. Ира же, будучи один раз в году женой Снегурочки, переодевается в Деда Мороза, идет искать мужа по деревне, а под самый Новый год напивается как лошадь и засыпает в чьей-нибудь избе, куда по счастливой случайности привозят найденного в лесу Вову; они поздравляют с Новым годом хозяев дома и следят, чтобы все их пожелания сбылись — раз в году у них откуда-то возникают паранормальные способности, из-за которых в Южнорусском Овчарове считается замечательной удачей заполучить их к себе на Новый год, несмотря на то, что один из них всегда голый, а другой пьяный.

А Наташа по-прежнему живет в своем бревенчатом доме.

Говорят, в ее сенях уже не пять, а шесть дубовых бочек.

А некоторые люди даже утверждают, что семь.

НОВЫЙ ГОД В КАФЕ «СИНИЙ АРА»

Очень надеялась: никто не будет ходить. Делала для себя, чтоб не ездить каждый раз во Владивосток, когда в крови резко падает уровень города. Город – это наличие кафе. Отсутствие кафе – деревня. Анна думала: аренда смешная, в городе бы натурально все оборжались с таких условий, сперва оборжались бы, потом умерли от зависти, кому скажи. Без денег, да еще с правом последующего выкупа, да еще с учетом вложений в ремонт и оборудование. Можно и так выразиться: даром отдавали. А если даром, то как не взять? Взяла.

Помещение, конечно, тоже оборжаться: девятнадцать квадратов на все про все. Но замечательным бонусом отдельный вход с улицы и единоличный, только этому помещению принадлежащий, туалет. Прежние арендаторы владели стоматологическим кабинетом, им без тубзика никак, хотя вполне можно было обойтись без отдельного входа; но вход был еще раньше, он, кажется, вообще всегда был. Кто здесь орудовал до стоматологов, Анна не помнила. Зубники разбогатели и построили себе на пустыре отдельную клинику из сэндвич-панелей — три кабинета, даже рентген у них появился собственный, никуда не гоняют снимки делать, все теперь сами. В приемной фикус Бенджамина, клетка с гиацинтовым арой и администратор Людмила Сергеевна за черной матовой конторкой, важная, как будто в городе, как будто не работала всю жизнь санитаркой в райцентровском морге. Людмила Сергеевна и сообщила по-соседски, что помещение освобождается: не мечтаешь ли ты, Анечка, магазинчик открыть, например? Нет? Да ты просто мимо денег хочешь жить, дорогая. Бери, даром дают, а место хорошее, не во дворах где-нибудь, а прям снаружи Горняка, да что я тебе рассказываю, будто сама не ходишь тут каждый день.

Сначала Анна подумала: ну уж нет уж, пошли бы вы все с вашим магазинчиком. Потом стала гнать бывший зубной кабинет из головы, а он там раскорячился и никак не шел вон, цепляясь за воображение обоими окнами, входной дверью и туалетом. Безнаказанная умозрительность шалила, резвилась и шутила шутки: однажды Анна прямо в голос расхохоталась, увидев, как гигантские щипцы лезут в дверь покинутого зубниками помещения и удаляют стоматологическое кресло. Рассмешил Анну не сам факт удаления, а то, что при ближайшем рассмотрении щипцы-эвакуаторы оказались разводным гаечным ключом, покрашенным в медицински белый цвет. В другой раз ум пошутил, предложив Анне короткометражку, в которой она, Анна, снялась в главной и единственной роли: за стойкой крохотной кафешки, окрашенной изнутри в цвет кофе без молока. Если стойку поставить вот здесь, а вон там у них дверь в тубзик, то действительно получается место для трех столиков. Двум столикам по окошку, а третий чуток поодаль в темном углу. Есть люди, которые не любят усаживаться в кафе у окна, особенно вечером, когда внутри свет, как в аквариуме, – Анна и сама такая, предпочитает быть невидимой с улицы. Да нет, зачем ей это надо. Не надо оно ей вообще.

Через неделю она зашла к соседке на работу и, дождавшись, когда ара перестанет вопить – почему-то по-английски, с английской же вопросительной интонацией: «How do you do? How do you do? How do you do? How do you do?» – пришлось ответить ему: «I'm fine, thanks», – только тогда он озадаченно умолк, – поздоровалась с Людмилой Сергеевной.

– Вот, Анечка, все пациенты так, абсолютно все. Сперва с попугаем здороваются, потом со мной.

– Так орет же, конечно. – Анна сделала извиняющееся лицо.

– Я тоже орать могу. Как он это? – Людмила Сергеевна встала со стула, оправила юбку и, сделав руки, словно держится ими за присаду, крикнула во все горло: – Хау ду ю ду!

Анна покосилась в коридор, ведущий к кабинетам.

– I'm fine, – равнодушно сказал попугай и, заговорщицки прищурившись, гаркнул: – Thanks!

– Вот говно, – неодобрительно сказала Людмила Сергеевна, усаживаясь.

– Ага, – согласилась Анна, – умный.

– Да прям там. Трындит как магнитофон, только выключить негде.

– Сам дурак, – сказал ара.

– Я ж про что и говорю. – Людмила Сергеевна повернулась к попугаю. – Сам дурак.

– Сам дурак, – кивнул ара, – сам дурак.

– Во-во.

Наблюдая борьбу интеллектов, Анна подумала: «Нет, не надо», – а вслух спросила:

– Не сдали еще? Не знаете?

– Не сдали, – ответил ара, – не знаете еще, не знаете еще, не знаете еще.

– Знаю, – сказала Людмила Сергеевна, – не сдали.

Нырнула под конторку и вынырнула с ключом в ладони:

– На, сходи.

– Thanks, – сказал попугай.

– Thanks, – вздохнула Анна, – спасибо.

– Да я чуть-чуть понимаю, – сказала Людмила Сергеевна. – Не глупее попугая.

Анне показалось, что соседка слегка надулась, хотела извиниться перед ней, но не успела: оказывается, уже вышла на улицу. В руке был ключ – от кафе, которого пока не существовало в природе. В несуществующем кафе было не три, а всего два столика, зато в дальнем углу помещалась большая клетка с синим арой. «С ума сошла? – поинтересовалась Анна у себя. – Ты вообще примерно хоть знаешь, сколько такая птичка может стоить?»

– Почему, интересно, ключ-то у нее, – пробормотала она и тут же ответила себе мысленно: «Не интересно! Не интересно!»

Попугаичьим голосом.

Внутри помещения явно побывал разводной ключ: в полу и стенах, оклеенных кафелем, зияли раны — в тех местах, где прежде крепилось стоматологическое оборудование. Анна закрыла за собой дверь, сделала пару кругов по гулкой, похожей на небольшой бассейн комнате, прошла в дальний угол, развернулась, крикнула шепотом:

— How do you do, — прислушалась, помолчала, сказала вполголоса: — I'm fine, — и недоверчиво расширила ноздри: в воздухе отчетливо пахло кофе. — Мое тут все, — сказала Анна помещению. — Никто не придет. Кредит возьму, попугая выкуплю у них, вон там кофемашину поставлю, здесь стол и диван, здесь стол и три кресла, захочу на диване посижу, захочу в кресле, каждый вечер тут буду, каждый. Попугаев, интересно, где вообще продают?

На следующий день ей позвонила Людмила Сергеевна.

— Анечка, — сказала она, — ну ты как, решила магазинчик-то открывать? Или ключ тогда занеси.

— Ммммм.

— И правильно! Тем более, смотри, какой случай. Хозяин говорит, аренду не надо, только за свет плати.

— А кто хозяин?

— Погоди, дай доскажу. Он, главное, говорит: денег хер с ними, надо чтоб кто-то был просто. Чтоб пустое не стояло. Но это не все. Его условие — попугая чтоб забрала.

— Что?!

— Анечка, погоди отказываться! Забери его домой, не надо в магазин, это не обязательно. Главное, хозяин хочет, чтоб об этой гадине заботились, понимаешь? Это его условие за аренду. Говорит, арендуете, пока попугай жив.

Анна зажала рот свободной рукой, чтобы оттуда не вырвались слова, плясавшие в голове. Слова были разными, связь между ними отсутствовала.

– Почему гадина? – сумела спросить она и тут же снова заперла рот на замок.

– Да сука он блядская, – сказала Людмила Сергеевна. – При тебе на английском вежливые слова говорил, а так-то он матерится обычно. А у нас пенсионеры приходят и даже дети часто. И дома у всех дети. Про пенсионеров молчу уж. Представляешь, бабушка старенькая, привезли ее мост менять, а падла пасть раззявила и на все Овчарово как заорет.

– Что заорет? – переспросила Анна, думая только о том, как бы не заорать самой.

– Матершинные слова, – ответила Людмила Сергеевна и с готовностью уточнила: – Иди нахуй, кричит. А потом быстро так: «пизда-пизда-пизда». Бабушке «скорую» вызывали.

Соник и Владыч сидели, как почти каждый вечер той зимы, в «Синем аре»: пили кофе и лениво играли в «Эрудит», транслируя планшет Соника на телевизионную панель кафе. Владелица заведения сидела за стойкой и вязала плед в синюю и оранжевую клетку. Время от времени она поднимала взгляд на экран, но в игру завсегдатаев не встревала. Ничто не нарушало тишины: даже крупный гиацинтовый ара не матерился, по своему обыкновению, а дремал, лишь изредка встряхиваясь. Хорошее время вечер. Хорошее время зима. Хороший кофе.

Соник передал планшет приятелю и поднялся с кресла, почти достигнув головой потолка. Потянулся, упершись растопыренными пальцами в навесные потолочные панели.

– Кофе еще? – спросила Анна, не отрываясь от пледа.

– Сидите, сам налью, – ответил Соник. – Владыч, кофе дать?

– Дай, – кивнул Владыч, – будь другом.

– Блинов, может? – предложила Анна.

– Какая хорошая мысль, – сказал Соник.

– Вон блинница, вон тесто, масло не лейте, тефлон, – сказала Анна.

– Вам сколько пожарить? – спросил Соник.

– Парочку. – Анна растопырила руки, разглядывая недовязанное изделие. – Или лучше штуки три.

Соник кивнул и включил блинницу в розетку.

– Владыч, тебе блинов сколько?

– Парочку. Нет, две. Твой ход.

– Новый год скоро, – сказал Соник. – Анна, вы в Новый год будете тут?

– Вы имеете в виду вечер 31-го?

– Ну да.

– Соник. – Анна подошла к Сонику и задрала голову. – Как вы думаете, какое сегодня число?

Владыч хмыкнул.

– В смысле? Вы хотите сказать... Что вы хотите сказать?

Анна и Владыч молчали и сочувственно улыбались.

– Анна! Вы имеете в виду, что Новый год – сегодня? Владыч? Черт возьми, я-то думаю, что там бабахает все время. Сегодня Новый год?!

– Ну, вроде того.

Соник растерянно перевел взгляд на Анну.

– Почему ж вы не дома?

– А вы?

– Ну...

– Ну и я. Да и Арочку одного нельзя, – сказала Анна. – И что-то он печальный какой-то. Не заболел бы, боюсь.

Все трое посмотрели на клетку, в которой дремала птица. Почувствовав на себе коллективное внимание, попугай открыл глаза, прочистил горло, приосанился и сообщил:

– Пиздец.

– Прекращай, – поморщился Соник.

– Новый пиздец, – сказал попугай, подумал и добавил: – Сегодня.

– Да ничего он не болеет, – сказал Владыч, – нормальный тонус.

– Нормальный тонус, – повторил попугай. – Иди нахуй.

– Главное, как у него, в основном, всегда складно получается, – сказал Соник. – Анна, он вас когда-нибудь обзывал?

– Только дурой, – сказала Анна, – зато постоянно.

– Дура, – сказал попугай, – дура, почеши Арочку.

– Хамское отродье, – проворковала Анна и почесала попугаичью шею. – Да не стони ты так, а, неприличная ты птица.

– Анна, – сказал Соник, – Анна. Так нельзя.

– Что нельзя, Соник? Нельзя попугая чесать или посетителей заставлять блины печь?

– Новый год нельзя не праздновать.

– Почему, дорогой Соник?

– Да, Соник. – Владыч обернулся к приятелю. – Почему нельзя не праздновать Новый год?

– Нельзя, – сказал попугай. – Пиздец.

– Вот, наконец-то. Поэтому, в частности, – сказал Соник.

Вид у него был нерадостный.

И именно в этот момент дверь кафе открылась, и на его порог упала пьяная девица.

– Боже мой! – Анна схватилась за голову. – Этого только не хватало. Вы кто?

– Дед Мороз, – ответила девица мужским голосом и захрапела.

– Хахахаха, – сказал попугай.

– Арочка, – сказала Анна, – это не смешно.

Анна действительно не желала популярности своему заведению. Чего только ни предпринимала, чтобы отвадить посетителей, валом валивших в кафе на первых порах после открытия. Вешала на дверь табличку «У нас курят» в расчете отпугнуть беременных молодух; молодухи испугались, но табличка привлекла их юных брутальных мужей. Тогда Анна повесила табличку «У нас не пьют», и ручеек мужей иссяк за несколько дней. Самых упорных отсекло табличкой «Кофе нет». На всякий случай, контрольным уже выстрелом, Анна повесила табличку «В верхней одежде не входить», а под нею – табличку с довольно хамским текстом «Раздевайтесь у себя дома». Над всей этой коллекцией стоп-мессиджей царил главный: «Наш попугай матерится и предсказывает смерть», – где первая часть соответствовала истинной правде, а вторая как минимум не противоречила первой.

Тем не менее посетители у кафе «Синий ара» были. Небольшой отряд завсегдатаев сколотился сам собой и состоял из людей, воспринявших все предложенные дверью тексты настолько своеобразно, что Анне ничего не оставалось – только налить им кофе. Единственным исключением был знаменитый овчаровский негр, пьяница Том: он прочитал только самое верхнее сообщение, манкировав остальными. А прочитав, ввалился в кафе, упал перед клеткой на колени и возопил:

– О мудрая птица, скажи мне, когда я сдохну.

— Сейчас, — сказала Анна, глядя на трагического экспата и стараясь замаскировать неуверенность, — если не вымететесь прочь.

— Ну я же не у вас спрашиваю, — резонно заметил Том. — У вас слишком мало вводных данных, чтобы так быстро рассчитать длину моей линии жизни.

— У попугая вводных, конечно, больше, — сказала Анна.

— Сарказм — вот то, чего мне обычно не хватает в людях, — сказал пьяница, переполз на коленях к Анне и, потеряв равновесие, повалился на бок. — Меня зовут Том, а вас, если я верно понял, Синяя Ара?

— Синий, — буркнула Анна. — Синий ара — это он. Я Анна.

И подала валявшемуся на полу негру чашку кофе.

— Надеюсь, без сахара? — спросил тот, приподнимаясь на локте.

— Иди нахуй, — сказал ара.

— Не хамите, — сказала Анна. — Разумеется, без.

Владелец судоходной компании «Семь звезд» пришел в кафе и первым делом сообщил, что смерти нет, а раз такое дело, то можно курить сколько влезет, вот, например, целый ящик контрабандных Gauloises.

— Кстати, — сказал Жмых, — вы зря так скептически смотрите, в сигаретах очень много полезных веществ, особенно витаминов группы В.

— Да я-то знаю, — сказала Анна. — Кофе? Блин?

— Кофе, — кивнул Жмых. — И блин тоже, пожалуйста.

— Старая жопа, — сказал ара.

— Не обращайте на него внимания, — сказала Анна, — он вечно все путает.

— Спасибо, — сказал Жмых, — мы все небезупречны.

Длинный Соник пришел в кафе самым первым и, постучавшись, серьезно спросил, считает ли она, Анна, вот эту вот майку с изображением конопли верхней одеждой. Он ждал, когда хозяйка кафе задаст вопрос про лампочки или НБА, но так и не дождался. От удивления Соник пришел во второй раз, а затем в третий, и только в четвертый его визит тотемный попугай молвил слова, и слов этих было — целых три.

— Добрый вечер, Соник, — сказал гиацинтовый ара, и Анна так растерялась, что машинально поджарила Сонику блин.

Потом Соник привел Владыча.

Владыч привел оперную певицу, подрабатывающую утилизацией мусора.

Оперная певица привела бизнесмена Захарова и собиралась привести на Новый год Деда Мороза, но, видимо, забыла — точно так же, как Соник забыл следить за календарем. «Я Деда Мороза лично знаю, — вспомнила Анна певицыны слова. — Обещаю, он будет здесь».

Дед Мороз пришел сам и теперь валялся на полу в виде пьяной девицы, храпящей во сне, как гусарский полк.

— Пиздец, — нерешительно сказал попугай.

— Он самый, — подтвердил Владыч.

— Да ладно вам, — поморщился Соник. — Что-то же делать надо? Если, конечно, вы не врете все тут.

— Вы о чем, Соник? — спросила Анна.

— О том, что если 31-е сегодня.

— Да посмотрите же в телефоне, в конце концов. Если вы такой пунктуальный и каждый раз в народных гуляниях участвуете, то отчего за временем не следите?

Соник шагнул к Владычу и взял у него свой планшет.

— Точно 31-е, — сказал он. — Кошмар какой-то.

Анна вздохнула.

– Соник, вам действительно необходимо как-то отметить это событие?

– Да, – ответил Соник.

– Почему?

Соник почесал затылок, стукнувшись локтем о потолок.

– Потому что желания сбываются.

– Ну так не вижу причин переживать, – пожала плечами Анна. – Возьмите да сбудьте.

– Анна! – воскликнул Соник горестно. – Так в этом все и дело. Я не успел ничего захотеть и теперь смогу пожелать только херню какую-нибудь.

Ни Владыч, ни Анна не нашлись, что ответить. Молчание можно было счесть за тишину, если бы не храп Деда Мороза, в пазухе распахнутой дубленки которого сияла выпавшая грудь ходового третьего размера.

Ну и попугай остервенело точил клюв о стальные прутья клетки.

Жмых, Захаров и Елена Борисовна Смирнова опаздывали в кафе «Синий ара», потому что подобрали на обочине голого мужчину, отчаянно голосовавшего топором. Внедорожник Захарова уже проделал полпути к травмопункту, когда мужчина, всю дорогу молча прижимавший к себе топор, внезапно перестал трястись и неожиданно трезвым голосом сказал:

– Меня в больницу не надо, я целая.

– Куда же вас отвезти? – спросил Захаров.

– Вот этого я не знаю, – почему-то обиделся голый мужчина. – Я думала, вы знаете.

– Где вы живете? – спросил Жмых.

– В Южнорусском Овчарове, – с вызовом ответил владелец топора. – Деревня такая. А вы где?

– И мы.

– А вы кто?

– Ну, как вам ответить-то... Люди.

– А я – Снегурочка, – сказал мужчина и стыдливо прикрыл топором срам.

– Понятно, – сказала Елена Борисовна. – Значит, едем встречать Новый год.

Когда они все вчетвером ввалились в кафе «Синий ара», Анна даже не слишком удивилась: за пять минут до этого проснулась Дед Мороз и, сев на полу, сурово спросила:

– Ну и где моя баба?

– Пиздец, – сказал попугай.

Владыч и Соник молча таращились на Деда Мороза – один сидя на диване, второй в кресле, – когда открылась дверь и вновь пришедшие пропустили вперед Снегурочку, прикрывающего топором гениталии.

– Анна, здравствуйте, – сказала Елена Борисовна. – Я только сейчас поняла, что надо было позвонить, предупредить...

– О чем, Лена, дорогая моя? Все в порядке, заходите, раздевайтесь.

– Пиздец, – сказал ара.

– Он, кстати, без верхней одежды, – сообщил Жмых, делая жест в направлении Снегурочки.

– Пиздец, – сказал ара, – пиздец.

– Дайте ему занавеску, пожалуйста, – сказала Анна, – и заберите, ради бога, топор!

– Через пять минут Новый год, – меланхолично сказал Соник, – у нормальных людей.

– У нормальных не будет, – сказал вдруг Снегурочка. В синей занавеске он был похож на древнего римлянина и внушал уважение.

– Почему? – спросил Владыч.

– Потому что мы у вас, – пояснил Снегурочка и поднял с пола улыбающуюся до ушей Деда Мороза.

– Пиздец, – сказал ара.

– Ну извини. – Снегурочка обернулся к нему. – Ты тоже с виду не Алконост.

– Новый год, новый пиздец, – сказал ара.

– Не каркай, – сказала Дед Мороз. – И не ссы. Все будет хорошо.

– За это и выпьем, – резюмировал Жмых и достал из кармана бутылку красного ламбруско. – Шампанского не нашли нигде, – извинился он.

– Эй, – раздалось за дверью. – Вы что, заперлись?

– Негр! Ну, слава богу, – сказала Анна. – Я уже волноваться стала.

– Том, на себя тяни!

На пороге возникла белая от снега фигура с черным лицом. Лицо улыбалось.

– Шампанского принес, – сказал Том. – Вы не теряли никто шампанское? Иду к вам, смотрю – лежит такое в снегу, ничье. Взял вот, подобрал. Упал нечаянно вот.

– Это было мое желание, – сказал Соник. – Я хотел, чтоб шампанское было, а не ламбруска. И вот. Сбылось.

– Ну так радоваться надо, а вы не радуетесь? – сказал Снегурочка.

– Ну как, – сказал Соник. – Немножко радуюсь, конечно.

– Радуйтесь больше, – сказала Дед Мороз. – У вас еще два рядовых желания и два чудесных, бонусом.

– Не ссы, – сказал попугай.

– Спасибо, – сказал Соник, – я не успел подготовиться как-то.

– У вас еще две минуты, – сказал Снегурочка.

– Хочу, чтоб синий ара был всегда, – сказал Соник.

– Это было мое желание, – сказала Анна. – Спасибо вам, Соник.

– Хочу, чтоб я и дальше ничего не понимал, но чтоб меня это не парило, – сказал Соник.

– Это было мое желание, – признался Жмых.

– Хочу, чтоб на все хватило времени, – сказал Соник.

– Это было мое желание, – сказал Захаров. – Спасибо, друг.

– Хочу удивляться, – сказал Соник.

– Это было мое желание, – сказала Елена Борисовна.

– И мое, – сказал Владыч.

– Ладно, давайте еще одно, – сказала Дед Мороз.

– Выпить хочется, – сказал Соник.

– О, ну наконец-то, – сказал Том. – Спасибо, дорогой.

– Не ссы, – сказал ара.

Под утро, спустя несколько часов после ухода Деда Мороза и Снегурочки – они отправились восвояси, прихватив занавеску, но оставив на память топор, – когда все сидели вокруг пары сдвинутых столов и пили кофе без сахара, Соник задумчиво произнес:

– А интересно, что из того, что я загадал, было волшебным бонусом?

– Шампанское, я думаю, – ответил Жмых. – Вот клянусь, все Овчарово объездил и даже в Пятый Бал сгонял – нигде шампанского не было.

– А, – сказал Соник, – точно.

– How do you do? – сказал ара. – How do you do?

– Спасибо, птичка. Мы – прекрасно, – ответила за всех Анна и спросила всех же: – Кто-нибудь заметил, когда на двери появилась табличка «No pasarán»? И что она, интересно, означает в данном контексте?

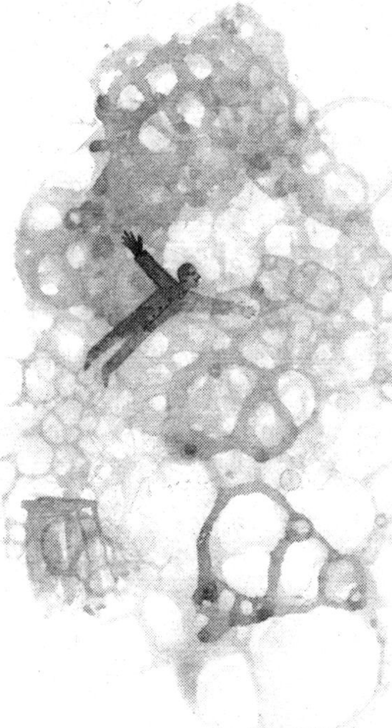

ПОЛЁТ

В день, когда Сом научился летать, погода была безветренной, туманной и поэтому самой что ни на есть летной. Обычный на полуострове туман превзошел сам себя: он был таким плотным, что в нем увяз и отломился галогенный луч фонаря. Сом выключил фонарик, положил его в карман и сделал еще один шаг к краю. Где-то внизу, под двадцатью пятью метрами тумана, лежала каменистая отмель.

Каждый шаг мог стать последним, потому что ни тропинки, ни собственных ног Сом не видел. Он смотрел вниз и угадывал колени, вытягивал руку и видел силуэт предплечья, иногда поднимал голову и тут же подносил к глазам ладонь: от тотального ничего делалось настолько неуютно, что требовалось его немедленно прекратить. Коричневая линия жизни, ведущая в необозримую даль запястья, возвращала Сомовым коленям твердость и призывала сделать еще один шаг. И Сом делал этот шаг. А потом еще один. И еще. И еще.

Момент, когда под носком ботинка не оказалось почвы, удивил Сома своей будничностью. Пульс не участился, сердце не сжалось, не подпрыгнуло и не проявило никаких чувств, как будто падать с хозяином в пропасть было ему так же привычно, как садиться вместе с ним за руль внедорожника. Мыслей не было; колени перестали дрожать десятью шагами ранее.

Сом отозвал рисковую правую ногу на пятнадцать сантиметров назад, утвердил ее и приказал левой ноге занять место рядом с правой. Левая подчинилась. Теперь Сом стоял на самом краю и думал, что другого такого случая можно прождать еще лет десять, а какой в этом смысл.

О том, что учиться летать нужно именно со скалы и именно в самый сильный туман, Сом знал с детства, но откуда, из каких источников пришли к нему эти сведения, он не помнил. Да и не важно это было. Главное, за минувшие сорок лет теоретическая часть летного дела прошла в организме Сома огранку и шлифовку, стала твердой и иногда мешала Сому дышать, потому что сперва находилась в трахее, а потом переселилась в горло. Подходящих туманов в жизни Сома было уже три, этот стал четвертым, но в первые два камень был еще мягковат, и у Сома возникали некоторые технические вопросы, на которые он не знал ответов; третий туман Сом встретил с чистым бриллиантом в горле, но непривычное тогда еще положение камня не позволило Сому сосредоточиться на краю скалы: он и до края-то не дошел, дышать получалось сикось-накось, а при вхождении в полет самое главное — правильно задержать дыхание. В тот раз Сому так и не удалось протолкнуть острый камень из гортани вглубь организма; держась обеими руками за шею, он лег на землю и притаился глазами в рыхлую серовато-фиолетовую грязь. Все, что было над ним, — туман; все, что он видел перед собой, — влажный порошок какао с истекшим сроком годности. А потом туман рассеялся и Сом ушел домой еще на четыре года.

Все эти четыре года Сом полировал камень, который теперь почти всегда жил в горле. Острые грани не пригодились: камень должен быть округлым и легким. И он таким стал. Если бы на международном рынке бриллиантов очутился идеально круглый бриллиант из Сомова горла, рынок бы вздрогнул, ахнул и рухнул. Сом знал, что в его гортани находится вещь немыслимой красоты, но никогда не относился к камню как к вещи. Скорее, как к партнеру по бизнесу. Это был идеальный партнер.

На этот раз камень не стучал, не отвлекал болью, а доброжелательно рос. Нынешний туманный день был полным антонимом тому, предыдущему. Во-первых, туман был белым, а не серым, как тогда. Во-вторых, Сом не нервничал.

Собравшись внутри себя, он наблюдал, как прозрачный каменный шар увеличивается в диаметре, растет ввысь и вширь, занимая все больше и больше места в горле. Трансформация шара радовала Сома и вызывала приятное нетерпение. Когда шар достигнет подходящего размера, он, Сом, положит в него тело и полетит: сперва вниз — так всегда бывает, — потом вверх и прямо, а далее куда угодно и с какой угодно скоростью.

Туманный день – самое подходящее время для первого вылета, когда еще не умеешь как следует рассчитать траекторию: туман сильно смягчает время первоначального падения, а затем поддерживает на эшелоне. Стоя над бездной, затопленной туманом, Сом вибрировал от восторга предстоящего полета и даже пару раз хихикнул, коротко представив себя на взлетной полосе: голова наклонена, руки перпендикулярно туловищу, ноги в позиции низкого старта – разбег, скорость принятия решения, take off. Смешно.

Смешно, однако нельзя отвлекаться от камня. Когда камень достиг максимальной величины, Сом задержал дыхание, пригнул голову и шагнул в его расступившееся сверкающее нутро – он почему-то всегда знал, что так все и произойдет, только думал, что зайдет в полет руками назад, а получилось наоборот, руками вперед, совершенно неожиданно – выставленными перед собой ладонями с длинными, неприлично бесконечными линиями жизни. Но, в конце концов, эта единственная неправильно угаданная техническая деталь абсолютно ни на что не повлияла, вообще ни на что.

СТРАННЫЙ ДЕНЬ

Четверг в Южнорусском Овчарове день ярмарочный, бойкий, беличий. С утра на площадь перед Домом культуры съезжаются местные и дальние фермеры, торговцы казенными сластями, делегаты городского хлебокомбината и мелкие пекари, рыбаки, азиатские люди со специями, сухофруктами и орехами, а также многочисленная деревенская тетка, монетизирующая летние заготовки. Продавцы достают из машин бывалые фанеры, в мгновение ока выстраивают из них букву «П» и украшают ее натюрмортами. Тем временем подтягиваются первые покупатели. В основном это те, кому нужно успеть на работу, хотя есть и такие, которым просто важно везде быть впереди остальных. Покупателей становится все больше, они терпеливо стоят на старте, переговариваются, спрашивают друг друга о здоровье семьи и делают вид, что совершенно не следят за происходящим на площади, где разворачивается главная сцена этого дня.

Проходит всего полчаса от начала подготовки к параду до собственно парада, и вот уже в его авангарде алеет свежая убоина; за нею серебрятся мороженые и парны́е, только что с сейнера, рыбы; далее следуют отряды копченостей и корейских салатов, источающих такие запахи, что покупательские желудки кричат криком, выстраивая своих хозяев в очередь, — все хотят купить три сорта колбасы, и корейку, и рульку, и грудинку, и корейской кимчи, и триста грамм острого папоротника, и черных грибов с кальмаром и перцем, и все это уже накладывается, режется и взвешивается ловкими руками, танцующими точные и быстрые танцы в честь Меркурия. Сам продавец как будто и не участвует в представлении, ведя светскую беседу: а не хотите попробовать буженины? — его руки вытанцовывают кусочек мяса на кончике ножа — отлично, сейчас заверну килограмм, приятного аппетита.

Каре походных витрин на коммерческом плацу торжествует до трех пополудни, а к четырем волшебным образом дематериализуется, оставляя после себя луковую и подсолнечную шелуху, мандариновые шкурки, сиротское, втоптанное в снег яблоко да сытых собак, постаравшихся наесться мясной обрезью впрок, до следующего четверга. Но еще утро, еще рано думать о том, что будет через неделю, еще предстоит купить сметаны, еще предстоит купить яиц, еще предстоит купить пять соленых огурцов: пробовали покупать и три, и семь, но трех мало, а шестой и седьмой бесславно высыхают в холодильнике. Пять в самый раз.

Покупатель в расстегнутой куртке и с тремя пакетами в руках наконец вырывается из плена деликатесов, и набранная инерция несет его к молочным берегам, прямо в противоположный угол каре, и беличий азарт придает скорости, и взгляд оценивает высоту ближайшей творожной горы, в подножие которой воткнут совочек: покорить сразу или сперва одолеть в сумку варенец, как ты думаешь, мама, смотри, какой он важный, темный, запечатанный пенкой-корочкой — так, мне, пожалуйста, килограмм сметаны — круглые руки в белых перчатках берут два пластиковых контейнера и делают быстрый первый ход, белые начинают, белые продолжают, белые не меняют рисунок танца, белые равнодушны к расставанию с банкой смуглого варенца, килограммом сметаны цвета ivory, головой снежного адыгейского сыра, двумя литровками молока, верхушкой творожного монблана, перекочевавшего в пакет, — приятного аппетита — и вам спасибо.

Вот, мамочка, а ты говорила, я продукты покупать не умею. А я умею. Посмотри на меня.

Жмых отнес промышленную партию еды в машину, сложил пакеты и банки в багажник, собрался было уезжать, но вспомнил про огурцы и вернулся на площадь.

Посмотри, как я хорошо умею покупать продукты. Ты не помнишь, где огурцы? Где-то там.

Снова мимо мяса, которого, кстати, ты не купил. *Спасибо, мама, что напомнила.*

На втором от краю прилавке компактно, как в «Тетрисе», лежали куски свинины — полный набор, включая внутренности. Жмых остановился и отступил на шаг, разглядывая товар. Фермерская продукция смахивала на конструктор «купи весь комплект и собери свинью обратно»: пара передних ног, пара окороков с огузками;

четыре добела отдраенных копыта; вырезка; плиты реберной части, сложенные в стопку, как в библиотеке. Сет необходимых деталей увенчивался головой: полусомкнутые веки, умиротворенная улыбка – голова как будто дремала, не выпуская, однако, из-под контроля остальной товар. Казалось, спрашивать цену окорока, ребрышек и вырезки следует у свиной головы, а не у фермера, который сидел поодаль на маленьком походном стуле и, не снимая рукавиц, разгадывал сканворд.

– Почем мясо? – обратился Жмых к голове.

– Которое? – уточнил фермер, не отрываясь от сканворда.

– Вот это вот все. Целиком.

Жмых провел рукой по воздуху над разобранной свиньей. Тихо, мама, не говори ничего.

Фермер помог ему перетаскать мясо в машину. Последней занесли голову. В багажник она не вместилась, и Жмых утвердил ее на заднем сиденье, подложив расплющенную картонную коробку. Голова стремилась завалиться набок, и Жмых, посомневавшись, пристегнул ее ремнем безопасности. Когда ехал домой, старался не глядеть в зеркало заднего обзора. Ехать, слава богу, было недолго.

Соник едва успел сварить себе кофе, когда зазвонил телефон, удививший его почти до крайности: во-первых, раньше обеда Сонику никто никогда не звонил; во-вторых, обычно ему вообще никто не звонил; в-третьих, звонил Жмых.

Соник даже не сразу ответил на звонок, потому что ему потребовалось время подготовиться к чему-нибудь плохому. Боясь прижать телефон к уху, чтобы паршивая новость не сразу заскочила в голову, Соник включил громкую связь и сказал:

– Привет, надеюсь, у тебя больше никто не умер.

Боже, ну ты и кретин.

– Извини, – сказал Соник, – я по утрам обычно дебильничаю.

– Ничего, нормально, – ответил Жмых. – У тебя есть какие-нибудь прочные нитки?

– Ну есть.

– Дашь?

– Ну приезжай. Тебе зачем?

– Свинью шить буду.

Не спрашивай. Ни о чем больше не спрашивай. Просто дай ему нитки, и все.

– А игла нужна? – спросил Соник. – Чем шить?

– Спасибо, – отказался Жмых. – Я шило купил.

Через пятнадцать минут Соник подходил к дому Жмыха. Он лично нес ему нитки, чтобы ни о чем больше не спрашивать. Жмых молча впустил Соника в дом и кивком пригласил следовать за собой на кухню. Соник вошел. На кухонном столе, занимая собой почти все пространство столешницы, стояла и ухмылялась свиная голова.

– Остальное в машине, – сказал Жмых. – Что-то я не подумал, что места мало будет.

Богатый судовладелец Жмых продолжал принципиально жить в маленьком домике, совершенно непригодном для сшивания свиньи.

– Ко мне нельзя, – сказал Соник, – у меня кухни почти нет, и холсты загрунтованные везде стоят. Вчера только сушиться поставил.

– Что же делать? – задумчиво произнес Жмых. – На улице холодно.

– Может, к Владычу? Видел его кухню?

– Нет, я у него не был ни разу. А что там с кухней?

— А так она как раз, — сказал Соник, извлекая телефон, — как весь твой дом и посредине стол из нержавейки.

— А он согласится?

— Я бы нет, — сказал Соник и обратился к телефонному респонденту: — Владыч, привет, мы тут со Жмыхом собрались свинью шить, можно у тебя на кухне?

Жмых поморщился от Сониковой прямолинейности, гарантирующей отказ.

— А ты не едь сегодня в офис, — сказал Соник в телефон. — Не каждый день же такое вот.

Жмых почувствовал нарастающую досаду.

— Поехали, — сказал Соник, запихивая телефон в карман. — Бери башку-то.

Владыч собирался на работу, когда позвонил никогда никому не звонящий Соник и сообщил об их со Жмыхом планах шить свинью в его, Владыча, кухне. В принципе, его присутствие в офисе не было по четвергам обязательным, просто Владыч не слишком любил работать дома. Предоставить приятелям кухонный стол с его широкими возможностями он согласился довольно легко, абсолютно не представляя, что на самом деле кроется за словосочетанием «шить свинью». Владыч сперва подумал почему-то, что это сленговое название какого-нибудь арт-проекта, на который Соник вынудил подписаться Жмыха, но потом, поразмыслив, решил, что дело обстоит ровно наоборот: вероятно, серьезный деляга Жмых затеял некий проект, для воплощения которого в черновом варианте потребовался артистический взгляд Соника. Когда жмыхов «лендкрузер» въехал во двор, и Владыч пошел встретить утренних гостей, меньше всего он оказался готов к тому, что они вытащат из машины большую, мертвую, улыбающуюся свиную голову, с которой, пока он тупо на нее пялился, сорвалась и упала в снег жирная капля крови.

Да пошли вы к ебеней матери. Уроды.

— Заходите, чего встали-то, — сказал Владыч и посторонился, пропуская приятелей в дом.

Когда голова воцарилась посреди обширной столешницы, отражаясь в полированной нержавейке, все трое уставились на нее, почему-то не в силах отвести взгляды.

— Ладно, пошли за остальным, — очнулся наконец Соник. — Там еще туловища полная машина.

Заносили свинью цугом. Каждый нес в вытянутых окровавленных руках какую-нибудь часть туши и складывал ее в ряд на пристенной столешнице, бесконечно длившейся от окна до мойки, терявшейся вдали. У Владыча, питавшегося бутербродами и супом, который дважды в неделю варила Оперная Певица, действительно была огромная кухня.

На то, чтобы выгрузить всю свинью из «лендкрузера», почему-то ушел целый час. Жмых подивился этой несуразности: они вдвоем с продавцом погрузили ее за десять минут.

Не надо на меня так смотреть, мама. Тебе вообще не обязательно участвовать в этом.

— Ну, поехали, — сказал Жмых.

И они поехали.

Это лишь кажется, что собрать знакомое целое из простого разрозненного легко. На самом деле, знакомое то и дело оборачивается сюрпризами, а разрозненное не хочет занимать свои — казалось бы —логичные места в стройной цепочке причинно-следственных связей. И что является причиной в свинье, а что следствием? Сперва попробовали начать с головы, приставляя к ней поочередно то один, то другой фрагмент, но дело шло плохо: фрагменты не подходили то друг к другу, то к положенной на бок голове. Решили временно отставить голову и собирать свинью сепаратно от нее, начав с тех деталей, которые не вызывают сомнения. Но потребовалось целых два часа, чтобы собрать очевидную заднюю часть, состоящую из двух окороков, безымянного куска спины и неожиданного провала на месте живота.

— Здесь тоже что-то быть должно, — сказал Владыч, указывая на провал.

— Там сало будет потом, вон лежит, четвертое с краю, — ответил Соник.

— Это не то сало, — усомнился Жмых. — Это вроде как примерно с груди сало. Вот, смотри, оно вот сюда и сюда примерно должно встать.

Жмых взял со стола два крупных пласта сала и приложил их к себе — от подмышки до подмышки.

Мама, я же тебя просил.

— Да, похоже, — согласился Соник, — а где тогда с живота?

— Потом найдем, — сказал Владыч. — Давайте пока понятное соединим.

Еще через два часа на кухонном острове лежал окровавленный полутруп неведомого происхождения, у которого, впрочем, уже имелись две пары конечностей с прочно пришитыми к ним копытами.

Прошел еще час, и все трое соучастников восстановления свиньи разом захотели бросить свое занятие.

— Перерыв, — объявил Владыч, — перерыв.

Вашу чертову мать! Это не отмыть никогда.

Владыч оглядел кухню.

— Кто это все мыть будет-то? Певица, что ли? — сказал он.

— Я помою, — буркнул Жмых, — потом.

Владыч вздохнул и не стал уточнять когда.

Руки мыли долго и так тщательно, будто специально тянули время, потом долго сидели с чашками и пепельницами прямо на липком от крови полу, уже ни на что не обращая внимания.

– Перерыв окончен, – сказал Владыч и первым, охая, поднялся.

Еще через три часа целая, покрытая страшными швами свинья лежала на кухонном столе. Ее пришитая к туловищу голова выходила за габариты столешницы.

– Крупная особь, – сказал Соник. – Кабан, что ли?

– Как это теперь узнаешь, – ответил Жмых.

– Вам какая разница вообще? – удивился Влад. – И что теперь с ней делать?

– Кровищу смыть, может, – предложил Соник.

Почти час смывали кровищу кухонными губками, то и дело меняя воду в тазу. В конце концов свинья стала чистая. Если бы не швы через края шкуры, то почти как новая.

– Ну вот, – сказал Владыч. – Ваши дальнейшие распоряжения, кэп?

Жмых молчал.

Да, мама, иногда я понятия не имею, какие у меня были планы.

– Похоронить, – предложил он.

– Так земля же промерзла насквозь, – возразил Соник. – Февраль же на дворе.

– Через сожжение можно, – вдруг сказал Владыч, – как в Варанаси.

– И там, кстати, лед отодвинуло на заливе, – вспомнил Жмых, – видели? От пирса вправо здоровенная полынья такая, километра на полтора в длину.

За неимением носилок свинью погрузили на раскладушку и везли в «лендкрузере», опустив спинку переднего и заднего сидений. В машине Владыча ехали доски для плота и весь запас дров для камина.

Въехали на лед, подсвечивая фарами тихое, без звезд, небо. Было тепло и совершенно безветренно. Остановились метрах в тридцати от края полыньи — решили не рисковать.

Не волнуйся, мама, я не упаду в воду. Мы с ребятами только сожжем свинью и сразу домой.

Сколотили плот. Сделали ложе из дров. Перенесли на него свинью вместе с раскладушкой. Обложили раскладушку дровами. Плеснули жидкости для розжига костров.

— Ну, давай, — сказал Жмых, — не держи зла.

И щелкнул зажигалкой.

Вскоре запахло жареным мясом.

— А в Варанаси не пахнет, — сказал Владыч.

— А у них дрова какие-то специальные, — сказал Соник.

— Специальные для богатых, — сказал Владыч, — а так обычные, в основном.

— Не знаю тогда.

— И я не знаю.

Мамочка, я вот тоже не знаю. А ты?

Потом Жмых столкнул плот с костром в полынью. Плот развернулся и медленно поплыл вдоль кромки, постепенно отдаляясь от нее. Искры от погребального огня взлетали в низкое небо, ударялись об него и падали, шипя, в воду. Дожидаться, пока прогорит плот, не стали.

— Ладно, — сказал Жмых, — всем пока.

Вот, мамочка. Какие идиотские у тебя получились поминки. Может, и идиотские, зато ты меня сегодня весь день вспоминал, а что еще нужно? *Я тебя и так каждый день помню.* Я знаю. *Я знаю, что ты знаешь.*

– Пока, – сказал Владыч.

Кровищу, конечно, смою, но между кафелем все равно останется, во всех детективах так.

– Пока, – сказал Соник.

Нитки суровые ухайдокали целиком. Надо ниток заказать. Ну и закажи. Ну и закажу.

– Тебя подвезти? – спросил Владыч Соника.

– Нет, пройдусь.

Какой странный день.

Какой странный день.

НАСЛЕДСТВО

Вещи переносили уже в темноте. Мощный фонарь над соседскими воротами освещал чуть ли не полдеревни, но скорее мешал, чем помогал: возвращаясь к грузовику за коробками, приходилось щуриться или закрываться козырьком из ладоней. Усиленный отражателем луч хлестал по глазам, и еще несколько секунд нужно было приучать зрение к темноте крохотного, с блюдце размером, двора, в который едва удалось втиснуть Максов «лансер»: капот машины нависал над тропинкой, ведущей к крыльцу, а свет из кухонного окошка стекал под колеса. Во двор выходили и два окна большой комнаты, но в ней не смогли включить лампочку: то ли перегорела, то ли выключатель поломался. Коробки ставили одна на другую прямо в коридоре, в четыре синхронные башни. Работали очень быстро, очень четко, очень аккуратно и — почему-то — на цыпочках. Наверное, так работают воры: неслышно ступая, стараясь не разговаривать, или перебрасываясь лишь короткими, сугубо по делу, фразами. Придержи. Здесь. Ага. Сюда ставь. Когда все четыре башни стали одинакового роста, оказалось, что в кузове больше ничего нет.

Несмотря на недостаток электричества, пыль и общее запустение, уже завладевшее домом, Макс сказал, что в город не поедет: останется ночевать здесь.

— Дом же мой же теперь, — сказал он. — Так что.

Тоха и Серый отнеслись с пониманием. На его месте они бы тоже предпочли спать на коробках, лишь бы не ехать на ночевку к семейным друзьям или, тем более, не возвращаться в съемную квартиру, где еще не закончился срок аренды, но откуда уже вывезены все башни.

— Бабайку не боишься? — серьезным голосом пошутил Серый.

— Не очень, — ответил Макс. — Я сам бабайка.

— Ну, бабая тебе тогда хорошего и деток побольше, — пожелал Тоха.

Засмеялись все трое, но тоже как украли: тихо, прижав ладони к ртам.

— Ну все, валите.

— Звони, если что.

Макс стоял в проеме калитки и какое-то время наблюдал, как Тохин грузовик, разворачиваясь, ненадолго схлестнулся лучами фар с лучом соседского фонаря — сабли автомобильного света были острыми и тонкими, и их было две, они играючи победили фонарь, пронзили, распороли его толстый неуклюжий луч, но не стали добивать – бросили подранка, метнулись в сторону, царапнули чей-то забор, панибратски щекотнули небо и, посерьезнев, превратились в дорогу. Макс завязал калитку проволокой и пошел домой. «Домой, – подумал он, огибая капот "лансера", – надо же как».

В доме было две комнаты: большая, где не горел свет, и дальняя маленькая, в которой, как выяснилось, свет не горел тоже. Но зато она щедро освещалась недобитым лучом соседского прожектора: хоть книжки читай. Заоконного освещения вполне хватало, чтобы в деталях рассмотреть весь интерьер комнаты. Прямо напротив двери, у окна, стояла железная кровать с облезлыми шишками; слева у стены секретер – ублюдок, дитя мезальянса между советским сервантом и бюро дворянской фамилии; справа стол, застеленный клеенкой в горох. Бабка держала на этом столе ящички с рассадой, а дед хранил в секретере крючки и грузила. Поди они до сих пор там лежат, в двух коробках из-под леденцов. При бабке точно еще лежали.

Дед умер на этой кровати. Между рассадой и грузилами. Макс был еще маленький и, приезжая к бабке на выходные или каникулы, все время боялся, что она уложит его на дедову кровать, но бабка стелила ему на раскладном кресле в зале, напротив шкафа. Макс не помнил, куда оно в конце концов делось: было да сплыло. Просто с какой-то поры и до последнего бабкиного вдоха стал ночевать на раскладушке. Раскладушки, кстати, теперь тоже было не видать.

После дедовой смерти бабка прожила еще двадцать пять лет. За полгода до смерти стала угадывать мужа во всех мужчинах от пятнадцати до ста, а потом вдруг выздоровела на два дня, всех узнала, со всеми поздоровалась, расспросила о житье и последних событиях – и умерла в совершенно твердой памяти. Попрощавшись с бабкой,

Макс простился и с этим домом: почему-то был уверен, что Господь – или кто там распоряжается душами и их имуществом, – прибрав бабку, заодно отнял у него, Макса, право бывать здесь хотя бы изредка. Вся родня была изумлена, когда нотариус сообщил, что бабка завещала дом именно Максу, а сам он удивился больше всех – не так уж и часто навещал бабку в последние годы; правда, ухаживал за ней весь период ее завершающего безумия, но имущественное право не ведает смягчающих обстоятельств, да и завещание было написано давно.

Макс постоял на пороге в маленькую комнату, потом шагнул было в темную большую, где был шкаф, но передумал, развернулся и отправился во двор, в машину, спать. Умостившись на отодвинутом и откинутом переднем пассажирском сиденье – ноги в руль – прислушивался к ощущениям: тоскливо ли? горько ли? одиноко? – и слабо удивлялся, что вместо всего этого, ожидаемого, почти запланированного, чувствует только покой. И – пока не очень громко – голод. Но еды ни в одной из четырех башен не было, в бардачке «лансера» могло заваляться какое-нибудь печенье, но не завалялось – да и черт с ним, и без печенья сойдет.

Проснулся внезапно. Ночь еще не кончилась. Его разбудил голос, сказавший доброжелательно, но твердо: «Завтра тоже спи тут». Было ясно, что голос приснился – так иногда бывает, когда просыпаешься вдруг от сказанной кем-то фразы, и этот кто-то – персонаж из сна, сюжет которого никогда не извлечь оттуда, где он остался. Несмотря на эту очевидность, Макс приподнялся на локте и сквозь стекла машины оглядел двор. Двор был пуст. Посмотрел в боковое зеркало – тьма, заросли сорняков тенью вокруг багажника; никого. Попытался уснуть опять, но не получалось. Достал телефон, глянул время: пять утра. Вот-вот будет светать. Где-то вдали, а потом ближе, прокукарекали петухи. Можно было выходить на рыбалку. Если б Макса хотя бы чуть-чуть интересовала рыбалка, он бы, может, на нее и вышел сейчас, зевая и ежась — как в детстве, когда дед поднимал его затемно и тащил с собой на лагуну; дед не спрашивал, нравится ли Максу рыбалка — в его, дедовом, мире все мальчишки должны умирать от счастья, когда им дарят удочки и берут с собой рыбачить.

Как уснул второй раз, Макс не заметил.

Проснулся от духоты — солнце было уже совсем высоко, часы на телефоне показывали без четверти девять, хотелось пить, есть и в туалет. Или в обратной последовательности, не важно: главное — быстро. И как-то уже надо устраиваться с вещами и вообще — лампочки заменить в комнатах, или посмотреть, что там с проводкой.

День прошел в деловитой суете. Съездил в продуктовый магазин, привез сухомятки, упаковку пива, лампочки и удивительное количество разной бытовой химии, позабавившее его, когда выгружал покупки на кухонный стол. Вымыл пол и окна, наладил освещение в комнатах, еще раз съездил в магазин и купил подушку, одеяло, два комплекта постельного белья и четыре квадратных метра ортопедического матраса — тот был единственный в «Антонии» и занимал собой треть магазина. Макс вез его домой на крыше «лансера», опасаясь, что взлетят все трое — матрас, прикрепленный к нему «лансер» и он сам, не успев покинуть машину при взлете, — а потом долго корячился, затаскивая махину в дом: матрас не гнулся и плохо вписывался во внутренние повороты жилища. Кое-как протолкнул в комнату, которую уже называл про себя «шкафной»: при бабке она именовалась «залом», но теперь из мебели в ней были только старый шкаф и новенький в кремовый цветочек матрас 2×2, теряющийся, тем не менее, в сравнении со шкафом, монументальным, трехстворчатым, важным и аскетичным, как Мюнстерский собор.

В третий раз за день съездил в магазин уже перед закрытием: купил удлинитель и настольную лампу. Соорудил возле матраса офис из настольной лампы и ноутбука — посмотрел на уют и решил, что это хорошо. Шкаф им. св. Павла, мягко подсвеченный с пола, возвышался над ним и довлел.

До ночи еще оставались и время, и некоторые силы. Макс включил верхний свет, подошел к шкафу, прикинул, имеет ли смысл разбирать и выносить его прямо сейчас или отложить на завтра — и решил отложить. Поужинал. Посмотрел какой-то детектив. Совсем уже было собравшись укладываться спать, вдруг вспомнил: «Завтра тоже спи тут». И, с сожалением поглядев на прекрасную постель свою, отправился в машину.

В час, когда кричат петухи, а любители утренней рыбалки выходят из дому, Макс проснулся от фразы: «А им все похуй, понимаешь, да?» Сон не сразу отпустил его, вокруг фразы мгновенно образовался какой-то вполне осмысленный, но еще неплотный сюжет — внутри этого сюжета все было очень логично, хоть и досадно от того, что им все похуй; Макс кивнул, соглашаясь в этом сне с собеседником — мол, конечно, понимаю, — и проснулся, не успев вытащить фабулу, которая распалась, растворилась в воздухе от кивка, оставив после себя лишь фразу про каких-то неведомых «их».

В тот день он опять не разобрал и не вынес старый шкаф, про который почему-то решил, что его нужно разобрать и вынести вон — ведь шкаф не мешал ему, не действовал на нервы: в конце концов, не в шкафу же умер дед, а на кровати в соседней комнате, ну так он, Макс, и не спал на той смертной кровати, а спал в машине уже две ночи, несмотря на замечательный матрас на полу возле ноутбука и настольной лампы, несмотря на одеяло, подушку и пахнущую текстильным принтом простыню. Макс строгал на кухонном столе сыр для ужинных бутербродов и решал, где ему спать сегодня, в машине, как бичу, или — как приличному человеку — на матрасе; хотелось спать на матрасе, но голос в предыдущем сне не дал добро на матрас, хотя и не повторил запрет, а лишь посетовал, что «им» — кому им? — «все похуй», что вроде бы не имело прямого отношения к ночевке ни в машине, ни на матрасе, но Макс почему-то знал, что решение спать на матрасе голос бы не одобрил.

— А им все похуй, — сказал Макс вслух и понес тарелку с бутербродами к матрасу.

Он уснул, посмотрев два фильма целиком и, не досмотрев третий, отключился, не захлопнув ноутбук, поэтому фраза, услышанная им во сне этой ночью, вплелась в сюжет с ноутбуком — Максу было сказано, что «в деревне всегда надо закрывать», и он размышлял прямо там, во сне, почему в Овчарове такие порядки и что именно стало причиной тому, что здесь непременно надо держать неиспользуемый ноутбук в закрытом виде. В эту ночь голос не разбудил его. Но, что еще больше порадовало Макса, голос не стал ругать его за то, что он, Макс, без разрешения ночевал на матрасе. Макс, чтобы продемонстрировать голосу миролюбие, с готовностью пообещал, что в следующий раз обязательно сперва закроет ноутбук и только после этого уснет.

Четвертый день прошел в заботах по удалению прочь дедова одра. Макс занялся этой операцией сразу после завтрака, но провозился весь день, потому что одр заржавел, и все три его составляющие прикипели друг к другу насмерть. Макс колотил по железякам найденной в сарае кувалдой, ездил в автомагазин за жидкостью, разъедающую ржавчину, опять колотил кувалдой — а потом, кое-как успев убрать ноги из-под обрушившейся железной рамы с панцирной сеткой, долго смотрел на мощную рухлядь, напоминающую обломки авиакатастрофы. А потом выволакивал все это во двор, устанавливал стоймя к глухой стене дома — надо будет опять Тоху с грузовиком просить, чтобы отвезти в металлолом, — и всерьез размышлял над тем, как отнесется дед к тому, что он поломал его кровать.

В ночь с четвертых на пятые сутки Максу приснился отчетливый и складный производственный сон — про учебную тревогу на судне, где он должен был заводить двигатель на шлюпке по правому борту, — и в этом сне знакомый уже голос сказал совершенно не приделанную к сюжету фразу: «Тебе бы все сладкое да сладкое, а суп кто жрать будет».

Макс вряд ли смог бы объяснить, зачем он стал записывать эти фразы из снов. Вроде бы и ясно: чтоб не забыть. Но в чем необходимость этого запоминания, Макс не думал: просто купил тетрадку и записал: «Тебе бы все сладкое да сладкое, а суп кто жрать будет». Фраза казалась ему знакомой, она вполне могла быть адресованной ему в детстве, но бабка бы не сказала слово «жрать», а дед совершенно не касался вопросов детского питания, да и голос во сне был чужим.

После того, как из маленькой комнаты была изъята дедова кровать, комната оказалась не такой уж и маленькой. В принципе, уже можно было перетащить матрас сюда, между воспоминаниями о рассаде и грузилами (их в секретере не оказалось: кто-то из родни, видимо, тоже оказался рыбаком); но Макс решил, что из-за соседского фонаря спать здесь будет трудно.

В бытовых хлопотах прошла вся первая неделя. Иногда Максу казалось, что он живет в старом бабкином доме гораздо дольше, а иногда — как будто приехал сюда позавчера. До официального вступления в наследство было еще четыре месяца, но Макс, уже обладая домом де-факто, не связывал с предстоящим статусом де-юре никаких дополнительных перемен. Каждый день он возился по хозяйству — что-то мыл, что-то белил, что-то красил, менял старую проводку, рассыпающуюся в руках от ветхости, — и к вечеру валился от усталости. Усталость его была умиротворяющей, сытой, гладкой, как кот, она мягкими лапами запрыгивала на него задолго до полуночи, увлекая на матрас. Тогда он вползал под одеяло, включал какой-нибудь детектив — и тут же засыпал до утра сном глубоким и спокойным. Тем не менее в тетрадке для фраз последовательно появились:

5). «Главное, не надо торопиться, все торопыги как торопыги, а ты нет».

6). «На севере шашлык очень хорошо»;

7). «Когда черепахи придут, не спрашивай откуда».

В субботу Макс опять подступился к шкафу и опять не стал разбирать его.

Эти два навязчивых желания — разобрать шкаф и оставить его на месте — сменяли друг друга так часто, что Макс не успевал принять решение. Шкаф — тяжелый, пустой и странно гулкий внутри — как будто врос в пол. Макс несколько раз примеривался к его весу: налегал плечом и пытался сдвинуть допотопную мебелину с места, но она даже не шелохнулась. В день накануне приезда друзей Макс все-таки решил разобрать шкаф, чтобы вывезти его на Тохином грузовике вместе с останками дедова корабля, на котором тот переплыл Стикс.

Макс открыл левую дверцу и осмотрел внутренние крепления. Нутро шкафа казалось странно уютным. Подчинившись какому-то детскому порыву, Макс шагнул внутрь шкафа и, не успев закрыть за собой дверь, вдруг вывалился оттуда, при этом больно ударившись затылком об пол. Он не понял, в какой момент оступился, да и не стоил этот факт отдельного понимания; достаточно было того, что в шкаф он лезть расхотел, ребяческое настроение улетучилось, и во второй раз он подошел к шкафу уже с отвертками и пассатижами. Потянул за ручку и замер в крайнем изумлении: дверца не открывалась. Ни эта, ни другая, ни – Макс проверил их все – третья. Шкаф был заперт. Макс поочередно провел ладонью по всем трем дверцам, как будто надеялся нащупать замочную скважину, но панели были такими же гладкими на ощупь, как и на обычный свой вид.

Навстречу Антону и Серому он вышел с отвертками в обеих руках, долго не мог сообразить, куда их пристроить, в итоге положил прямо на крыльцо и сообщил друзьям, что шкаф выбрасывать не будет. Кровать да, а шкаф пока нет.

Без кровати, прислоненной к стене дома, как будто стало легче дышать. Макс обошел свое имение, присматривая место для новенького мангала – такое, чтобы огонь от костра не опалил ветки старых яблонь. Место нашлось в десятке метров от задней стены дома. Пока друзья ездили сдавать металлолом, Макс установил мангал, настрогал щепок и мимоходом сообразил, что случайно выполнил рекомендацию голоса из своего сна: костровую площадку он, оказывается, организовал на севере. Что там еще было? Черепахи-торопыги?

Черепахи пришли на свет костра уже после шашлыков и отъезда Тохи с Серым в город. Сперва одна: эта была покрупнее, поамбалистее. За нею — помельче, пожиже в лапах и с более тонкой шеей. Они вышли из сорных зарослей, амбал остановился и вытянул мощную шею, как будто принюхиваясь к запаху жареного мяса; жидкая черепаха шла след-в-след и, не сбавляя скорости, ткнулась в хвост товарища. Макс засмеялся и протянул руку, чтобы толкнуть Тоху — мол, посмотри, что это, черепахи откуда-то, — но в тот же момент, когда рука его натолкнулась на пустоту, вспомнил, что друзья уехали еще в сумерки, а сам он вернулся к костру и задремал.

Черепахи между тем, двинулись в путь. Амбал уверенно пошел в обход костровища, держась кромки травы, а его более слабый друг следовал за ним, никак не проявляя интереса к местности. Макс провожал их взглядом, пока они не скрылись за границей света, выкурил две сигареты, затушил из старой бабкиной лейки костер и пошел в дом, почти наверняка зная, что получит нагоняй за позднее возвращение.

Дед и бабка сидели за пустым кухонным столом, как в тот раз, давным-давно, когда он впервые опоздал домой на добрые пару часов.

— Баб, деда, я тут был, за домом, уснул просто нечаянно, — сказал Макс. — А вы от...

— Тссс. — Дед приложил палец к губам. — Тихо.

— Да ты чего шумишь-то? — сказала бабка. — Ночь ведь на дворе.

Макс остановился в дверях, не решаясь присесть за стол рядом с ними, и от этой невозможной возможности вдруг сделалось больно глазам. Тут же вспомнил про кровать, вывезенную в металлолом.

— Дед, я твою кровать выбросил, — сказал он.

– Ну, выбросил и выбросил, – ответил дед, – ничего.

– А спишь на чем? – спросила бабка. – Раскладушку-то твои суханским отдали.

– Матрас купил, – сказал Макс и зачем-то уточнил: – С пружинами.

Помолчали.

– Ну, мы пойдем пока, – сказал наконец дед и встал с табуретки.

Бабка поднялась следом.

Макс посторонился, чтобы пропустить их в дверь на улицу, но они направились в зал: первым шел дед, за ним семенила бабка. Макс, помедлив всего секунду, тронулся вслед за ними, но отстал непоправимо, безнадежно – когда он вошел в большую комнату, то едва успел заметить, как закрывается за бабкой крайняя, левая дверца шкафа. Он в два шага пересек комнату и рванул дверцу на себя: в шкафу было, как всегда, пусто.

Он еще несколько раз встречался – в саду, или на дорожке к дому, или возле калитки – с черепахами, но те каждый раз делали вид, что не узнают его. А потом настала зима, и Макс юридически вступил в права наследования. До этого момента прошло примерно две трети тетради, а потом она остановилась. Никаких фраз больше не было. Никаких черепах, никаких приказов и рекомендаций.

Макс очень дорожит этой тетрадью. Он давно выучил ее наизусть, время от времени читая ее перед сном: наугад, с любой страницы, хоть с начала в конец, хоть с конца в начало. И он мог бы поклясться, что одной фразы, написанной вроде бы его рукой, он не писал никогда. Ее вообще не было в той тетради, но, тем не менее, вот она; и можно было попытаться сделать вид, что ее нету, или что в ней нету смысла, или еще что-нибудь, – но Макс понимает, что смысла нет в самообмане, а в этой фразе что ни слово, то смысл, и каждый раз, читая эту фразу, Макс чувствует резь в глазах.

Слов в ней, собственно, всего ничего: «Не спеши итти в левую дверцу».

Он, Макс, написал бы: «Идти».

ВСЕ ДЫРЫ ВЕДУТ

На конечной остановке городского автобуса – там, где Восьмой Квартал прижимается к лесу, а асфальтовая дорога превращается в узкую грунтовку, – сидел молодой человек во фраке. Он как будто кого-то ждал: время от времени вставал, выходил к обочине и вглядывался в пустую синюю улицу, а потом возвращался под крышу остановки и садился на железную перекладину – все, что осталось от скамейки, с которой история Южнорусского Овчарова сорвала и прибрала к себе доски с именами старожилов.

Был вечер конца ноября, ветер с избыточной силой гнал пластиковую бутылку, и воздуха синь сгущалась в чернила. Еще четверть часа – и баба Люда не заметила бы своего будущего квартиранта, проскочила бы мимо, и тогда он пропал бы пропадом. Баба Люда припозднилась: она караулила сестриных внуков, а сестрина дочь вернулась из города аж последним автобусом, и баба Люда бежала домой, неслась на всех парусах, скакала почти вприпрыжку, насколько позволяли ноги. Очень быстро темнело. Но, по инерции пробежав еще несколько метров, она вернулась убедиться, что с пассажиром все в порядке.

– Сынок, тебе не плохо ли? – спросила баба Люда человека в концертных одеждах.

Съежившийся от холода человек посмотрел на нее, затем, тоскливо, беспокойно, – на внутреннее убранство остановки с невидимыми уже настенными каляками, затем потер виски и ответил:

– Нет.

– Пойдем со мной, – сказала баба Люда, – чаю тебе надо.

Помнил он только свое имя. Его звали Ник.

– Николай? – переспрашивала баба Люда.

– Нет, – отвечал Ник, – меня зовут Ник.

При электрическом свете он оказался старше, чем выглядел на остановке. Ему было лет двадцать пять. А не семнадцать, как подумала баба Люда в темнотище. Молодой, но не дитя. Слова он выговаривал немного странно, не так, не привычно. Как издалека приезжий.

– Нерусский ты? Ты откуда? Совсем ничего не помнишь?

Ник ставил кружку на клеенку, тер виски ладонями и долго молчал, прежде чем сказать очередное «нет». Он пытался вспомнить хоть что-нибудь, но вид даже недавнего его прошлого был наглухо закрыт автобусной остановкой.

— Помню, — тер виски Ник, — там было «Лена», зеленой краской. На остановке.

— И все? — допытывалась баба Люда, — и все, да?

— «Хуй» фиолетовой. Кажется. Я хочу спать, — сказал Ник. — Можно мне у вас поспать?

Баба Люда постелила Нику в дальней комнате. Единственное окно этой комнаты выходило прямо в смородиновые кусты. За кустами был забор, за забором небольшой пустырь, а за пустырем море, невидимое в ночи, но обрезающее пространство жестко и явственно, как конец главы.

— Конец главы, — сказал Белый, — конец главы.

Он оттолкнулся от стола, и компьютерное кресло доставило его в середину комнаты. Ему было весело. Конец главы. Пока он дописывал последние абзацы, в ночь за окном кто-то плеснул воды, и она, только что густо чернильная, прямо на глазах сделалась сперва фиолетовой, затем сиреневой. Белый подъехал в кресле к окошку, открыл створку и напустил в комнату тумана. Несмотря на ноябрь, заморозков до сих пор не было, а туман авансировал еще несколько теплых дней. Правда, по вечерам уже бывало довольно холодно, и всякий раз казалось, что завтра-то уж точно подморозит; но пока обходилось. Белый смотрел, как важные сиреневые ваты колышутся над травой, цепляются за ветки ближних яблонь и дальних кедров, как сползают, не удержавшись, с крыши соседского дома и превращаются то ли в дым, то ли в сон. Сонно, нерешительно, вполголоса заговорили в саду две вороны, их реплики были еще так редки, что в паузы можно было втиснуть пару абзацев — Белому хотелось связать вороньи фразы ниточками смысла, и он хмыкнул: нет-нет, на сегодня хватит, конец главы.

Все дело в ниточках. Серебряные ниточки связывают его с домом, в самом центре которого – то ли кухня, то ли лабаз, то ли опочивальня. Не поймешь. Ниточки тянутся изо рта и множат, множат помещения, комнаты без окон, дверей, стен и потолка. Пол – ниточки; ниточки – суть. Все дело в ниточках. Не попалась бы только антилопа. Антилопой можно все испортить.

– Как ваше полное имя?

Секундная вспышка «Никона» – хай гайз, май нэйм из Ник. Ник с ткацкой фабрикой во рту.

Горечь во рту от выкуренных за ночь сигарет – две пачки как не бывало, ого, даже не заметил. Белый встал, отпихнул кресло, и оно уехало обратно к столу. Размять онемевшую спину, пару раз энергично взмахнуть руками; но, конечно, все равно не получилось бы взлететь. Так что Белый просто глубоко вдохнул и – прямо с подоконника, в окно, в сегодня, в сиреневую вату, в росу, в бессвязный вороний диалог – вышагнул из вчера. Когда он нетяжело приземлился в привычной точке между двух кустов жимолости, сбоку что-то сорвалось с места и ускакало в сторону вишневой поляны. Белый мог поклясться, что боковым зрением успел заметить антилопу.

Он даже острые рога ее разглядел. Но откуда взяться антилопе в Южнорусском Овчарове? Неоткуда ей тут взяться, чушь, глупость, ночная усталость – Белый наклонился, затем опустился на колени и тронул пальцами маленькие следы копыт на земле: пара, еще пара, и в расстояние между каждой парой можно поместить треть страницы текста вслух – испуганная антилопа убегала, почти не касаясь земли, но то место, откуда она сорвалась, было сплошь истоптано, исколото копытцами, а на слабом ветру колыхались ниточки порванной паутины.

– Паутина – о.

– Ник? Ты меня слышишь? – Баба Люда наклоняется к больному.

– Я занят, парни, я ужасно занят.

– Ох ты ж боже мой.

Я занят укреплением внешней сути. Только не надо больше света, ок? Я гораздо лучше вижу в темноте.

– Что он такое говорит?

Откуда-то пахнет жареным мясом. Скверный запах.

– Выключите свет, я же просил вас, воняет же.

– Доктор был?

– Ни телефона при нем, ни документов каких, видать, из Владивостока к кому приехал, и одет-то, главное, по свадебному, а какая свадьба во вторник, скажи на милость, никто ж во вторник не женится.

Ник изо всех сил старается прислушаться к разговору, чтобы понять его целиком, весь, вместе с тайными смыслами.

– Да был доктор-то?

– Да был. ОРЗ.

Он сказал он сказал он сказки говорит идя налево направо песнь заводит – этот ужасный с антилопой в руках. Дабыл Оэрзэ.

Антилопа вырвалась и убежала в окно, оставив синие следы на стене, и между ниточек тоже, хорошо не попала, а то пришлось бы все сначала, а во рту совсем сухо, ниточки получаются тонкими, непрочными, ничего, это Оэрзэ, теперь бисептол три раза в день или дважды бициллин вот тоже хорошо: наполненный гелием цибиллин рвется в небо – хорошо, догадался привязать его ниточками к большому пальцу на правой руке. Нужны еще ниточки срочно, дайте мне мокрое, мне нельзя останавливаться, видите? – дайте мокрое. Ловцы антилоп очень неповоротливы.

Неповоротливо, с промокшими до колен ногами, с грязными ладонями влез Белый обратно в окно, так и не увидев антилопу во второй раз: хотя весь сад обошел, откуда совершенно невозможно ей было исчезнуть, – в прошлом году, получив довольно приличный гонорар, он неожиданно для себя потратил его на забор; забор получился три метра ростом, хотя Белый рассчитывал его двухметровым. Строительная инженерия не была его сильной стороной, и, выступив автором забора, он не учел высоту ростверка, который пришлось подгонять под самую высокую точку периметра. Антилопа бы не смогла перепрыгнуть через препятствие, сожравшее год назад его писательскую получку, – Белый думал, что на оставшиеся от забора деньги съездит в Иерусалим, но никаких денег не осталось, все деньги умерли, и забор был им надгробным памятником.

Прежде чем вернуться в окно, Белый несколько раз обошел сад – и по периметру, и по диагонали, и вокруг укрытой на зиму клумбы с луковичными цветами. Эта клумба, доставшаяся Белому от прежних хозяев, являла собой надругательство над идеей ландшафтного дизайна, но Белый ее не трогал, хотя и сам не понимал почему. Она тянулась поперек сада, деля его на две части – культурную фруктовую и дикую хвойную. В дикой всегда тень, всегда полумрак, всегда приятный страх не суметь найти дорогу домой, но, хоть и не три сосны, а полтора десятка кедров, все равно, конечно, не заблудишься насмерть. Совершенно безопасно играть в ничейного сироту или, например, искать антилопу, привидевшуюся после бессонной ночи за компьютером. Впрочем, как это привидевшуюся: нормально увиденную. Вот и ладони не дадут соврать, они-то уж помнят прикосновение к влажным и точным следам антилопьих копыт. Да и сами следы никуда не делись — вот они. Вот здесь бежала антилопа, неслась над землей, треть страницы текста вслух между касаниями копыт о твердь. А вот тут, вот тут — она стояла, причем долго, целую ночь, может быть: земля вся в следах.

Уже почти решив идти спать, Белый вспомнил, что ничего не ел со вчерашнего вечера. Он завернул на кухню, включил газ и бросил на сковородку кусок колбасы, а потом задумчиво шевелил ее ножом — пока она совсем не обуглилась; тогда Белый выключил газ, швырнул колбасу в ведро, открыл окно проветривать и покинул кухню, засыпая на ходу.

Так это же антилопа и жарится. Все-таки они ее поймали, даже синие следы на стене — ну вот тут же были — соскребли и туда же, на сковородку. От сковородки жарко через восемь танцующих стен.

Ник застонал и закрыл лицо руками, баба Люда метнулась к нему — с ума сойти, как ему плохо, ну что ж ты будешь делать.

— Уйди!

Стены — они такие хитрые. Обдурят кого хочешь. Опять приближается. Но эта нет, эта добрая: несет стакан мокрого. И таблеточку ник и таблеточку нет сперва на вот тебе таблеточка, таблетóчка, точка табле, ага, знаю, из точки табле втекает вода в бассейн, а откуда же вытекает-то, откуда же вытекает, ну забыл совсем, надо вспомнить, вспомню, стена уйдет и вспомню. Уходи, уходи, не видишь? — бассейн уже до краев. Господи, помоги ему, ну только этого нам еще не хватало. Господи, давай-ка, помоги мне, принеси тряпку, надо заткнуть точку табле, он бредит, господи, бредит, ну и пусть бредит, пусть только тряпку принесет.

– Андреевна, его в больницу надо, пусть бы скорая его и забрала б, чего ты?

– Нет уж, пусть тут, ничего, ничего, ничего.

– Ниточки у меня опять!

Снова ниточки, серебряные ниточки есть у меня опять, как хорошо, но утомительно, утомительно; очень много работы, надо протянуть отсюда в тот угол, он совсем незащищенный, сейчас сделаем сейчас, сейчас. Свежие нитки вязкие, тягучие, провисают в середине, нужно постоянно подтягивать, как на той гитаре, которая которую которой – что? Совсем выбился из сил.

– Выключите мясо, ради бога, до чего же ярко, в конце-то концов.

Яркий танец солнечного блика, оттолкнувшегося от фрамуги, разбудил Белого. Четыре пополудни, надо же. Он всегда удивлялся времени, когда ложился спать утром и просыпался через нормальные семь часов: куда делся день? Такая быстрая беспокойная птица, опять просвистела мимо – нет, ну надо же. То ли дело ночь, сытой совой сидящая где-то под потолком, охраняющая, бдительная – ни секунды не упустит, непременно отреагирует на шорох, поймает каждую – и в дело.

В комнате было холодно: Белый оставил окно открытым, когда ложился утром спать. Он встал, потянулся, подошел закрыть раму, выглянул в сад и увидел антилопу, задумчиво жующую ветку сирени.

Тихонько, чтобы не спугнуть зверя, Белый прикрыл створку окна и отступил вглубь выстуженной комнаты.

В комнате душный полумрак из-за наглухо задернутых штор — Ник все время требует выключить свет, у него резь в глазах. Но свет проникает в комнату через плетение ткани: невозможно выключить солнце, хотя последние три дня снаружи то пасмурно, то переменная облачность. Больной капризничает и требует полной тьмы, как вампир, и баба Люда наконец приносит в комнату одеяло, чтобы прибить его гвоздями к оконной раме.

Увидев молоток в руках своей спасительницы, больной засмеялся и потерял сознание.

Сознание тут ни при чем. Когда человек дописывает начало новой главы, сознание шляется беспризорником, бессовестно разглядывает чужие лица и заглядывает в чужие окна, щиплет траву, пьет из луж и плюет в колодцы, прыгает в самолет компании «El Al» и шатается потом по городу Иерусалиму, от витрины к витрине, от камня к камню, от ворот до ворот, от потери к потере — пока не устанет, пока не сядет на корточки посреди памятливой брусчатки и не начнет выковыривать из ее щелей рубины и бриллианты чистой воды — просто так, ни за чем, от усталости, просто чтоб никуда не идти хотя бы десять минут, но чтоб не без причины не идти, а сугубо по делу: и чем не дело выковыривать драгоценности из мостовой?

Беспризорное сознание может навсегда остаться в местах, где ему лучше всего шлялось, когда хозяину было не до него: хозяин в тот момент был занят другим, он был поводком, проводком, ниточкой, палочкой, бездумной свистулькой, флейтой, трубой на бане; он не слышал холода, голода, времени и сову — летающую над ним, к слову, совершенно бесшумно; зато потом, когда сознание и хозяин встречаются (если встречаются), то оба с изумлением безмерным знакомятся с новостями, которые совсем и не новости – они оба все знали. Они сами все это и придумали – когда в Иерусалиме разбили задний стоп-сигнал на «Рено-Мегане» (осколки красного и белого пластика разлетелись в радиусе двух метров и застряли в щелях брусчатки), а в Южнорусском Овчарове бесшумно охотилась сова.

Сознание Белого всегда было порядочным господином. В этот раз оно так же, как и обычно, незамедлительно вернулось к патрону; вернулось и убедило его купить билет на самолет. Хоть «El Al», говорит, хоть «Трансаэро», хоть что, но давай быстрее. Как ты думаешь, говорит, к чему тебе эти антилопы в саду, которых ты видишь даже после полноценного семичасового сна на свежем воздухе?

– Он как?

– Он спит.

– Ник? – Шепотом. – Ты как?

Ник спит. Ник не спит. Ник смотрит в потолок. На потолке, в углу, – паутина. Черный ее хозяин прячется за шторой. Он выходит лишь для того, чтобы встретить гостью – гостьи наступают лапками на ниточки, и ниточки начинают звенеть: «Бом-дили-бом, бом-дили-бом». Заходите, гости дорогие, а вот и я.

– Ник, надо принять таблеточку.

Что-то смутное связано с этой таблеточкой, что-то текущее, ускользающее. Нет, не вспомнить.

– А?

– На вот, запей.

Приходят к пауку, в основном, женщины. Смотреть, как он обнимает их, целует в шею, а затем в спину – всегда одно и то же! – очень занятно. Вот опять. Улетай, дура, ты у него не одна. Нет: «Бом-дили-бом, бом-дили-бом». Прямо в спальню, которая лабаз. Лабас дьенас, Николас, лабас дьенас. Ник сегодня немного поел бульону, но потом ему снова стало хуже.

– Ник?

– Николас. Да.

Он сказал «да», он вспомнил свое полное имя и улыбнулся – криво, жалко, мучительно.

«Как я улыбнулся-то, а? – думает он. – Самому страшно. Всеми жвалами».

– Вы знаете, кто я на самом деле? Бом-Дили-Бом. Священник Храма-На-Потолке. Отец Николас-Восьмиручник.

– Ему снова хуже стало. То вроде ничего два дня, то опять вот. Звать опять доктора надо.

Чей это голос? Да зовите кого угодно. Посмотрю я, как ваш доктор бом-дили-бом. Отслужу и домой, за штору. Выключите свет.

– Вот сюда, проходите, пожалуйста. Сейчас табуретку.

За табуреткой Белый пошел не сразу. Сопротивлялся два дня, искал причины и поводы, убеждал себя в несуществующем; не убедил. Пошел, сходил, принес. Загранпаспорт хранился черт знает как высоко – сам туда положил в прошлом году, когда после забора ничего не осталось и незачем уже было держать документы под рукой, – и обрушил с верхней полки стеллажа кучу книг. Пока слезал, пока собирал литературу с пола, пока ставил ее на место – поймал фразу для новой главы, очень точную, удивительно правильную: «В Иерусалиме второй день шел дождь». Белый удивился, конечно: здесь-то при чем Иерусалим? Проверил в интернете: действительно, второй день шел дождь в золотом городе. Белый пожал плечами и, вернувшись к компьютеру, уже без пререканий порулил на сайт, торгующий авиабилетами. Этим утром он выходил в сад, но не только антилопы — следов ее нигде не было. Как никогда и не бывало. Если не в Иерусалим, то к доктору.

Молодая большеглазая докторша трогает Ника мягким черненьким хоботком. Крылышки ее прозрачного халата подрагивают в такт дыханию.

— Пневмония.

Ник удивляется нелепому имени, но не подает виду. Ему немного интересно, как ее по батюшке. Впрочем, нет, не интересно.

— Ник, Ник, Ник, не спи. Вот таблеточки, слышишь, вот таблеточки.

Я не поеду в больницу, я не могу оставить храм накануне праздника.

— Какой храм, Ник? Никто тебя в больницу не... Господи, он бредит опять.

А в больнице большой праздник, в больнице звонят: бомммм-дили-бомммм, богатые колокола, не то что. Аки на аспида и василиска наступиши, говорят, и ногу свою не преткнёши. Подними мне веки, Господи. Большеглазая Пневмония придет ко мне. Я поцелую ее в шею, а затем в спину. Всегда одно и то же, и нисколечко не надоело.

— Где больной?

Где, где. На потолке.

Если посмотреть на закопченный потолок Сиро-Яковитского придела, можно увидеть на нем большую паутину, сотканную трещинами и сажей. А если смотреть долго-долго, можно разглядеть и паутинного пленника:

кто-то из копытных – то ли антилопа, то ли газель; бесспорно лишь, что самец.

Перед отлетом Белый зашел к соседке: доложиться и договориться насчет поливки двух своих фикусов. Белый всегда оставлял бабе Люде ключ от дома, когда срывался прочь. Баба Люда – человек надежный, сроду не подведет; а кроме нее, Белый и не знал никого в Овчарове – как купил дом десять лет назад, так и сидел в нем сиднем; в магазин ходил, конечно, и на море, и на болота, и в лес, но это не в счет.

– Людмила Андреевна! Можно к вам?

Белый толкнул дверь и оказался в полумраке, в котором, как топор, висел запах болезни.

– Заходи, сосед. Сама к тебе звонить собиралась. За лекарствами послать тебя.

Баба Люда выглядела неважно.

– Заболели?!

– Да я-то нет, – кивнула баба Люда на дверь позади себя, – а вот он-то да.

– Кто, Людмила Андреевна?

– Да подобрала парня на остановке, шесть дней тому. Кто, чей – иди пойми. Не могу без присмотра чтоб, а лекарства все. Воспаленье легких, не помнит ни черта и паутину плетет.

Белый глядел на дверной проем, когда там показался Ник, одетый в бабью ночную рубаху. Он был страшно бледен, но смотрел хорошим здешним взглядом и улыбался.

– Помню, – сказал он, – вспомнил. А я сейчас где?

– Ой, да что ж ты вскочил-то, мать моя, – засуетилась баба Люда. – А ну-ка айда, айда ложиться, Ник, айда, не стой, Ник.

– Мне в туалет, – сказал Ник. – Проводите меня, пожалуйста, – обратился он к Белому.

– Ну слава богу, выздоравливает, – сказала баба Люда. – Раз уже не все равно, кто до ветру поможет.

Когда Белый привел Ника обратно, баба Люда уже сменила его постель и взбивала подушки – пух! пух! пух!

– Не пух, а прям облако, – сказала она. – Давай-ка, ложись. Ложись.

Ник лег. Баба Люда укрыла его одеялом до подбородка и подоткнула углы. После чего, оценив рукотворный кокон, задала ему вопрос:

– Так откуда ж ты будешь-то?

– Из Иерусалима, – ответил Ник.

Попасть в Южнорусское Овчарово из Иерусалима можно двумя способами: через небо и через камни. Первый способ известен всем. Покупаешь билет и летишь сперва в Москву, потом во Владивосток, откуда уже до Овчарова рукой подать. Можно лететь и через Франкфурт с Пекином – от Пекина, как и от Токио, как и от Сеула, до Владивостока совсем близко, а уж от Владивостока до Овчарова – см. выше – час езды на машине. Но есть и еще один способ. О нем знают немногие. Его открыл Ник. Который, к слову, не подозревал о существовании Южнорусского Овчарова, даже когда провел в нем без одного дня неделю.

Этот способ – прямого попадания – очень прост. Для начала нужно, нарядившись во фрак шутом гороховым, отыграть акустический концерт в «Бирмане» на Дорот Ришоним, потом долго шляться по Нахлаоту с друзьями и ржать над шутками, которые кажутся особенно смешными тут, в ночном Нахлаоте, потом дважды завернуть за угол и всех потерять, потом попереться в Старый город – чтобы выяснить, какова акустика под сводами арок, когда все окна закрыты, а ставни опущены.

Оказалось, с акустикой там ночью все в порядке: звук шагов раздается всегда чуть раньше, чем нога успевает ступить на камень. Шаг звучит прежде, чем бывает сделан, потому что камни всегда угадывают, чему надлежит быть. Им все известно заранее – сыграй нам, Ник, хоть бы даже и только что тобой придуманное, – Ник снимает гитару и играет музыкальную фразу, и слышит опережение – не на много, на один такт – на целый такт – Старый город демонстрирует Нику, что с ходу придуманная им мелодия уже знакома его, города, камням. Ух ты, говорит Ник и играет еще, и еще, и еще, и камни повторяют еще не сыгранную им музыку; такая была игра. Веселая и с понятными правилами. Она продолжалась, пока где-то совсем близко, почти над самым ухом, не запел муэдзин – «игра до первого муэдзина», – хмыкнул Ник и поспешил покинуть арабский квартал, пробраться вдоль стен туда, где, как ему казалось, были Яффские ворота, – но сбился, заплутал и вышел вдруг к храму Гроба – вот это да, вот это да, думал Ник, совсем в другой стороне, – и тут хлынул дождь.

А потом, промокшему и уставшему смертельно, ему пришла в голову очень простая мысль: зайти в храм и там немного поспать, и двери были открыты, и никого не встретил Ник внутри, только издали увидел двух монахов, то ли зажигавших лампады, то ли их гасивших, невозможно было разглядеть; потом ноги несли его туда, куда глядели глаза, а глаза теперь глядели под ноги; и он шел, шел и шел – в общем-то, не очень долго он шел, – пока не пришел в помещение, где сначала ничего невозможно было увидеть, так темно в нем было, но потом глаза немного привыкли к свету единственной горевшей там лампады, и Ник обнаружил, что стоит перед абсолютно черной иконой, на которой ничего не изображено. «Малевич», — сказал Ник вслух, и это была его последняя иерусалимская шутка. Сверху послышался шорох, Ник поднял голову, увидел громадного черного паука, спускающегося к нему по тоненькой серебряной ниточке, с живой еще антилопой в педипальпах, — и швырнулся прочь, назад, во тьму, вправо, в стену; ударился плечом, ударился лбом, а коленом не ударился — под коленом оказалась пустота, и Ник сложился швейцарским ножичком, и скользнул в нишу Сиро-Яковитского придела, и спасся.

Спасся, но для верности прошел еще несколько метров, пока подземелье не сузилось так, что дальше только на четвереньках: Ник опустился на четвереньки, протиснулся в нору, преодолел еще сколько-то расстояния и выбрался наружу, на свежий холодный воздух, к остановке — конечной остановке городского автобуса, там, где Восьмой Квартал прижимается к лесу, а асфальтовая дорога превращается в узкую грунтовку, ведущую — через заброшенные поля, параллельно с железнодорожной насыпью — к деревне Давидовка.

Деревня Давидовка является бесправным сателлитом Южнорусского Овчарова. Таким же, как и Пятый Бал. В Давидовке нет школы, церкви, общественного транспорта и даже милиции. С Южнорусским Овчаровым она соединяется при помощи скверной грунтовки и железнодорожной насыпи, с которой давным-давно сняли рельсы и разобрали шпалы. Шестикилометровая насыпь заканчивается на берегу речки. Карты врут, и никто не знает настоящего названия реки: каждый называет по-своему. Моста через нее давно нет, но красивые каменные быки, артефакты царского режима, по-прежнему стоят по колено в воде. Весной речка становится шире, летом мелеет – все в порядке. А по ту сторону несуществующего моста, на противоположном берегу реки, уже совсем другая земля. Не давидовская.

Впрочем, на ситуацию, в которую попал Ник, этот факт никак не влиял.

– Имеем проблему, – сказал Белый. – Имеем проблему. Как тебя возвращать?

Самолетом, как возвращаются домой все нормальные люди, было невозможно: присланный из Израиля паспорт оказался бесполезен и даже вреден, ведь в нем не было печатей о пересечении границы. Оставался единственный выход, и он, вопреки утверждениям деревенского, в данном случае должен был находиться именно там, где и вход.

Искать дыру в земле Белый начал сам, без Ника, который от слабости не мог пройти и десятка шагов без посторонней помощи. Да и баба Люда сказала, что Ник пойдет мотыляться по деревне только через ее, бабы Люды, труп.

– Пойдешь в свой Иерусалим, а вылезешь у японцев, – сказала она.

– Гитару жалко, – сказал Ник.

– Лечись пока, – кивнул Белый, – я сам разведаю.

И сдал билеты на самолет.

Поиски дыры, через которую можно попасть из Овчарова в Иерусалим, продвигались тяжело. Во-первых, было совершенно неизвестно, с какой стороны Ник увидел автобусную остановку, вылезши на поверхность. Самому ему казалось разное каждый раз: то как будто он увидел железную будку остановки спереди – так, что пришлось перейти дорогу, чтоб попасть под остановочную крышу; то как будто была она слева и стояла правым боком к нему; то как будто бы сзади – но вряд ли; то со стороны леса – Ник не помнил, чтоб увидел лес, очутившись на воле: значит, дыра могла быть у самого леса, а Ник выбрался из-под земли, будучи к лесу спиной. Словом, у Белого был большой выбор возможностей – без всякого ограничения в радиусе и направлениях; единственное, чего у него не было, это гарантии, что питомец бабы Люды не врет. Но ни Белый, ни баба Люда о таком варианте сперва даже не думали, безоговорочно поверив каждому слову Ника.

Сначала Белый отфотографировал местность вокруг остановки и склеил круговую панораму. Затем разбил ее на сегменты и каждый день с палкой в руках ходил на поиски дыры, которая, по идее, должна быть заметной и без тыканья палкой, раз из нее смог вылезти человек. Белый тыкал в землю палкой и зачеркивал в блокноте квадратные сантиметры уменьшенной схемы – каждый день с утра до ночи, десять дней, а на одиннадцатый к нему подъехала милицейская машина, из которой высунулся участковый и спросил, нужна ли помощь.

– Спасибо, – поблагодарил Белый. – Ключи ищу.

– А-а, – сказал участковый и уехал.

А Белый зачеркнул последний квадрат.

Дыры напротив остановки не было на шестьдесят метров вокруг. Дальше шли заборы.

Если бы не забор, Белый слетал бы в Иерусалим еще в прошлом году. Если бы не Ник, Белый был бы там теперь; а вместо этого одиннадцать дней тыкал палкой вокруг остановки на Восьмом.

– Ник, ты врешь насчет дыры, – сказал Белый. – Ты ведь все наврал.

– Нет, – ответил Ник, – я не наврал. Вон паспорт, вон логи в скайпе, вы же сами мне лэптоп дали.

– Он не наврал, что он из Иерусалима, – объяснял Белый ситуацию бабе Люде, – но насчет дыры наврал точно. Нету там никакой дыры. Нету.

– Хорошо посмотрел? – переспросила баба Люда. – Как же он теперь-то?

– Все посмотрел вообще. Вообще все. Нету.

– Ох ты ж елки-палки, Богородица-Заступница, ну е-мое, – качала головой баба Люда. – Но ведь вроде хороший-то парень-то, а?

– Непонятно только, врет зачем, – заметил Белый. И, шагнув в комнату Ника, сказал довольно холодно: – Ну что. Готовься сдаваться.

Подготовка к депортации Ника заняла неделю. Его отец сделал все невозможное, чтобы факт нарушения границы не был запротоколирован в Израиле, но уладить дело на российской стороне он не смог: Нику был навсегда запрещен въезд в Российскую Федерацию, так что с бабой Людой они прощались навеки. Белый на сцене прощания не присутствовал.

А потом выпал снег.

А потом снег растаял.

И пришла весна. И Белый, по своему обыкновению, стал ходить на дальние болота – за безымянную речку, лишенную моста, – смотреть на пролетные стаи уток и лебедей. Он представлял себя перелетной птицей, никогда и никому в жизни не сумев бы признаться в своей игре – игре в птицу, птицу улетевшую, птицу вернувшуюся, – фу, какая сентиментальщина; себе-то признаться – и то неловко. Так что Белый играл, самого себя изгоняя из свидетелей: бездумно, тоскуя, радуясь, взлетая – тяжело взлетал Белый над болотом (ослабели крылья за зиму), а потом шел напрямик через заброшенное сто лет назад поле, уставший, промокший, –

и однажды по пояс провалился в яму, в которой и оставил сапог; полез за сапогом и увидел в стене нору; а дальше все как по-писаному — залез в нору, прополз несколько метров, вылез в храме Гроба. Он-то Сиро-Яковитский придел сразу узнал, и иконе его черной, с треснувшим при пожаре стеклом, поклонился почти автоматически, и паутине на своде потолка удивлен не был. Даже горную газель, все еще принимаемую им за антилопу, поприветствовал.

В общем, дурак дураком: на улице жара, а он в сапогах, в пуховике и вязаной шапке. Хорошо еще, что перчатки забыл в яме.

— Я, собственно, тебя вот чего искал, — говорил Белый Нику. — Я одну вещь спросить хотел.

Они сидели за столиком уличного кафе — понятно, что Белый был уже не в полевой амуниции: друзей в Иерусалиме много, ни за что б не дали пропасть. Белый хотел сказать Нику, что его беспокоит вопрос с антилопой — как она-то очутилась в его, Белого, саду? Белый уже и рот открыл, чтобы спросить об антилопе, и Ник смотрел на него вопросительно — и Белый сказал:

— Хочешь в Овчарово?

— Да, — ответил Ник. — Бабе Люде этрогов привез бы. Или сок этроговый, еще лучше. Знаете?

— Тогда погоди, — сказал Белый, — мне надо одну вещь проверить.

На проверку ушло полтора дня. За это время Белый дважды слазал в подземный ход Сиро-Яковитского придела, дважды вылез в совершенно разных точках Южнорусского Овчарова и дважды вернулся в Иерусалим через абсолютно разные норы в ближних овчаровских окрестностях.

– Смотри, какое дело, – говорил он Нику, когда они подходили к дому бабы Люды. – Вот почему, интересно, так? Из Иерусалима в Овчарово всегда одна и та же дорога, а из Овчарова в Иерусалим – через любую дыру буквально?

– А написано где-то, – отвечал Ник, – что все пути ведут в Иерусалим.

– Это про Рим, – возражал Белый, – все дороги ведут в Рим.

– Это, может, из других мест в Рим дороги ведут, – отвечал Ник, – а из вашего Овчарова все дыры ведут в Иерусалим. Даже те, которых потом фиг найдешь.

– А, может быть.

– Да так и есть.

– И это при том, что мы много чего не знаем.

– Наверное.

– И никогда не узнаем.

– Ну и ладно.

– Ну.

– Ну.

СИРЕНЕВЫЙ СВЕТ (Послесловие)

У меня фит-браслет строгий, у меня здоровье так себе, у меня норма шагов большая.

У меня скука смертная — я не люблю гулять по деревенским улицам, но если каждый раз стану ездить в город, то про норму шагов можно забыть, потому что в город я езжу раз в три месяца, и чаще у меня не получится.

Мне приходится мириться со скукой и с деревней.

Каждый день я быстрым шагом пересекаю несколько овчаровских кварталов, неприятно дивясь плодам своего воображения. Если б я знала, что когда-нибудь придется их пожинать, придумала бы что-нибудь поинтереснее. У Овчарова получились симпатичное лицо и мягкий нрав, но в общем и целом моя деревня такая же дура, как и все ее сестры.

Дура консервативна и предсказуема. Если ей показать что-нибудь новенькое, она не изменится в лице, но будет украдкой креститься, одновременно плюясь через левое плечо. Овчарово – моя фатальная ошибка. Если бы я в свое время сочинила город, то ходила бы сейчас по-шведски, с лыжными палками, и ни одна душа на меня бы даже не обернулась, но мне каждый день надо притворяться, будто у меня какое-то важное дело за деньги, а не выгул зеленого фит-браслета.

Я быстрым шагом иду по раздолбанным овчаровским улицам, засунув руки в карманы куртки, и зло думаю о степени собственной парадоксальной несвободы – на поле, которое, как я полагала, полностью принадлежит мне. «Я, автор Овчарова, не могу гулять по его улицам с лыжными палками в руках», – думаю я – и тут вдруг понимаю, почему никто из нас никогда не видел Бога.

Я мысленно крещусь, сплевываю через левое плечо и тоскливо смотрю на бесконечный забор из малинового металлопрофиля. Скучнее нет дороги, чем дорога вдоль глухого забора, особенно такого длинного, как этот. Половина Овчарова осуждает несметные богатства Бумагина, исходя из того факта, что у него в огороде находится аэродром, а между тем, у Бумагина и огорода-то нет. Все его тридцать соток вытянуты в длину: большой, но ужасно неудобный участок, похожий на супертанкер, дом-надстройка в корме, а от надстройки и до заката сплошная бетонная полоса. Бумагин забетонировал свою кишкообразную территорию и обнес ее глухим забором, чтобы ни одна любознательная деревенщина не увидела, как он на старости лет учится кататься на роликах; и действительно, нет ни одного очевидца бумагинских тренировок, зато пойди найди того, кто не видел, как два года назад за его забором сел «Су-27», — окажется, что все видели, включая тех, кто живет по ту сторону сопки. Даже рев истребителя им не был слышен за дальностью расстояния, а туда же: «Да я своими глазами!..» Как же, конечно. Боже, ну какой аэродром! «Сушка» присела на бумагинский участок вынужденно: летели себе курсант и инструктор, выполняли фигуры над заливом, а тут бац — утечка из топливной системы. До военного аэродрома рукой подать, но все равно не дотянуть. Можно было катапультироваться и утопить самолет в небольших наших глубинах, но тут салага увидел внизу справа прекрасную посадочную полосу, обрамленную привлекательными оранжевыми конусами. Сели успешно — тормозной парашют выкинулся без сюрпризов, и истребитель аккуратно припарковался к бумагинскому крыльцу, оставив метровый воздушный зазор между собственным заостренным рылом и снегоуборочной лопатой, прислоненной к стене. Аэродром, как же. Эвакуировали истребитель ночью, на большом грузовике с платформой: Бумагин оценивающе глянул на сопла истребителя и не позволил летчикам взлетать с бетонки — ни до ремонта топливной трансмиссии, ни после, никогда.

Будь у меня такой же длинный участок, как у Бумагина, я бы выполняла норму шагов, не выходя за ворота. И, само собой, каталась бы на роликах.

Каким бесконечным ни казался бы малиновый забор, наступает тот сладкий момент, когда он остается позади. Следующий участок представляет собой чисто поле, посреди которого торчит в небо аккуратная дуля: это земляной дом Зары, состоящий из полусферы и примыкающей к ней цилиндрической невысокой башни. Зара — цыганка, по ряду причин предпочитающая выдавать себя за татарку. Мы с ней дружим, хоть и не близко. Однажды Зара обмолвилась, что у нее ровно два недостатка, мешающие ей жить спокойно. Первый — тяга к перемене мест, а второй — умение видеть прошлое. Это умение появилось у нее после того, как она утратила способность видеть будущее. «Неизвестно, что хуже, — сказала она, — оба говно, что так, что эдак». В Овчарове живут два человека, в чьем прошлом Зара увидела себя, предсказывающую им будущее. «Но я пока никуда не хочу переезжать, — жаловалась мне она, — я столько сил на этот дом убила». Иногда я почти согласна считать, что имею непосредственное отношение к компактному проживанию в одной деревне троих персонажей, связанных между собой Зариным шарлатанством, но меня смущает наивная глупость сюжетной линии, а также неловкость перед Зарой. Зара, кстати, персонаж вполне самостоятельный, и дом, сложенный из мешков с землей, она построила себе своими руками, выдернув ноу-хау из интернета. Ну как сама: строила бригада узбеков, но командовала ими Зара лично. Если б я сочиняла Зару, я бы на скорую руку придумала ей кибитку или хотя бы кунг, но никак не сферический дом из земляных мешков с двухэтажной башней из них же. Вдобавок, я понятия не имею, где в ее доме расположены кухня и все остальное, что именно помещается в башне, а что в полусфере; нет, Зара сама по себе, это точно.

Следующий участок принадлежит иеговистам. Здесь никто не живет: за аккуратным белым штакетником несуразно раскорячился молельный дом с большой парковкой, начинающейся сразу от ворот и заканчивающейся впритык к фасаду. За домом — костровая площадка. По воскресеньям иеговисты палят костер и, рассевшись вокруг огня, хором поют в микрофоны. В Овчарове поговаривают, что в это время они кого-нибудь сжигают, а песни нужны, чтобы заглушить крики жертвы, недаром оттуда тянет не только дымом, но и жареным мясом. Проверить подозрение никому не удавалось, так как свидетельская община не приглашает на свои воскресные посиделки посторонних людей, а Зара говорит, что по воскресеньям всегда уходит из дому куда глаза глядят, а когда возвращается, парковка у соседей пустая и шашлыком уже не пахнет.

После иеговистов начинается большое болото, а за ним кладбище. Я терпеть не могу ходить вдоль него, поэтому сворачиваю направо еще до болота. Отсюда, от поворота, начинается улица Приморская – сперва это просто асфальтовая дорога, ведущая между камышей, затем камыши кончаются, уступив место лагуне (слева) и линии домов (справа). Первые несколько домов отстоят от кромки воды и от дороги довольно далеко: деревня приближается почти вплотную к морю где-то через километр, а начало улицы придерживается сухопутного образа жизни, пропустив вперед себя одинокий железный памятник какому-то Поспелову Сергею. Странное место выбрал себе Поспелов Сергей – у обочины тихой дороги, по которой раз в три часа проедет какой-нибудь рыбак. Правда, когда-то Приморская улица была более оживленной. Она вела к звероферме, и жить здесь считалось плохо, потому что ферма воняла говном норок и всем остальным, чем еще обычно воняют подобные фабрики. Но после того, как зверосовхоз обанкротился, а оставшиеся в живых норки разбежались по окрестностям, общая атмосфера воды и воздуха здесь здорово улучшилась, дорога опустела, а вид на лагуну и так никогда не портился.

Это моя любимая овчаровская местность. Мне нравится ходить по Приморской и мысленно сносить все ее дома по очереди, примериваясь, в какой точке образовавшегося пустыря построила бы дом себе. Сперва, например, я вызываю бульдозер к дому за зеленым забором, а когда с ним покончено, понимаю, что места мне будет мало и снести нужно еще два дома: справа и слева. Потом приезжают большие самосвалы и экскаватор, погружают битый кирпич и покореженный металлопрофиль в кузова и уезжают, оставляя меня наедине с чистой площадкой. Я тут же начинаю строить себе новый дом, но уже через пять минут стройки, едва закончив первый этаж, усилием воли возвращаю грузовики, вынимаю из них поломанные дома, быстро их ремонтирую и, оставив все, как было до меня, иду дальше. Позади, на деликатном расстоянии, едут, тихонько лязгая траками, бульдозер и экскаватор.

Я не знаю, сколько раз мне пришлось снести и заново отстроить Приморскую, пока однажды — в тот момент я как раз доламывала забор из старых стиральных досок — рядом со мной не образовался незнакомый, не очень старый дед. Увлеченная логистикой (надо было решить, хватит ли одного самосвала или понадобится второй), я не поняла, откуда он возник, но отметила про себя, что его хитрое лицо воспринимается таковым просто потому, что дед одноглаз. И, кажется, он поздоровался.

— Здравствуйте, — сказала я.

— Здравствуйте, — ответил дед.

Значит, не здоровался.

— Хотите участок купить? — спросил он, хитро щуря пустую глазницу.

— Так а нету же, — сказала я. — Пустых нету, а с домами дорого, да и не надо мне с домом, все равно сносить.

— Ну вот же, — возразил дед, — как же нету. Вот участок пустой, четыре года его уже продают, продать не могут.

— Кто продает? — удивилась я. — И почем? И где участок-то?

— Да вот же, — указал дед прямо перед собой, и я поняла, что показывает он на пустырь у наших ног — идеально ровный луг, украшенный придорожным памятником с надписью «Поспелов Сергей. 1949–1992». От дороги до линии домов в этом месте не меньше ста метров.

— Это вы Поспелов Сергей? — спросила я. — Все время было интересно узнать, как тут можно убиться — об траву, что ли?

— Я Поспелов. Будете брать участок-то?

— Почем? И сколько соток?

— Да даром отдам, — сказал дед, — все поле. С одним условием.

«Сейчас скажет, чтобы памятник ему поменяла на какой-нибудь дорогущий», — подумала я и почти угадала.

— Условие-то, — сказал дед и опять сощурил глазницу, — чтобы монумент мой не сносили, плохо про него не думали, на Девятое мая цветы чтоб к нему клали.

— А вы разве воевали? — удивилась я, мельком глянув на год рождения деда.

— Да при чем тут, — отмахнулся дед. — Задавило меня тут дкевятого мая. Хороший день был такой, главное. Да и потом тоже ничего.

— Задавило? — зачем-то переспросила я.

— Ну да. Бульдозер назад сдавал, а я не видел.

«Господи, — подумала я, — это не я».

— Ну что, берете? — спросил дед.

Я даже удивилась, услышав свой ответ:

– Мне надо подумать.

Обычно я сразу говорю «нет», а тут вдруг «надо подумать».

– Ну, думайте, – согласился дед. – Я столько ждал, и еще подожду.

– Четыре года же, – напомнила я.

– А это мало?

Мне еще хотелось задать Поспелову несколько вопросов, но тот вдруг заспешил, попрощался и на удивление скорым шагом направился в сторону Фёдоровских сопок. Я тоже обычно хожу этой дорогой, но теперь это выглядело бы так, будто я преследую Поспелова. И я пошла домой, сделав крупную петлю через центр Овчарова – до нормы шагов не хватало трех километров. Оставалось метров пятьсот до дома, когда я поняла, что на сделку с Поспеловым не пойду: сдался мне его монумент, про который я даже не имею права плохо думать.

На следующий день я никуда не иду, потому что сильный дождь. Еще через день мне некогда. На тропу выгула браслета я выхожу через три дня и первым делом неприятно поражаюсь отсутствию Зариной дули между иеговистами и малиновым забором Бумагина. Не то чтоб они теперь соседствовали вплотную; нет. Все как обычно: длинный малиновый забор, через участок от него – парковка свидетелей, но между ними обычный шлакоблочный дом – с обихоженным двором, с высокими елями вокруг. «Сколько же меня на самом деле тут не было, – думаю я, – зовите меня Рип ван Винкль».

Зара, Зара, у меня тоже тяга к перемене места, но нельзя же так радикально. Моя-то тяга к перемене места обусловлена тем, что я хочу вид из окон на море – это раз. Я хочу, чтобы на закате, когда угол падения солнечных лучей на воду равен углу отражения, умноженному на 2 000 000, воздух вокруг моего дома окрашивался в сиреневый цвет. Собственно, это все.

Я выхожу на Приморскую и быстрым шагом иду к Фёдоровским сопкам, засунув руки в карманы и думая о том, что Поспелов Сергей ошибочно принял меня за идиота. Минуя сухопутное поле с железным обелиском, я бросаю на него взгляд и останавливаюсь как вкопанная: обелиск на месте, но ни дат, ни имени на нем прочесть невозможно из-за ржавчины. Потом иду дальше и, дойдя до конца улицы, обнаруживаю знакомое заброшенное поле, вдоль и поперек обвязанное бело-красными лентами. Воткнутый у обочины щит информирует, что все эти новые участки продаются. Я разворачиваюсь и иду обратно.

У меня есть дом, думаю я, а тяга к перемене места не зависит от того, какого цвета воздух его окружает по вечерам, синий или сиреневый. Какой захочу, такой и будет. У меня есть дом, и есть Овчарово — дурацкое и наивное. Надо же, нарезало участков на Приморской, с ума сойти. И Зару куда-то дело. У Зары тяга к перемене мест и неприятная способность видеть прошлое, но Овчарово ошиблось: Зара мне не мешала.

Я иду, постепенно теряя скорость, и к малиновому забору подхожу почти медленно. Со стороны это может показаться нерешительностью, но на меня никто не смотрит: пустая улица, никого нет. Я толкаю калитку и вхожу внутрь узкого длинного периметра, залитого качественным, очень гладким бетоном. Снимаю кроссовки, босиком подхожу к малоприметной будке у забора. Там внутри — мои ботинки с роликами. Обуваюсь. Выставляю оранжевые конусы и принимаюсь обкатывать «змейку».

Откуда-то сверху и сбоку раздается рев двигателей. Едва успев отъехать вплотную к забору, я наблюдаю, как, разбрызгивая конусы и замедляя бег, проносится мимо меня истребитель, а какой именно, «Су» или «МиГ», я понятия не имею: совершенно не разбираюсь в военных самолетах.

Истребитель останавливается в метре от лопаты, и я качусь к летчикам — спрашивать, какой марки у них самолет.

СОДЕРЖАНИЕ

18+

Лора Белоиван

ЮЖНОРУССКОЕ ОВЧАРОВО

Редактор *М. Немцов*

Корректор *И. Тимохина*

Верстка *С. Зорькиной*

Подписано в печать 30.03.2017.
Печать офсетная. Бумага офсетная.
Формат 84x108/32. Усл. печ. л. 19,32.
Тираж 3000 экз. Заказ № ВЗК-01603-17.

ООО «Издательство «Лайвбук»
119180, Москва, ул. Б. Полянка, д. 28, стр. 1
www.livebooks.ru

По вопросам оптовых закупок
обращайтесь по электронному адресу
tatiana@livebooks.ru
тел. +7 (499) 763-35-98

Отпечатано в полном соответствии
с качеством предоставленных материалов
в АО «Первая Образцовая типография»,
филиал «Дом печати – ВЯТКА»
610033, г. Киров, ул. Московская, 122
Факс: (8332) 53-53-80, 62-10-36
http://www.gipp.kirov.ru
e-mail: order@gipp.kirov.ru